DUMONT

STEPHANIE KARRASS
CHRIS TOMAS

NÄCHSTER HALT: STEPPE

10 000 KILOMETER DURCH KASACHSTAN UND CHINA

DUMONT

FSC
www.fsc.org
MIX
Papier aus ver-
antwortungsvollen
Quellen
FSC® C105485

Erste Auflage 2016
© 2016 DuMont Reiseverlag, Ostfildern
Alle Rechte vorbehalten
Gestaltung: Herburg Weiland, München
Titelfoto: laif, Köln, VU, Claudine Doury
Umschlagkarte: Stephanie Karraß; Gerald Konopik,
DuMont Reisekartografie
Fotos Innenteil: S. 34, 53, 54, 97, 122, 128, 158, 178, 167, 191, 240, 274,
276, 279, 297, 299, 328, 337, 338 (Stephanie Karraß); 27, 65, 72, 81, 95,
140, 142, 151, 170, 200, 207, 222, 231, 242, 248, 257, 266, 293, 309, 317,
325, 335, 347, 350, 355, 361 (Chris Tomas)
Kartenskizzen Innenteil: Stephanie Karraß
Printed in Spain
ISBN 978-3-7701-8279-4
www.dumontreise.de

Anmerkungen

Zum persönlichen Schutz einiger Gesprächspartner wurden deren Namen geändert.

Wechselkurse zum Zeitpunkt der Reise (Juni/Juli 2015):
206 Tenge = 1 Euro (Kasachstan), 6,8 Yuan = 1 Euro (China)

Die Geschichte wird abwechselnd von Chris Tomas und Stephanie Karraß erzählt. Chris wird dabei diese Schrift benutzen und Stephanie diese.

Inhalt

Fast da

Chris **U**nter uns ist alles schwarz.

Längst habe ich das Gefühl für Raum und Zeit verloren. Wie hoch sind wir? Ist es noch weit? Irgendwo dort in der Tiefe muss es sein, das Land. Unser Ziel, das ein Anfang ist. Ich presse mein Gesicht gegen die Scheibe. Doch die Dunkelheit lässt nichts erkennen, sie ist gestaltlos, hat keine Struktur. Keine Falten oder Furchen, die Hügel sein könnten oder Flüsse, seit Stunden nicht. Kein Licht, das ein Ort sein könnte. Nur Schwarz, nichts als Schwarz.

Der Pilot hat vor zehn Minuten den Sinkflug eingeleitet. Wo er dort unten eine Landebahn ausmachen will, ist mir ein Rätsel. Im Flugzeug herrscht rege Betriebsamkeit: Sitze werden hochgeklappt, Decken verstaut, Kopfhörer abgegeben. Vor der Toilette hat sich eine Schlange gebildet.

»Wo wollt ihr hin, nach Kasachstan? Und dann quer durch China? Gibt es dort überhaupt Straßen? Ist das nicht gefährlich, für zwei Frauen allein?« Wann immer wir von unseren Reiseplänen erzählten, blickten wir in verwirrte Gesichter. Zentralasien und der Westen Chinas sind für die meisten ein blinder Fleck auf der Landkarte – ein großes Fragezeichen auf dem sonst so erschlossenen Globus. Nur an Klischees herrscht kein Mangel. In Kasachstan lebt Borat, Chinesen sehen alle gleich aus, die einen essen Pferd, die anderen Hund, in China fällt an jeder Ecke ein Sack Reis um, und kasachische Pferde haben ähnlich viele Goldzähne wie ihre säbelschwingenden Reiter – so in etwa. Ich muss an den Mann in der Wechselstube am Münchner Flughafen denken. »Tenge?«, hatte der nur gelacht. »Also, wir führen hier über hundert Währungen, aber Tenge haben wir nicht.«

»Aber wissen Sie, wo ich die bekommen könnte?«

»Nee! Nirgends! Hahaha, Kasachstan? Da fährt doch keiner hin! Was wollen Sie denn da, etwa Urlaub machen? Hahaha!«

Vielleicht sind unsere Reisepläne wirklich ein wenig verrückt. Wir haben einfach eine Girlande über den Planeten gespannt, das eine Ende in Astana aufgehängt, der Hauptstadt Kasachstans, das andere in Peking. Zehntausend Kilometer liegen dazwischen. Kilometer, die wir nur mit zwei Rucksäcken, Bus und Bahn zurücklegen wollen. Auf einer Route, die ein Strich mit dem Filzstift im Atlas ist. Ich denke an die verheißungsvollen Namen, die ich im Atlas gesehen habe: Siebenstromland, Wüste Mujunkum, Himmelssee. Sie klingen mystisch, fast wie aus einem Märchen. In meiner Vorstellung ist Kasachstan ein Land, in dem man weiter schauen kann als irgendwo sonst auf der Welt. In dem sich die Steppe über Hunderte Kilometer am Horizont verliert. Das in seinem fernen Osten, irgendwo in der Wüste, nahtlos in China übergeht, ein Weltreich voll unentdeckter Schönheiten. Ich möchte sie kennenlernen, diese geheimnisvolle Unbekannte. Die dort draußen im Schwarz auf uns wartet.

Stephanie

Eines Abends saßen Chris und ich in einer Kneipe ums Eck. Wir hatten uns vor acht Jahren auf der Premierenfeier eines befreundeten Kabarettisten kennengelernt und schnell festgestellt, dass wir nicht nur im selben Viertel wohnten, sondern uns auch für dieselben Dinge begeisterten: Fotografie, Kunst und vor allem das Reisen. Inzwischen waren wir schon ein paar Mal zusammen unterwegs gewesen. Chris stellte ihr Weinglas ab und sah mich an: »Kasachstan! Ich würde ja echt gerne mal nach Kasachstan fahren.« Das Erste, was mir dazu einfiel, waren wettergegerbte Nomaden mit komischen Hüten. Das Zweite ein diffuser Bezug zur Sowjetunion. Karawanen und Kommunismus, sonst nichts. Usbekistan fand ich viel faszinierender. Samarkand, Buchara, Ferghana – schon die Namen versprachen Abenteuer und Tausende Geschichten. Aber Kasachstan?

Ein paar Monate später sitze ich aber doch neben Chris im Flugzeug und spiele »Wer ist was?«, um mir die Zeit bis zur Landung zu vertreiben. Eine Frau mit blonden Locken redet in leicht russisch gefärbtem Deutsch auf Kinder und Ehemann ein. Mit jedem Kilometer, den wir zurücklegen, bricht die Vorfreude auf die Ankunft ungezügelter aus ihr heraus. Bestimmt eine Kasachstandeutsche, die zum ersten Mal ihre Familie mit in die frühere Heimat nimmt. Ein bärtiger junger Mann mit Hosenträgern läuft den Gang entlang. Ihm folgt eine Frau, züchtig gekleidet und mit Häubchen auf dem Kopf. Mennoniten? Amis oder Kanadier, unterwegs auf der Mission Ahnenforschung? Dazu kommen Geschäftsreisende aus aller Herren Ländern, kasachische Großfamilien und eine Gruppe russischer Männer, die sich fast klischeemäßig während des Fluges einen antrinken. So ungefähr stelle ich mir mittlerweile auch Kasachstan vor: als Land im Dazwischen. Nicht ganz Europa, nicht ganz Asien. Mit alter Loyalität zu Russland, einer neuen Sympathie für Europa und gemischten Gefühlen gegenüber China. Ein unfreiwilliges Völkergemisch, in dem die kasachische Kultur einen Aufschwung erlebt. Ein junger Staat, der noch nicht geboren war, als ich in meinem Schulatlas die Welt entdeckte.

Irgendwann schlug ich Chris vor, wenn wir schon mal auf halbem Weg sind, gleich weiter bis nach Peking zu fahren. Dort hatte ich vor ein paar Jahren gelebt. Und war durch China gereist: In den Norden, mit Wintern so kalt, dass die Nasenhaare beim Einatmen gefrieren. In den Süden, wo in jedem Tal eine andere Sprache gesprochen wird. Und in die Großstädte des dicht besiedelten Ostens, deren grelle Farben und exzentrische Architektur miteinander wetteifern. Währenddessen hatte ich eine eigentümliche Zuneigung zu diesem Land entwickelt, in dem sich Kommunismus und Kapitalismus, Anarchie und Kontrolle, das Festhalten an Traditionen und rasender Fortschritt unauflösbar ineinander verkrallt haben. Der Westen des Landes ist mir bislang fremd geblieben.

Vor jeder großen Reise breite ich erst mal Karten aus. Zerlege das Unbekannte in kleinere Teile, mache es mir zugänglicher, vielleicht auch etwas weniger fremd. Ein Überbleibsel aus einem Sommerurlaub, als meine Eltern meinen Schwestern und mir »London A–Z« und eine Dreitageskarte für den öffentlichen Nahverkehr in die Hand drückten. Verbunden mit dem Hinweis, dass wir in der Stadt sowieso etwas anderes sehen wollten als sie und wir uns zum Abendessen wieder treffen würden. Über den Stadtplan gebeugt, schauten wir, wo wir hinwollten. Und fuhren kreuz und quer durch London. Damals war ich fünfzehn, Dorothee zwölfeinhalb und Kristina elf Jahre alt. Es waren die besten drei Tage des gesamten Urlaubs.

Auch diesmal schob ich Städte und Gegenden hin und her: »Von Astana und Karaghandy nach Baikonur. Dann über Almaty nach China? Oder warum nicht gleich durch Kirgisistan über den Torugart-Pass nach China? Und dann weiter über den Nordteil

der Seidenstraße. Ach Mist, der Grenzübergang ist nur unregel-
mäßig geöffnet. Ein paar Tage im Niemandsland festzusitzen
funktioniert zeitmäßig nicht. Also doch über die kasachisch-chine-
sische Grenze nach Ürümqi ...«

Der Kasachstan-Reiseführer, den Chris mir zum Geburtstag geschenkt hatte, lag zwischen uns auf dem Küchentisch, daneben
die Karten, die ich fast schon auswendig kannte.

»Was willst du denn in den beiden Ländern sehen?«, fragte
ich, nachdem ich von meinen Überlegungen erzählt hatte.

»Die Steppe natürlich!«, sagte Chris, ohne lange zu überlegen. »Über China habe ich noch nicht nachgedacht, such du einfach was aus.«

Die Namen Turfan, Dunhuang und Labrang spukten seit dem
Sinologiestudium in meinem Kopf herum. Vielleicht sollten sie
unsere Fixpunkte werden auf dem Weg durch China? Der Rest
würde sich unterwegs ergeben. Bislang war es immer so gewesen, dass ich einen vagen Plan hatte, der sich im Verlauf der Reise
noch tausend Mal änderte. Warum sollte das dieses Mal anders
sein?

Chris

Ich wende meinen Blick von der Fensterscheibe ab und krame auf
dem Boden nach meinen Schuhen. Noch vor ein paar Monaten
hatte ich mir nicht vorstellen können, dass dieser Tag tatsächlich
kommen würde. Wir, im Flugzeug, zwei Monate Reise vor uns.
Neben Stephanie postiert sich ein Mann im Gang. Er schnippt
eine Münze auf den Boden: ja oder nein? Glück oder Unglück?
Verstohlen sehe ich ihm zu. Er hebt sie auf und lächelt. Ein Zurück gibt es jetzt ohnehin nicht mehr.

Ich habe meine Reisen noch nie geplant. Flugtickets kaufen, Rucksack aufschnallen und los – über mehr habe ich mir selten Gedan-

ken gemacht. In den letzten Jahren bin ich quer durch Europa ge-
fahren, nach Nord- und Südamerika, Korea, Neuseeland, Hawaii.
Mal ein paar Tage, mal für Monate. Mal mit Freunden, mal allein.
Während Stephanie Karten studierte, Bücher verschlang, mögliche
Routen durchging, tat ich – gar nichts. Kann man sich auf eine Rei-
se ins Unbekannte vorbereiten? Vielleicht geht das gar nicht.

    Reisen ist nicht immer leicht und schön. Nirgendwo kann man
sich einsamer fühlen als in der Ferne, wenn das Zuhause ein Rucksack mit ein paar Habseligkeiten ist. Aber die Sehnsucht nach dem
Unterwegssein, ohne zu wissen, wohin es führt, was mir begegnet,
immer offen zu sein, wach zu sein, da zu sein – die ist immer größer gewesen als alle Bedenken. Wer kann schon wissen, was wir
dafür brauchen? Irgendein Gepäckstück wird immer fehlen, ein
anderes überflüssig sein. Klar, wir werden auf Hindernisse stoßen.
Aber ganz sicher werden es andere als die, die wir uns vorher aus-
gemalt haben. Oder?

    Je näher der Abflugtermin rückte, desto mehr mischte sich auf
einmal eine seltsame Angst in meine entspannte Vorfreude. War
das alles nicht wahnsinnig naiv? Konnte man Zentralasien überhaupt so bereisen? Ich dachte an die besorgten Gesichter meiner
Freunde. Kasachstan, wirklich? Und so lief ich los, besorgte Dinge,
von denen ich glaubte, sie könnten wichtig sein: eine neue Regen-
jacke, Ohrentropfen, Passkopien. Oder vereinbarte Arzttermine.
Waren die Zähne in Ordnung? Brauchte ich Impfungen? Hatte ich
mit meinen sorglosen Reisen in den letzten Jahren vielleicht nur
großes Glück gehabt?

    Meine vorgesetzten Redakteure zuckten bloß gleichmütig die
Schultern, als ich ihnen meine Pläne unterbreitete. Ich arbeite als
freie Journalistin und kann mir meine Urlaubstage selbst eintei-
len. »Hauptsache, du kommst wieder!«, sagten sie und wünschten
mir eine tolle Zeit. »Du machst es richtig«, bewunderten mich die
Kollegen. Wir stießen mit Sekt an und ich strahlte. Aber das mul-
mige Gefühl blieb.

Ich war froh, Stephanie an meiner Seite zu wissen. Im Gegensatz zu mir ist sie zuversichtlich und pragmatisch. Und: Sie spricht fließend Chinesisch. Für die zweite Hälfte unserer Reise wird das eine große Hilfe sein. Kasachisch, eine Turksprache, beherrscht keine von uns. Wir setzten darauf, uns mit ein paar Brocken Russisch durchzuschlagen. Im Norden des Landes ist das immer noch die Hauptverkehrssprache und als Halbkroatin bin ich mit slawischen Sprachen vertraut. Eine Woche klemmte ich mich hinter ein Russisch-Lehrbuch für Anfänger. Zum Glück waren die Unterschiede nicht groß. Ein paar neue Wörter, eine veränderte Aussprache – damit sollte auch die erste Hälfte zu bewältigen sein.

Was uns fehlte, waren Kontakte vor Ort. Stephanie hatte Freunde in Peking, doch auf dem ganzen langen Weg dorthin kannten wir niemanden. Ich hatte auf früheren Reisen gute Erfahrungen mit Couchsurfing gemacht. Weniger zum Übernachten, aber man konnte sich auch zum Essen oder einer gemeinsamen Stadtbesichtigung verabreden. Ob das in Zentralasien so beliebt war wie im Westen? Ich ließ es auf einen Versuch ankommen und staunte: Allein in Kasachstan waren über dreitausend Leute bei Couchsurfing registriert. Eine Woche später hatte ich mehr Angebote, als wir in einem halben Jahr hätten bewältigen können. Englisch sprach praktisch jeder, viele antworteten sogar auf Deutsch.

Den Stapel mit den Adressen und Telefonnummern legte ich ganz oben auf mein Gepäck. Wir würden nicht allein in Zentralasien sein. Wir hatten Anlaufstellen. Und mit diesem Wissen verschwand meine Angst. Fast so plötzlich, wie sie gekommen war.

Stephanie

Während wir dem Flughafen von Astana entgegensinken, bin ich in Gedanken schon bei der Einreise. Hoffentlich geht alles glatt, hoffentlich kommen wir rein. Auch bei den Reisevorbereitungen hatten mir unsere Visa das meiste Kopfzerbrechen bereitet. Jedem, der für irgendeine Art von Medien arbeitet, kann das Touristenvisum für China verwehrt werden. In Kasachstan sollte es ähnlich sein, hatte ich gehört. Wegen unseres Gabelflugs hatten wir außerdem keinen fixen Ausreisetermin aus Kasachstan. Dieses Ausgeliefertsein, die Abhängigkeit vom Wohlwollen eines Beamten und die Ungewissheit, ob alles funktionieren würde, waren fur mich nur schwer zu ertragen. Immerhin hatte Xiao Chen, ein Freund aus Peking, uns eine Einladung mit Kopie seines Personalausweises geschickt, was die Erteilung des chinesischen Visums erleichtern sollte. Auf dem Weg zum Chinese Visa Application Service Center ging ich meine und Chris' Unterlagen noch mal durch. Dabei entdeckte ich, dass Xiao Chens Personalausweis in sechs Tagen ablaufen würde.

»Auch das noch«, dachte ich mir.

Früher hatten in der kleinen überfüllten Visastelle des chinesischen Generalkonsulats in München schlecht gelaunte Beamte hinter drei Schaltern gesessen. In einem Tonfall zwischen gelangweilt und bärbeißig forderten sie Unterlagen, schmetterten Nachfragen ab und manchmal verschwanden sie auch einfach. Es war der siebte Höllenkreis der Bürokratie.

Seit es das Chinese Visa Application Service Center gibt, hat sich alles geändert. Auf dem Teppich in dem großen hellen Raum stehen Zitate deutscher und chinesischer Philosophen über das Reisen und die Völkerfreundschaft. Die Belegschaft scheint eine Schulung in Freundlichkeit bekommen zu haben. Und die Visa kosten doppelt so viel wie früher.

Hinter der Glasscheibe blätterte eine junge Beamtin durch meine Unterlagen. Als sie zur Kopie von Chens Personalausweis kam, hielt ich kurz die Luft an.

»Alles in Ordnung. Hier ist Ihr Abholschein für das Visum.« Dann nahm sie Chris' Antrag, stutzte und rief einen Kollegen vom Nachbarschalter herüber. Beide flüsterten miteinander, blätterten immer wieder durch die Unterlagen.

»Den Antrag kann ich leider nicht annehmen. Das Foto ist zu alt. Es ist das gleiche wie auf dem Pass. Frau Tomas muss selber noch mal herkommen.« Alles Diskutieren war vergebens.

Die nächsten Tage war ich nervös, überlegte hin und her, was wir machen würden, wenn Chris ihr Visum nicht bekäme. Aber wir brauchten keinen Plan B: Drei Wochen später klebte neben dem chinesischen auch das kasachische Visum in unseren Pässen. Endlich konnte ich mich auf unsere Reise freuen. Darauf, gemeinsam mit Chris das Unbekannte zu entdecken. Auf die Menschen zwischen Astana und Peking, auf ihre Geschichten und Vorstellungen. Reisen ins Unbekannte waren in den letzten Jahren zu kurz gekommen. Aber in ein paar Minuten ist es endlich wieder so weit. Und das bisschen Einreiseformalitäten bringen wir auch noch hinter uns.

Chris

Jede Reise ist ein wenig wie ein Sprung vom Zehnmeterbrett. Ein Teil in einem sagt: Was tust du da? Bist du irre? Aber ein anderer, viel stärkerer Teil sagt: Vielleicht bin ich irre, aber ich kann nicht anders. Ich muss es ausprobieren. Und wenn man schließlich springt, fliegt, fällt, eintaucht, dann gibt es nichts Schöneres auf der Welt.

Ich will kein Zurück. Ich hatte davon geträumt, diese Ecke des Erdballs zu bereisen, seit ich denken kann. Es ist eine tiefe Sehnsucht, die mich hierherzieht, mehr noch als die Lust aufs Reisen an sich. Es ist der Wunsch nach Entgrenzung. Wo immer ich lebte, hatte ich Berge im Rücken. Mein Heimatort liegt an der Schweizer Grenze, im Süden war der Zoll, im Norden der Schwarzwald. Die Welt von damals ging nicht weit. Ich sehne mich nach einer totalen Offenheit, Platz zum Atmen, nach Freiheit. Gibt es sie – in der Steppe, die dort unter uns liegt, vom Dunkel verborgen? Kasachstan ist fünfmal so groß wie Deutschland, doch nur ein Fünftel unserer Einwohner lebt hier. Oder finde ich sie in der Wüste? In China werden wir durch die Gobi fahren. Anderthalb Millionen Quadratkilometer Geröll, das Landschaft gewordene Nichts. Einmal dort zu sein, davon habe ich geträumt, solange ich denken kann. Es ist, so stelle ich mir vor, ein Ort, an dem die Erde sich nicht mehr wie die Erde anfühlt.

Die Flugzeugcrew hat ihre Plätze eingenommen, gleich werden wir landen. Erste orangefarbene Lichter kündigen eine Landebahn an. Herausfordernd sieht es uns an, das Schwarz vor dem Fenster. Ein leeres Blatt Papier, das darauf wartet, von uns beschrieben zu werden. Was werden wir dort unten finden? Die Dunkelheit gibt keine Antwort.

Noch nicht, denke ich. Und lege meinen Sicherheitsgurt an.

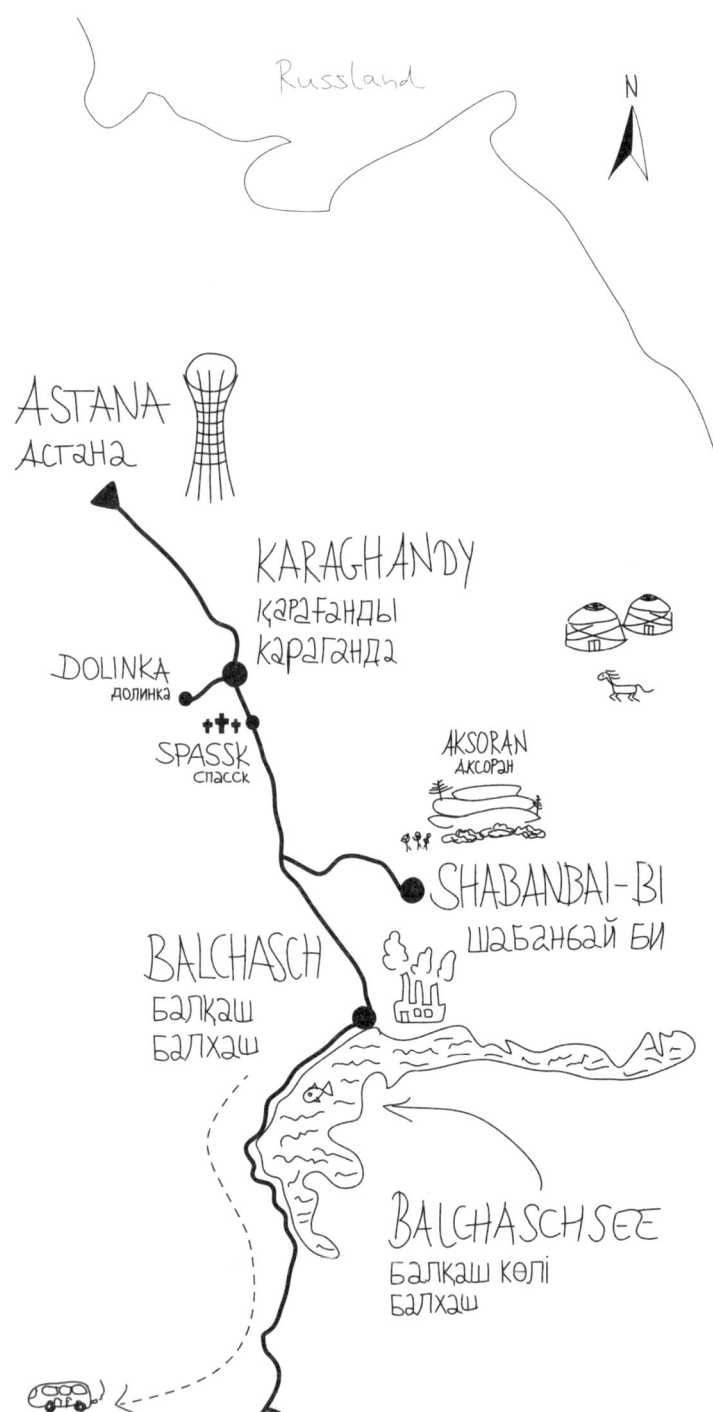

SARY ARKA – DIE GROSSE STEPPE

Astana

Chris   »**B**auarbeiten!«, schimpft Dana und balanciert über ein Brett, das auf den rutschigen Kies am Straßenrand gelegt ist. »Überall Bauarbeiten! So, hallo erst mal.« Sie begrüßt uns mit Handschlag. Dana ist unser erster Couchsurfing-Kontakt in Astana und heute treffen wir sie, um uns von ihr die Hauptstadt Kasachstans zeigen zu lassen. Die Zweiundfünfzigjährige war die Erste, die ich angeschrieben hatte. Auf ihrem Profilfoto war eine attraktive Frau zu sehen, mit dunklen Locken, kanariengelben Ohrringen, filmreifer Sonnenbrille und in einem so knappen Kleid, dass ich zweimal hinsehen musste, um es nicht für einen Badeanzug zu halten. Lasziv rekelte sie sich vor einer Art römischer Säule. So viel Pose – das konnte ja nur unterhaltsam werden. Eine Antwort war nach drei Minuten gekommen: »Ruft mich an, sobald ihr da seid!«

Jetzt stehen wir gemeinsam am Ufer des Jesil, und Dana sieht aus, wie ich sie mir vorgestellt habe: feurig, sinnlich, weiblich. Sie trägt einen ultrakurzen Jeans-Minirock, bunte Sportschuhe und einen Strohhut mit breiter Krempe. Ihre Fingernägel sind pink lackiert und das Flusswasser spiegelt sich in den Gläsern ihrer Sonnenbrille, als wir uns vorstellen. Der Treffpunkt ist gut gewählt: Der Jesil teilt Astana in zwei Hälften. Gegenüber, auf der rechten Seite, steht das alte Stadtzentrum aus Zeiten, als Astana noch Akmola hieß und ein unbedeutendes Städtchen irgendwo in Zentralkasachstan war. Seit Präsident Nursultan Nasarbajew den Ort 1997 zur neuen Hauptstadt gekürt hat, verblasst dieser alte Kern. Der Putz bröckelt sichtbar von vielen Fassaden. Sowjetische Konkursmasse. Denn auf der linken Flussseite, wo wir stehen, wächst eine zukünftige Weltmetropole heran. Die Arbeit daran ist unübersehbar: Direkt vor uns ragen halbfertige Wolkenkratzer wie eine Armee steinerner Gerippe in den Himmel. Es wird geklopft, gesägt und gehämmert, Betonmischer rotieren, Baukräne lassen ihren Drehkranz kreisen, Zäune werden lackiert, Rasen gesprengt, Blumen herangekarrt. Der Lärm ist ohrenbetäubend. »Als ich nach Astana kam, standen hier drüben gerade einmal zwei Häuser«, sagt Dana. »Inzwischen entsteht praktisch jeden Monat ein neues Gebäude.«

Der Taxifahrer, der uns gestern Nacht vom Flughafen zum Hotel bringen sollte, hatte lange nach der Adresse suchen müssen. »Wo soll das Ding sein? Ulpan heißt es, ja?« Rätselnd hatte er auf seinem Navigationsgerät herumgetippt. »Von dieser Straße habe ich noch nie gehört. Wahrscheinlich auch alles neu, oder?« In zahllosen Runden ging es um die Häuserblocks, unsere Rezeptionistin lotsend am Telefon, über notdürftig geteerte Pisten im Dunkel. Mal ein halb verfallenes, mal ein hochmodernes Gebäude am Rand, an den Hauptstraßen schon glitzernde Fassaden, dahinter noch fast dörfliche Ansiedelungen. Ratlos sahen wir ihm zu. Was hätten wir auch beitragen können? Wir waren ja selbst neu in dieser Stadt. Die ersten vorsichtigen Schritte am Flughafen waren gerade erst eine Stunde her: kasachischer Boden, Schilder mit kyrillischer Schrift, träge Stille in der Empfangshalle, Stempel in den Pass und die Migrationskarte (»Nicht verlieren! Abgeben bei der Ausreise!«).

Insgeheim wundere ich mich jedes Mal über andere Reisende, die ihre Rollkoffer mit so gelangweiltem Gesicht hinter sich herziehen, als täten sie Tag für Tag nichts anderes. Wann immer ich in einem neuen Land ankomme, fühle ich mich etwas wacklig auf den Beinen, so als würde ich über rohe Eier laufen. Alles erscheint merkwürdig fremd und fern. Jetzt nur nicht auffallen, denke ich dann und versuche, ein ähnlich gelangweiltes Gesicht aufzusetzen. Ohne Erfolg natürlich.

Bis der Taxifahrer unser Hotel gefunden hatte, war es schon weit nach eins. Vor einem einstöckigen, unverputzten Bau an einem Schotterweg hatte er uns abgesetzt, in die warme Juninachtluft hinein. Ich fühlte mich noch immer wie ferngesteuert. Die schmale Rezeption, umrahmt von Getränkekühlschränken, unser Zimmer im ersten Stock, vorbei an Sesseln und einem Bügelbrett, zwei Betten auf schweren Orientteppichen unter Rankentapeten, all das nahm ich nur halb wahr. Wir waren da! In Kasachstan! Aber richtig begreifen würde ich das vermutlich erst am nächsten Tag.

Wir schliefen lange. Und schon als ich die Augen aufschlug, freute ich mich auf das Treffen mit Dana. Das ziellose Herumtappen, das sonst so typisch ist für das Ankommen in einem neuen Land, blieb uns dank ihr erspart. Außerdem brannte ich vor Neugier: Wie würde sie sein? Was erwartete uns in dem Land, das gestern noch komplett im Schwarz gelegen hatte?

Um zehn Uhr klopfte die Rezeptionistin vorsichtig an unsere Zimmertür, Rührei und *kasha*, kasachischen Haferbrei, auf einem Tablett. Ob wir wohl bald aufstehen würden? Wir schlangen das Frühstück herunter, bewaffneten uns mit dicken Wasserflaschen und machten uns auf den Weg zum Jesilufer.

»Gut vorbereitet für unseren kleinen Spaziergang!«, lacht Dana, als sie unsere Flaschen sieht, und zieht ihren Hut tief ins Gesicht. Es ist noch nicht einmal Mittag, doch die Sonne brennt bereits unerbittlich und die wohltuenden Schatten der Hochhäuser werden zusehends kleiner. Vor uns liegt ein schnurgerades, baumloses Asphaltband: die Kabanbai-Batyr-Straße. Sie ist die Hauptschlagader der neuen Hauptstadt. Vom Jesilufer aus erstreckt sie sich mittlerweile über acht Kilometer nach Südwesten, dorthin, wo es vor zwanzig Jahren nichts als weite Steppe gab. »Mal sehen, wie weit wir kommen!« Dana schaltet ihren Schrittzähler ein.

Dana ist, was alle in Astana sind: zugezogen. Ihre Familie hat koreanische Wurzeln, sie selbst wuchs in Usbekistan auf. Vor zehn Jahren, erzählt sie uns, als wir loslaufen, packte sie die Koffer und verließ ihre Heimatstadt Taschkent, in der Hoffnung auf ein besseres Leben. Diesen Traum teilte sie mit Tausenden anderen: In den letzten Jahren sind mehr als eine halbe Million Menschen nach Astana gezogen. Die Einwohnerzahl hat sich seit dem Jahr 2000 verdoppelt, achthundertfünfunddreißigtausend wurden vor einem Jahr registriert. Zwei Drittel sind ethnische Kasachen, sie kommen aus allen Teilen des Landes. Aber auch Usbeken, Kirgisen oder Aserbaidschaner zieht es hierher. Weil Astana boomt, weil sich hier etwas bewegt.

Im Jahr 1994 beschloss Präsident Nursultan Nasarbajew, dass Kasachstan, die damals noch junge Republik, eine neue Hauptstadt brauche. Almaty, die größte Stadt des Landes, liegt tief im Süden, weit entfernt vom russisch geprägten Norden. Für Kasachstan, das neuntgrößte Land der Erde, sei etwas Zentraleres wichtig, fand er. Etwas, womit sich alle identifizieren konnten. Außerdem gab es dem Präsidenten in Almaty zu viele Erdbeben. Man suchte, und man fand: das Städtchen Akmola, zentral gelegen und allenfalls für sein Kriegsgefangenenlager bekannt. Der Name Akmola bedeutet Weißes Grab. Drei Jahre später wurde das Grab zum Regierungssitz gekürt. Es bekam einen einprägsamen neuen

Namen, Astana, das kasachische Wort für Hauptstadt, und dann ging alles schnell: Verträge wurden unterzeichnet, Bauherren angerufen, tonnenweise Material herangekarrt. Es war die Stunde null für das Superprojekt im Nirgendwo.

Noch immer heißt der Flughafen, auf dem wir in der Nacht gelandet waren, Tselinograd, die Neulandstadt. Unter Chruschtschow hatte Akmola diesen Namen bekommen. Statt einer Weltmetropole hatte er hier in den Sechzigerjahren ein neues landwirtschaftliches Zentrum geplant, die »Kornkammer der Sowjetunion«. Heute scheint das aus dem kollektiven Gedächtnis verbannt. Denn jetzt wächst Astana. Die neue Hauptstadt frisst sich in die Steppe hinein, schafft sich ihren Platz und ihren Anspruch, und das in rasender Geschwindigkeit.

Die Ausmaße des Baubooms werden mir erst klar, als wir mit Dana die Kabanbai-Batyr-Straße entlangmarschieren. Obwohl sie ein gutes Tempo vorlegt, dauert es fast eine halbe Stunde, bis wir nur ein einziges Gebäude passiert haben. Außer uns sind keine Fußgänger zu sehen. Stattdessen donnert der Verkehr auf den sechs Spuren der Stadtautobahn vorüber. Schon jetzt läuft mir der Schweiß in Strömen übers Gesicht. Ob es so eine gute Idee war, die Stadt zu Fuß zu erkunden? Neidisch blicke ich auf Danas Hut.

Dana lebt allein in Astana, sie ist geschieden. Erst betrieb sie hier ein usbekisches Restaurant, erzählt sie uns. Doch mittlerweile hat sie sich als Finanzberaterin selbstständig gemacht. Ihr ältester Sohn ist in Taschkent geblieben, der jüngere studiert in Malaysia. Sie genießt ihr Leben in Kasachstan. »Es ist so viel freier hier«, sagt sie. »In Usbekistan wird von mir erwartet, dass ich ein Kopftuch trage. Und es ist nichts los abends! Kasachstan gefällt mir besser.«

Vor uns türmt sich der nächste Betonkoloss auf. Schon von Weitem zeichnet sich das kathedralenartige Gebäude ab, mit Zinnen, die sich wie Pfeile in den wolkenlosen Himmel bohren. »Der Triumph von Astana«, erklärt Dana mit unverhohlenem Stolz, »so heißt es. Das ist eines der beliebtesten Wohnhäuser der Stadt. Von der neununddreißigsten Etage hat man einen tollen Ausblick! Aber gut«, räumt sie ein, »es sieht halt ein bisschen aus wie in Russland.« Insgeheim gebe ich ihr recht: Der neoklassizistische Bau ist augenscheinlich den Sieben Schwestern in Moskau nachempfunden. Stalin hätte seine Freude gehabt mit der Sowjet-Reinkarnation in der einstigen Teilrepublik. Fast ein wenig unheimlich wirkt der Triumph, als gäbe es keine Wiederkehr für alle, die ihn betreten. Aber warum auch? Was immer man zum Leben braucht, findet man ohnehin unter diesem einen Dach, berichtet uns Dana. Viele Gebäude in Astana sind so konstruiert: Sie bestehen aus einem Komplex von Apartments, Büros, Ladengeschäften, Restaurants und Arztpraxen. Wer sein Haus nicht verlassen will, muss es auch nicht – das ist die kasachische Modernität.

Wieder dauert es fast dreißig Minuten, bis wir das Gebäude hinter uns gelassen haben. Die Mittagshitze lässt unsere Schritte immer schwerer werden. In Astana herrscht ein Klima der Extreme: vierzig Grad plus im Sommer, dreißig Grad minus im Winter. Einfach im Haus zu bleiben erscheint mir unter diesem Gesichtspunkt gar keine so schlechte Option. Wehmütig blicke ich dem Triumph hinterher. Am liebsten würde ich mir meine Wasserflasche einfach über den Kopf schütten. Stephanie geht es nicht anders. Nur Dana ist die Energie in Person. Zehn Jahre in Astana, das scheint zu stählen. »Kommt weiter!«, ruft sie fröhlich.

Langsam nähern wir uns dem Zentrum der neuen Hauptstadt: dem majestätischen Nurzhol-Boulevard. »Das bedeutet Weg des Sonnenstrahls«, sagt Dana. »Die gesamte Flaniermeile wurde nach Fengshui-Regeln angelegt. Gebäude, Grünstreifen, Blumenarrangements, Wasserkaskaden und Promenadenteile bilden Linien, damit positive Energie fließen kann. Das war ein Wunsch unseres Präsidenten.« Gestalten ließ Nasarbajew die Prachtstraße von dem japanischen Stararchitekten Kisho Kurokawa.

Zum ersten Mal überhaupt bei unserem ›Stadtbummel‹ biegen wir links ab – und dann bleibt mir fast die Luft weg. Ein ver-

schwenderisch beleuchteter Springbrunnen eröffnet den Boule-
vard, um ihn schrauben sich schillernde Wolkenkratzer in Stahl-
blau und Gold in die Höhe. Der Himmel spiegelt sich in den
Fassaden, Werbung flackert über fast lächerlich große LED-Bild-
schirme. Hinter dem Springbrunnen reihen sich Architektenträu-
me wie an einer Perlenschnur auf, dazwischen eine Promenade, so
breit, dass man Bundesligaspiele auf ihr austragen könnte. Waren
wir in Las Vegas gelandet?

Während Stephanie und ich noch ungläubig vor der über-
irdisch anmutenden Komposition stehen bleiben, gibt es bei Dana
kein Halten mehr. »Was ihr auf der Seite seht, dieser halbrunde
Palast, ist der Sitz unseres größten Öl- und Gaskonzerns, KazMu-
nayGaz. Toll, oder? Es gab ihn schon, als ich hergezogen bin. Damals stand er hier noch komplett allein, um ihn herum war nichts.
Und seht ihr das Gebäude dahinter, das aussieht wie ein Zelt? Das
ist ein Einkaufszentrum. Es ist ganz berühmt, wurde von Sir Norman Foster gebaut. Er ist Engländer, Norman Foster, oder Hollän-
der? Da drin gibt es sogar einen Strand und eine Achterbahn, wirklich wahr. Geradeaus kommt dann die große Moschee, sie ist aber
nicht die größte, weiter hinten, nach dem Präsidentenpalast, steht
noch eine viel größere. Sie ist die allergrößte Moschee Kasachstans! Links ist das Transportministerium. Es ist das höchste Gebäude hier. Aber nicht mehr lange, denn seht ihr diese Baustelle
dort drüben? Dort entsteht gerade das Abu Dhabi Plaza. Fünfund-
siebzig Stockwerke sollen das werden, Wahnsinn! Ich glaube, dann
ist es das größte Gebäude in ganz Zentralasien.«

Je weiter wir den Nurzhol-Boulevard hinablaufen, desto surrealer
kommt mir all das vor. Auch hier sind kaum Menschen auf der Straße zu sehen. Die Gebäude rechts und links werden immer gewaltiger,
doch gleichzeitig erscheinen sie mir hohl, wie blank polierte Ober-
flächen ohne Leben darin. Kühl und abweisend wirken sie, als seien
sie gar nicht für Menschen gedacht. Mir fällt ein Brettspiel aus meiner Kindheit ein. Es hieß »Hotel«. Die Idee des Spiels bestand darin,

möglichst viele Grundstücke und zugehörige Baugenehmigungen zu ergattern, um auf ihnen Hotels zu eröffnen. Die Hotels waren aus lackierter Pappe, trugen aber luxuriöse Namen wie President, Royal und Taj Mahal. Je mehr Hotels man baute, desto besser. Ziel war, die Mitspieler durch die hohen Kosten in den Ruin zu treiben. Astana, denke ich, ist eigentlich nichts anderes: Hotel 3.0.

»Wahnsinn«, staune ich. »Guck dir das an. Das ist so absurd! Das ist so irre, dass es schon wieder lustig ist.«

»Ich weiß nicht. Mir gefällt das nicht«, antwortet Stephanie. »Das dient doch alles nur der Machtdemonstration. Diese ganzen Protzbauten, die den Bürgern zeigen sollen, wie klein und unbedeutend sie sind. Ich finde das abstoßend.«

Ich schieße Foto um Foto, doch nicht einmal mit meinem Weitwinkelobjektiv kann ich die gesamte Szenerie erfassen.

Vor uns auf dem Nurzhol-Boulevard erhebt sich jetzt der Aussichtsturm Bajterek. Sein Name bedeutet Baum des Lebens und so sieht er auch aus: eine schlanke Stahlkonstruktion in Form ei-

Wahrzeichen der neuen Hauptstadt: der Aussichtsturm Bajterek

ner Pappel, die sich zum Himmel hin öffnet. In dieser Öffnung liegt eine Kugel wie ein überdimensionales Ei in einem Nest. Der mythische Vogel Samruk soll es hier abgelegt haben, so geht die Legende, das Ei gilt als Symbol für die Geburt der neuen Hauptstadt. Es heißt, Nasarbajew habe den Entwurf für den Bajterek selbst gezeichnet. Auf einer Serviette.

Ich kaufe Eintrittskarten für uns alle. Dann gleiten wir mit dem Aufzug geräuschlos ins Innere des heiligen Eis, zu einer Aussichtsplattform auf siebenundneunzig Metern Höhe. »Weil die Stadt 1997 gegründet wurde«, erklärt Dana. Ich nicke nur noch mechanisch. In Astana entsteht ja nichts zufällig. Oben drängen sich nicht wenige Besucher. Die meisten sind offenbar Kasachstaner, wie die Einwohner Kasachstans genannt werden, unabhängig von ihrem ethnischen Hintergrund. Familien mit Kindern blicken hinaus auf die Fassaden aus Stahl und Glas. Dazwischen finden sich Kuppeln und Ornamente, die uns daran erinnern, wo wir sind: in Zentralasien, nicht in den USA.

Hinter den Hochhäusern endet Astana abrupt. Es gibt keine Vororte, keine Übergänge. Wo die Wolkenkratzer aufhören, beginnt die Steppe. Unmittelbar. Von oben gesehen wirkt es, als sei die Stadt in einem Stück vom Himmel gefallen. Astana, am Computer entworfen. Ein Fantasieort. Der Start hier, sagt Dana leise, sei die härteste und beste Zeit ihres Lebens gewesen. Ich sehe sie an, sie wirkt verändert. Nachdenklicher. Gemeinsam schauen wir hinunter. Astana erzählt von Aufbruch und Pioniergeist, von Stärke und Modernität, die Stadt hat sich selbst erfunden, aus dem Nichts heraus, wie ein Phönix aus der Asche. Kann das funktionieren? Das frage ich mich. Was kann ein Zentrum sein in einem Land, das nie ein Zentrum hatte? In einem Land, in dem Nomaden umherzogen, deren Heimat überall war?

Eine Weile stehe ich so da, tief versunken in meine Gedanken. Als ich erwache, ist Dana verschwunden. Suchend blicke ich mich um. Dann entdecke ich sie am Fuß einer Wendeltreppe, die zu einer kleinen Empore führt. »Kommt mal mit«, winkt sie Stephanie und mich zu sich, »hier geht es noch weiter!« Sie lächelt jetzt geheimnisvoll. An der Treppe hat sich eine Schlange gebildet, in die wir uns einreihen. Kinder rangeln, jeder kämpft um den besten Platz. Um, und jetzt sehe ich es auch: um den vergoldeten Handabdruck des Präsidenten anzufassen, der auf einem Sockel thront. »Los«, fordert uns Dana auf, »das bringt Glück!« Ich blicke sie zweifelnd an. Doch es gibt kein Zurück, jetzt heißt es auch für uns: posieren, befühlen, Fotos machen. Die übrigen Besucher strahlen. Kinder werden hochgehalten, um den Abdruck ebenfalls berühren zu können. Noch vor Ort werden die Bilder im Internet gepostet.

Ich staune. Und bin verwirrt. In Deutschland hatte ich so viel gehört über den Diktator Nasarbajew, der seit 1990 mit harter Hand regiert, Wahlen zu seinen Gunsten manipuliert, Gegenstimmen nicht zulässt. Ein Alleinherrscher auf Lebenszeit! Demokratie nur auf dem Papier! Unter ihm, dachte ich, lebte ein ganzes Volk in Angst. Keine Meinungsfreiheit, keine Pressefreiheit! Ich hatte mit Ablehnung gerechnet, mit Frust, vielleicht auch mit Wut auf sein Regime. Doch hier, vor seinem Handabdruck in der Hauptstadt, gibt es nichts als ehrliche Begeisterung. Kein bestelltes Publikum. Keine Menschen, die jubeln, weil sie müssen. Sondern Stolz. Und von allen Dingen war Stolz nun wirklich das Letzte, was ich erwartet hätte.

Für den Rest des Tages will mir dieses Bild nicht aus dem Kopf. Ich denke sogar noch daran, als wir abends gemeinsam im usbekischen Restaurant Kishlak sitzen, zu dem uns Dana geführt hat. Muss man das alles ganz anders begreifen? Der erste Präsident dieser Republik scheint etwas zusammenzuhalten, das nie eine Einheit war. Anerkennend wird von ihm gesprochen, dem großen Staatsmann, dem Landesvater. Er strahlt, trotz aller Kritik, etwas aus, wonach sich das junge Land sehnt. Ist es Ansehen? Respekt?

Ich hätte nicht gedacht, dass uns solche Fragen gleich am ersten
Tag begegnen würden. Doch in Kasachstan scheint das dazuzuge-
hören. Antworten auf sie zu finden, das wird eine unserer Aufgaben sein. Denn ich habe den Eindruck: Will man das Land auch
nur ansatzweise verstehen, führt an Nasarbajew kein Weg vorbei.

Dana bestellt für uns *manti*, Teigtaschen mit Fleisch und Kür-
bis, und *laghman*, lange handgezogene Nudeln in einer würzigen
Soße. Gierig stürzen wir uns darauf. Ich kann die Gebäude nicht
mehr zählen, die wir noch gesehen haben. Den Präsidentenpalast,
das Verteidigungsministerium, das Außenministerium. Die Natio-
nalbibliothek, die aussieht wie ein überdimensionales Früh-
stücksei. Die neue Oper, Kunstmuseen, Kongresszentren, ein
Einkaufszentrum, das Kamel heißt, das diplomatische Dorf. Und
natürlich das riesige Gelände für die Expo 2017. In zwei Jahren
schon soll die ganze Welt auf Astana blicken. Und Danas Schrittzähler, glaube ich, hat heute einen neuen Rekord verzeichnet.

Die Kellner tragen usbekische Tracht, eine Frau im schwarzen
Kleid singt alte Schlager. Dana bewegt leise ihre Lippen dazu. »Ich
habe auch noch eine Tochter gehabt«, sagt sie plötzlich. »Sie wollte nach Moskau gehen, aber ich war dagegen. Wir haben uns gestritten. Sie ist trotzdem gegangen. Drei Tage später hat man sie
tot aufgefunden. Ermordet.«

Mir fällt fast die Gabel aus der Hand. Auch Stephanie hält mitten in der Bewegung inne. »Was sagst du da? Ermordet? Oh Gott,
Dana! Aber was ist denn passiert?«

Dana zuckt die Schultern. »Niemand weiß es. Vielleicht wollte
es auch niemand wissen. Ein Täter wurde nie ermittelt.«

»Aber wie kann das sein?«, frage ich fassungslos.

»Ich habe es nicht herausfinden können. Ich bin hingefahren,
den ganzen Weg bis nach Moskau, habe herumgefragt. Aber das
hat alles nichts gebracht. Ich glaube, es gab nicht mal eine richtige
Untersuchung. Sie war eben Usbekin! So etwas interessiert in
Russland keinen.«

Wir schweigen betroffen. Die Sängerin schwelgt in einem russischen Schmachtfetzen. Vor uns stehen die Teigtaschen, doch mir ist der Appetit vergangen.

Zwei Jahre, sagt Dana, habe sie gebraucht, um den Tod ihrer Tochter zu verwinden. Ihre Mutter erlitt bei der Nachricht einen Herzinfarkt. Eines der beiden Jahre habe sie sie in Taschkent gepflegt. Um sich von ihrer Trauerzeit zu erholen, fuhr Dana für vier Tage nach Istanbul, mit einer Internetbekanntschaft, einem italienischen Tauchlehrer. »Schaut«, sagt sie und zeigt uns ein Bild auf ihrem Handy, »das ist er. Mein Freund.« Auf dem Foto ist ein junger, braungebrannter Mann zu sehen. Jetzt, sagt sie, blicke sie nach vorn. So wie man in Astana nur nach vorn blicken kann. Sie blättert durch ihr Fotoalbum, zeigt uns weitere Bilder. Die kasachische Staatsbürgerschaft, sagt sie, sei ihr nächstes Ziel. Zurück nach Taschkent zu ziehen, das kann sie sich nicht vorstellen. Ihr Leben ist jetzt hier. Und es muss weitergehen.

Es ist spät, als wir zu unserem Hotel aufbrechen. Zurück an der Kabanbai-Batyr-Straße, verabschieden wir uns von Dana. »Danke«, sage ich, »für diesen ersten Tag. Für alles.«

»Ich hoffe, wir sehen uns mal wieder«, antwortet sie. Einen Moment stehen wir unschlüssig herum, doch dann umarmen wir uns.

»Ich wünsche dir alles Gute«, flüstere ich.

Um uns herum hat Astanas Glitzershow begonnen. Grüne, blaue, pinkfarbene Lichter tanzen über die Fassaden, ich fühle mich in eine Kirmeswelt versetzt, ein plastikbuntes Spektakel auf dem Architektur-Jahrmarkt. Nur die Mücken, die die Nacht in Schwärmen herantreibt, erinnern uns daran, wo wir uns eigentlich befinden – im unendlichen, weiten Grasland. Das, was gestern noch schwarz war. Ich kann nicht fassen, dass wir noch keine vierundzwanzig Stunden hier sind. So viel ist passiert an diesem einen Tag. Und noch zwei ganze Monate liegen vor uns!

Astana, hatte es lange geheißen, könne gar nicht funktionieren. In der Steppe erschienen wie eine Fata Morgana, vorgezeich-
net auf einem Reißbrett. Hatte so etwas jemals geklappt? Waren
vergleichbare Städte, Brasília und Canberra etwa, nicht leblos geblieben? Künstlich? Kasachstan scheint anders zu ticken. Hier ist
die Sehnsucht groß, nach Einheit, nach Identität. Nach einem
Neuanfang, für Menschen wie Dana. Und Astana, so wirkt es, bietet genug Platz dafür.

Stephanie
Am späten Vormittag wälzen wir uns aus den Betten, der Air-
Yoga-Kurs ist schon seit Stunden vorbei. Gestern Abend hatte
Dana beim Abschied gefragt, ob wir morgens mit ihr hingehen
wollten. Ein bisschen ärgere ich mich, dass unser Zeitgefühl noch
aus den Fugen ist. Dana hätte ich gerne noch einmal getroffen.
Und in einem kasachischen Fitnessstudio an Bändern von der Decke zu hängen, während wir uns in Yogapositionen verknoten,
wäre bestimmt unterhaltsam geworden. Stattdessen streifen wir
durch Astana. Durch den alten Teil auf der rechten Seite des Jesil.
   Um dorthin zu gelangen, müssen wir über die Kabanbai-
Batyr-Straße. Autos, Busse und Lkw rauschen auf mindestens
sechs Spuren vorbei. Lückenlos. Es wird gedrängelt, gehupt, überholt und geschnitten. Weit und breit ist keine Ampel zu sehen.
Nur ein Zebrastreifen, er kommt mir vor wie ein schlechter Witz.
Unschlüssig laufen wir darauf zu. Als wir an der Bordsteinkante
stehen, teilt sich plötzlich der Verkehrsstrom. Vor uns halten alle
an, hinter uns fahren sie weiter. Ohne dass die gesamte Vorwärts-
bewegung nennenswert ins Stocken geraten würde. Auf der anderen Seite angekommen, schaue ich Chris ungläubig an. Haben
wir das gerade geträumt?
   In den Straßen auf der rechten Jesilseite findet das Leben
statt, das ich am Nurzhol-Boulevard so vermisst hatte. Hausfrau-
en beim täglichen Einkauf, bepackt mit Tüten und Taschen, eilen

die Straßen entlang. Eine Studentengruppe nimmt vor einem Reiterstandbild Aufstellung, bevor ihr Ausflug in die Hauptstadt mit
einem Bild verewigt wird. Blondierte junge Frauen tragen ihre
Sommerkleidchen spazieren, ältere Männer ihre Herrenhand-
taschen. Überall streifen Horden von Kindern und Jugendlichen
umher, vor ein paar Tagen haben die Ferien begonnen. Ab und an
blitzt ein Kopftuch hervor oder eine Filzkappe. Asiatische und europäische Gesichtszüge nebeneinander. Chris und ich sind einfach
nur ein weiterer Teil dieses bunten Vielerlei, und das Gefühl des
Fremdseins will sich nicht recht einstellen.

Immer wieder entdecke ich Bruchstücke, die mich an Bekann-
tes erinnern. An China, an Südwesteuropa, an den Balkan, an daheim. Zwischen abgeschabten Plattenbauten aus Sowjetzeiten,
mit kasachischen Musterkacheln verziert, stehen kleine Obststände, der Rauch von gegrilltem Fleisch quillt aus Schaschlikbraterei-
en. In den Seitenstraßen wird es fast dörflich. Sogar ein Blockhaus
aus Holz hat die Jahrzehnte überdauert. Gerade wird es reno-
viert.

Auf jedem zweiten Gebäude prangt in Großdruck das Wort
нотариус. »Aber warum braucht man hier so viele Notare? So viele Unterlagen, die beglaubigt werden müssen, kann es doch nirgendwo geben«, frage ich Chris. Sie zuckt die Schultern.

In einem Restaurant am Flussufer trinken wir kalte *schubat*.
Obwohl die vergorene Milch leicht nach Kamel schmeckt, ver-
treibt sie die Mattigkeit der Sommerhitze, die uns seit unserer
Ankunft im Griff hat. Von der anderen Seite des Jesil wehen immer wieder Gelächter, Geschrei und Gesprächsfetzen herüber.
Sommer im Strandbad. Kinder toben im Wasser, Gummitiere
schaukeln in der Strömung. Und ein paar Jugendliche wetteifern
darum, wer sich traut, am weitesten in die Mitte des Flusses zu
schwimmen. Ein Motorboot braust heran, vom Bug herab brüllt
eine Art Bademeister Instruktionen in sein Megafon. Es muss etwas wie »Hey, ihr da, zurück hinter die Absperrung« gewesen

Der Jesil teilt Astana. Am Ufer des Hauptstadtparks
versuchen Angler ihr Glück

sein, denn die Schwimmer kehren widerwillig in die offizielle Schwimmzone zwischen den Bojen zurück. Der Wettbewerb ist vorbei, zumindest, bis das Motorboot wieder außer Sichtweite ist.

Flirrend fallen Sonnenstrahlen durch das Blätterdach im Hauptstadtpark, endlich brennt uns die Sonne nicht mehr das Hirn weg. Dafür sind wir in einer Mischung aus Naherholungsgebiet und Freizeitpark gelandet. Eine Kakofonie aus Jahrmarktsmusik, Lachen und Hupen schwappt in Wellen über die Wege. Kinder drängen sich um Karussells und Autoscooter. Der Geruch von Popcorn weht vorbei. Am Wegrand steht ein kleiner Panzer. Ach nein, es ist nur ein großer Müllcontainer, in Tarnfarben angemalt, recycelt als Schießstand. Vor den Zielscheiben wartet eine rothaarige Frau auf Kundschaft.

Unsere Rundreise durch Kasachstan beginnt in einer Ecke des Parks. Vom Kaspischen Meer durch die Weite der Steppe bis nach Almaty im Schatten der Gipfel des Tian Shan, und das alles in knapp zwei Stunden – im Ethnokomplex Atameken, einer begehbaren Landkarte von Kasachstan. Aus der Öffnung ganz unten im Gitterfenster des Kassenhäuschens streckt uns eine Hand die Eintrittskarten entgegen: »Vierhundert Tenge. Wenn Sie fotografieren wollen, kostet das extra!« Die Kassiererin ist im Halbdunkel nur schemenhaft zu erkennen. Ihr Lächeln scheint in der Luft zu hängen.

Hinter dem schmiedeeisernen Eingangstor bleiben wir erst einmal stehen, Orientierung suchend. Eine Gruppe Jugendlicher hat im Schatten eines Baumes Schutz vor den Sonnenstrahlen gefunden, Mädchen und Jungen in weißen T-Shirts mit Logoaufdruck des Parks. Wortfetzen und Gelächter wehen zu uns herüber. Außer uns hat sich kaum jemand hierher verirrt.

Auf einem türkisfarbenen Pool in Form des Kaspischen Meeres dümpeln welke Blätter, eine Ente schwimmt vorbei. Kräne und Metallgerüste einer Miniatur-Ölraffinerie ragen am Beckenrand empor, weiter hinten ein weißer Hügel, der aussieht, als wäre er in der Bastelstunde eines Kindergartens entstanden.

»Entschuldigung, sind Sie aus Deutschland?«, erklingt es hinter uns. In fast akzentfreiem Deutsch, mehr als fünftausend Kilometer von zu Hause entfernt! Es reißt uns herum. Vor uns steht Aigul: klein und dünn, die langen schwarzen Haare zum Zopf gebunden, vielleicht dreizehn Jahre alt. Selbstbewusst ignoriert sie die feixende Gruppe unter dem Baum, deren Teil sie noch vor einer Minute war.

Mir verschlägt es kurz die Sprache. Chris ist schneller: »Ja! Aber warum sprichst du denn Deutsch?«

»Ich bin hier auf der deutschen Schule«, sagt Aigul. »Vorher war ich auf der englischen, aber da waren die Kinder, Entschuldigung bitte, etwas dumm.« Sie winkt ein Mädchen herbei. Erneutes Gekicher und Getuschel aus der Gruppe. Mila ist ein paar Jahre älter als Aigul, beide kennen sich aus der Schule. In ein paar Wochen fahren sie in das Land, aus dem wir gerade gekommen sind. Aufgeregt erzählen sie, dass sie einen Monat ihrer Sommerferien in Berlin verbringen werden. Mit Praktika, Sprachkursen und Ausflügen.

»Und wenn ich mich anstrenge und einen guten Abschluss mache, bekomme ich vielleicht ein Stipendium. Dann gehe ich nach Deutschland, zum Studium«, erklärt Aigul. Wenn ich mir anschaue, wie sie voller Energie vor mir steht, habe ich nicht den leisesten Zweifel, dass sie es schafft.

»Eigentlich können wir mit euch schon mal für unsere Reise üben. Wollen wir zusammen rumlaufen?«, fragt Mila.

Während wir durch Atameken stapfen, zeigen die beiden Schülerinnen auf all die Sehenswürdigkeiten, die wir während unserer Reise nicht sehen werden. Hier die Maschchur-Zhusup-Moschee in Pawlodar, die aussieht wie Darth Vaders Helm, dort unterirdische Meditationshöhlen der Sufis am Kaspischen Meer und dazwischen eine Rakete. Baikonur! Also sehen wir es zumindest in Miniatur, denn ein paar Wochen vor unserem Abflug hatten wir uns von dem Gedanken an einen Besuch dort verabschieden müssen. Seit dem Zusammenbruch der Sowjetunion hat

Russland das Gelände von Kasachstan gepachtet, auf dem sich der Weltraumbahnhof und die Stadt Baikonur befinden. Zutritt erhält man nur mit einer Sondergenehmigung der russischen Raumfahrtbehörde Roskosmos, die in Kasachstan nur von einer Handvoll Reisebüros beantragt werden kann. Es ist eine teure und zeitaufwendige Prozedur, aber normalerweise hätten wir nach zwei Monaten den Passierschein in Händen halten sollen – hätte es nicht die Pannen beim Start des Transportraumschiffs zur ISS und einer Proton-Trägerrakete gegeben. »Es tut uns leid«, hörten wir in Variationen von verschiedenen Reisebüros, »wegen der Probleme in letzter Zeit stellt Roskosmos bis auf Weiteres keine Besuchserlaubnis für Baikonur mehr aus. Wir können da nichts machen.«

Beim Scheitern lässt sich niemand gerne zuschauen.

Aber hier gibt es keine Zugangsbeschränkung. Und trotzdem hadere ich damit, dass es nicht geklappt hat. Das Mini-Kosmodrom ist kein wirklicher Ersatz.

Im grellen Licht der Lampen im Gestänge eines Wellblechdachs glitzern vor uns auf einer riesigen Platte die Bauten des Nurzhol-Boulevards. Das Modell des neuen Teils von Astana hat eine eigene Halle im Zentrum des Parks. So als müsse die Bedeutung der jungen Hauptstadt noch zementiert werden. War es vorher nur heiß, sind wir nun in einem Backofen gelandet. Die Luft steht, der Schweiß rinnt uns in Sturzbächen über Gesicht und Rücken.

Schräg hinter dem Präsidentenpalast fällt mir eine spiegelnde Glaspyramide auf. »Hier treffen sich alle drei Jahre die Chefs der Weltreligionen. Das ist der Palast des Friedens und der Eintracht. Wir nennen ihn aber einfach nur Pyramide«, erklärt Aigul. Mit den unterschiedlichen Menschen, Weltanschauungen und Religionen, die hier neben- und miteinander leben, scheint mir Astana der passende Ort für eine solche Veranstaltung. Obwohl siebzig Prozent der Bevölkerung Kasachstans dem Islam angehören, hat auch das Christentum, vor allem die russisch-orthodoxe Kirche, seinen unbestrittenen Platz. Opferfest und Weihnachten sind offizielle Feiertage. Es gibt Moscheen, Kirchen und Synagogen. Fast sehe ich sie vor mir: Vertreter der großen monotheistischen Religionen, die mit ihren buddhistischen, hinduistischen, daoistischen, shintoistischen und zoroastrischen Amtskollegen über Glauben, Politik und Gesellschaft diskutieren – am runden Tisch im Palast des Friedens und der Eintracht.

Später lese ich aber auch, dass Anfang 2012 die Gesetzgebung verschärft wurde, Glaubensgemeinschaften seitdem eine Mindestzahl an Mitgliedern benötigen, um anerkannt zu werden, und eine Registrierung Voraussetzung für die Religionsausübung ist. Widersprüche dieser Art werden mir auf der Reise noch häufiger begegnen und ich kann sie nur unlösbar nebeneinander stehen lassen, in der Grauzone des Sowohl-als-auch.

»Was macht ihr denn normalerweise in den Ferien? Ich meine, wenn ihr nicht nach Deutschland fahrt?«, frage ich Aigul und Mila. Wir haben die Halle hinter uns gelassen und laufen in Richtung Ausgangstor, vorbei an den Pappmaschee-Gipfeln des Tian Shan, von denen schon die Farbe abblättert.

»Nichts Besonderes«, Mila denkt kurz nach. »Ins Schwimmbad gehen, Freunde treffen. Und die Schule bietet auch Freizeitaktivitäten an. Basteln und Musik und so.«

»Manchmal machen wir auch Sommerjobs«, ergänzt Aigul, »wie hier im Park. Oder fahren aufs Dorf zu den Großeltern. Normale Sachen halt.«

Als Chris fragt, ob sie uns einheimische Bands empfehlen können, verziehen beide das Gesicht. Musik aus Kasachstan sei so was von uncool, finden sie. So altmodisch, gar nicht angesagt. Rihanna, Rammstein oder Lady Gaga seien tausend Mal besser. Aber wir könnten es ja mal mit Batyrkhan Schukenow versuchen, der sei zwar gerade gestorben, aber seine Musik würden alle mögen.

Am Ausgang kehren Aigul und Mila zu ihren Freunden zurück. Aufgeregtes Lachen begleitet uns, als wir Atameken verlassen.

Weiß leuchten die schlanken Minarette der Hazret-Sultan-Moschee vor einem bleigrauen Himmel, an dem sich ein Unwetter zusammenbraut. Vor dem Eingang treffen wir am frühen Abend Zamira. Chris hatte sie über Couchsurfing angeschrieben. Sie kommt direkt von der Arbeit, trägt ein elegantes korallenfarbenes Kleid und hat ihre Laptoptasche umgehängt. Schnell tauscht sie noch ihre Pumps gegen bequemere Sneakers und wir treten durchs Eingangsportal der größten Moschee Zentralasiens. In einem Vorraum nehmen wir Abschied von unserem gewohnten Ich, ziehen die Schuhe aus und hüllen uns in eine *abaya*, um den islamischen Kleidervorschriften zu genügen. In den blaugrünen, langen Kapuzenmänteln sehen wir aus wie Mönche aus einer vergangenen Zeit.

Schon vor Stunden ist das Freitagsgebet zu Ende gegangen. Die wenigen Gläubigen, die noch da sind, wirken verloren in den hohen luftigen Räumen, in denen bis zu zehntausend Menschen Platz finden sollen. Über allem liegt eine schwebende Ruhe, nur gelegentlich durchbrochen von Kinderlachen. In einer der kleineren Hallen rennen Jungen und Mädchen um einen Springbrunnen, spielen Fangen. Bei jedem Schritt sinken unsere Füße leicht in den türkis gemusterten Teppich ein, der die Räume durchzieht. Vor uns verschwindet eine Gruppe Frauen in langen Kleidern und mit Kopftuch im Halbdunkel eines Gebetsraumes. Unter der ausladenden Kuppel der Hauptgebetshalle sitzen ältere Männer, zusammen und doch jeder für sich allein. Einige spielen an ihren Handys herum. Auch wir setzen uns, lassen uns von der Atmosphäre gefangen nehmen, hängen unseren Gedanken nach. Der Gesang eines Imam weht herüber: klare, sich windende Tonfolgen, Ewigkeit als Musik. Sie begleitet uns auf unserem Weg hinaus.

»In meinem Wohnblock ist gerade auch wieder so einer eingezogen!« Zamira zeigt auf einen jungen Mann mit dichtem Vollbart und Kappe, der den Platz vor der Hazret-Sultan-Moschee überquert. »Seine Frau ist verschleiert und er unterhält sich mit kaum einem Nachbarn. Er ist jetzt schon der Zweite. Irgendwie wird mir mulmig bei diesen Typen.«

Zamira ist auch Muslimin. Den Islam allerdings begreift sie eher als einen Leitfaden fürs Leben, nicht als etwas, das man anderen Menschen aufzwingt. Dass sich gerade junge Männer dem Wahabismus zuwenden, einer sehr strengen Richtung des Islam aus Saudi-Arabien, sieht sie mit Sorge.

»Unser Islam war schon immer sehr offen und tolerant, viel mehr als in unseren Nachbarländern. Leben und leben lassen. Und das soll sich bloß nicht ändern.« Mit gerunzelter Stirne schaut sie dem Bärtigen hinterher. Ähnlich wie sie sähen es die meisten anderen auch, meint sie. Kasachstan verstehe sich zwar als muslimischer Staat, nicht jedoch als islamischer. Die Trennung von Staat und Religion sei eines der wichtigsten Prinzipien. Ich frage Zamira, ob sie glaube, dass sich das ändern werde, wenn Kasachstan einen neuen Präsidenten bekomme. Sie überlegt kurz.

»Da bin ich mir nicht sicher«, sagt sie dann. »Es gibt einige konservative Politiker, die eine strengere Auslegung des Islam fordern. Und einen stärkeren Einfluss der Religion im Staat. Aber ich hoffe einfach mal, dass alles so bleibt, wie es ist. Auch wenn Nasarbajew mal nicht mehr Präsident sein sollte.«

Das Unwetter ist über die Steppe herangezogen, die ersten Regentropfen klatschen auf den Boden. Chris verstaut schnell noch ihre Kamera. Durch den stärker werdenden Regen rennen wir bis zu einem Café und sind nicht die Einzigen, die dort Schutz gesucht haben. Um uns herum schütteln andere Gäste ihre Regenschirme aus, trocknen Brillen und Haare. In einer Ecke entdecken wir einen freien Tisch.

Das Café könnte auch in München, Berlin oder Hamburg sein: gedämpftes indirektes Licht, eine Theke mit Nussbaumfurnier und einer Vitrine, in der mindestens zwanzig verschiedene Kuchen ausgestellt sind. An der Wand erleuchtete Regale, darauf

Gläser, Tassen und Sirupflaschen. Braun- und Goldtöne. Leise Elektromusik. Urbane Modernität. Chris findet sogar vegetarische Gerichte auf der Karte.

Zamira stammt aus einer kleinen Stadt im Nordwesten Kasachstans, nicht weit entfernt vom Kaspischen Meer. Nach der Schule studierte sie in Almaty, konnte dann aber dem Lockruf der neuen Stadt in der Steppe nicht widerstehen. Bessere Jobs, höhere Löhne, mehr Chancen, vielleicht auch eine kleine Flucht vor der allzu engen Bindung an die Familie.

»Meine Eltern waren der Meinung, dass ich mir in Astana eine Wohnung kaufen muss. Also habe ich mich umgeschaut, aber so richtig hat mir keine gefallen. Ich hatte ja eine schöne Mietwohnung. Irgendwann hat es ihnen zu lange gedauert und sie haben einfach eine für mich gekauft.« Zamira verzieht genervt das Gesicht.

»Echt? Das ist ja krass«, sage ich. »Bei uns gäbe das richtig Ärger!«

»Ach, das ist bei uns Kasachen normal. Das fehlende Geld haben meine Eltern sich von Verwandten geliehen. Und ich muss die Wohnung jetzt abbezahlen, dabei gefällt sie mir noch nicht mal. Sie ist zu dunkel und zu klein. Außerdem sind die Wände manchmal feucht«, seufzt Zamira. Erst vor ein paar Monaten steuerte sie nicht ganz freiwillig Geld zur Hochzeit ihres Bruders bei. Er ist arbeitslos und hatte nicht genug, um eine angemessene Feier auszurichten. Außerdem war er nun an der Reihe, schließlich hatte er auch etwas für den Kauf von Zamiras Wohnung dazugeben müssen. »Wenn nach der Hochzeit Geld übrig ist, bekomme ich einen Teil wieder. Dann kann ich damit meine Wohnung weiter abbezahlen. Es sei denn, ein anderer braucht es dringender.« Sie zuckt die Schultern. So ganz scheint sie, dem Netz der familiären Verpflichtungen auch in Astana nicht entkommen zu können.

Zamira scheint mir hin- und hergerissen zwischen den Anforderungen an eine gehorsame Tochter und der modernen

Frau, die ihr Leben selbst in die Hand nimmt. Sie hat eine Tochter, die fünfzehn Jahre alt ist. Mit dem Vater versteht sie sich
noch gut, nur für eine Beziehung hat es nicht mehr gereicht.
Verheiratet waren beide nicht. Dass in einem vornehmlich
muslimischen Land unverheiratete Paare Kinder bekommen
und diese im Fall einer Trennung bei der Mutter bleiben, hätte
ich nicht erwartet. Aber es scheint nicht unüblich zu sein. Einige von Zamiras Freundinnen und Bekannten sind unverheira-
tet oder alleinerziehend.

Seit ein paar Jahren arbeitet Zamira im mittleren Manage-
ment eines US-Ölkonzerns. Ein wenig hat es auch auf ihr Englisch
abgefärbt, es ist durchzogen von amerikanischen Slangausdrü-
cken. Seit sie vor Kurzem Teamleiterin geworden ist, beschäftigt
sie sich intensiv mit modernen Managementtheorien, Mitarbei-
termotivation und Strategien, Teams erfolgreich zu führen. Die
meisten Informationen holt sie sich aus dem Internet.

»Schau mal, meine Kollegen.« Zamira hat ihren rosafarbenen
Laptop aus der Tasche gezogen. »Wir machen bei einer Challenge
mit, bei der wir gegen andere Teams weltweit antreten. Hundert
Tage lang müssen wir verschiedene Aufgaben zum Thema Gesundheit erfüllen. Danach sollen sich alle in ihrem Körper wohler
fühlen. Außerdem soll es den Zusammenhalt im Team stärken.
Wir liegen ziemlich gut im Rennen.«

Die Teilnahme an dem Gesundheitswettbewerb war ihre Idee.
Weil alle noch nicht so lange zusammenarbeiten. »Da dachte ich,
dass diese Aufgabe uns ein bisschen mehr zusammenschweißt«,
sagt Zamira und streicht sich ein paar Haare aus dem Gesicht.
Auch nach Feierabend unternimmt sie oft etwas mit ihren Kollegen, bespricht ihre Sorgen und Probleme mit ihnen. Sie scheinen
füreinander eine Art Familienersatz zu sein. Keiner stammt von
hier, aber alle sind etwa zur gleichen Zeit nach Astana gekommen. Sie teilen die Erfahrung des Fremdseins und des Neuanfangs
in einer unbekannten Stadt.

An unseren letzten Abend in Astana sitzen Chris und ich am Ufer des Jesil – etwas erschöpft, den ganzen Tag lang waren wir umhergeeilt und hatten unsere Weiterreise organisiert. Je mehr das Tageslicht schwindet, desto mehr Menschen strömen auf die Promenade. Fliegende Händler haben ihre Stände aufgebaut, mit Federbällen, leuchtenden, sirrenden Fluggeräten und Plastikblumen. Verliebte schlendern Arm in Arm durch die laue Abendluft. Neben einem Reiterstandbild hat sich eine Menschentraube gebildet. Kasachischer Hip-Hop tönt aus einem Gettoblaster, daneben zeigen Breakdancer ihre besten Moves. Eine kleine alte *babuschka* mit Kopftuch läuft bettelnd durch die Menge. Ich krame ein paar Tenge aus meiner Tasche.

Als der Himmel sich in einem dunklen leuchtenden Blau färbt und Neonlichter Häuser und Brücken in bunte Farben tauchen, scheint für einen Moment alles zu schweben.

Morgen fahren wir nach Karaghandy. Früher war die Stadt das industrielle und kulturelle Zentrum der Region. Doch mit dem Aufstieg von Astana ist ihre Bedeutung geschwunden.

»Fast wie zwei Schwestern«, sagt Chris. »Erst war die Ältere der Star, bis sie dann von der Jüngeren überflügelt wurde.« Gar nicht so falsch; ich nicke und blicke auf die Lichter, die auf dem Wasser tanzen. Gerade als wir uns ein wenig eingewöhnt haben, geht es wieder los. So wird es während der nächsten zwei Monate bleiben. Dana, Zamira, Aigul und Mila haben uns den Anfang leicht gemacht. Uns ein Gefühl des Willkommenseins geschenkt. Astana war eine gute Einstimmung auf das Land, nicht zu fremd und doch fremd genug. Als wir uns auf dem Rückweg zum Hotel machen, fließt neben uns der Jesil gleichmütig weiter.

Karaghandy

Chris **W**enn in amerikanischen Western die Einöde der Prärie dargestellt werden soll, quietschen Saloontüren unter schattigen Vordächern, eine Mundharmonika spielt, alle Straßen liegen verlassen, nur ein Haufen verdorrter Gebüschkugeln rollt unkontrolliert durch den Staub. Das Gewächs, das für diese stachligen Bällchen verantwortlich ist, heißt Steppenläufer. Die Büsche brechen am Wurzelstock ab und werden vom Wind über Land getrieben. So verbreiten sie ihre Samen. Der kasachische Name dieser Pflanze lautet *karagandik*. Und nach ihr ist die Stadt Karaghandy benannt – unser nächstes Ziel.

Schon als wir am Bahnhof aus dem Zug steigen, scheint Astanas futuristische Glanzarchitektur nur noch wie ein unwirklicher Traum. Wir schultern unsere Rucksäcke und klettern über die Gleise zum Bahnhofsgebäude, hinter dem sich eine triste Asphaltlandschaft ausbreitet. Ein Parkplatz, ein Verkehrskreisel, eine vierspurige Autobahn vor Plattenbauten. Über das Betonkarree wacht ein Bronzedenkmal von Qanysch Sätbajew, einem kasachischen Geologen, der in den Vierzigerjahren Kupfer- und Manganerz in der Steppe entdeckte. Daraus konnten die Sowjets Panzer bauen.

Karaghandy liegt nur zweihundert Kilometer südlich von Astana, doch unser Zug hatte für die Strecke viereinhalb Stunden gebraucht. Die letzten Häuser der Hauptstadt hatten wir kaum hinter uns gelassen, da war er bereits in das kasachische Grasmeer eingetaucht. Mit einem Mal gab es nur noch Halme im Wind, baumlose Weite, Wolkenfetzen, die sich am Horizont verloren. Mal warfen Hügel eine Falte, mal duckten sich knorrige Büsche wie braune Inseln in das endlose Grün. Durch die geöffneten Fenster wehte warmer Wind. Die Tragegurte der Rucksäcke baumelten von den Gepäckbändern und es roch nach feuchtem Gras.

Fasziniert sah ich aus dem Fenster. Da war das Kasachstan, das ich mir vorgestellt hatte. Die Weite. Astana war seltsam gewesen: eine abgeschottete, auf Hochglanz polierte Insel mitten im Nirgendwo. Ich glaube nicht, dass ich jemals einen vergleichbaren Ort gesehen habe. Es waren spannende erste Tage gewesen, doch gleichzeitig hatte ich das Gefühl, in Astana nicht das wahre Kasachstan zu erleben – das, was hoffentlich jetzt kam.

Neben uns saß eine Gruppe junger Gehörloser. Interessiert sah ich ihnen zu. Ich beherrsche ein wenig deutsche Gebärdensprache, doch ob ich die kasachische verstand? Denn obschon jedes Land seine eigene Gebardensprache hat, inklusive regionaler Dialekte, ähneln sich die Bewegungen oder Handzeichen manchmal. Vorsichtig versuchte ich mein Glück.

»Du kannst Gebärdensprache?« Der Junge starrte mich verblüfft an. »Hey, Leute! Schaut mal alle her!«

»Aber nicht gut«, winkte ich ab, »ich habe das vor Jahren gelernt. Inzwischen habe ich das meiste vergessen. Und ich kann auch nur die deutsche Gebärdensprache«, fügte ich hinzu.

»Macht nichts, die kann ich auch«, sagte der Junge. »Ich habe Freunde in Deutschland. In Paderborn, kennst du das? Ach so, ich bin übrigens Nurlan. Und die anderen: Bekzat, Dastan und Aizhana.«

»Und ich heiße Chris. Echt, Paderborn? Dann warst du auch schon in Deutschland?«

»Ja, dreimal. Es ist toll! So sauber, und all diese Bäume ... Aber was treibt euch nach Kasachstan?«

Ich erzählte von unserer Reise, dass wir von Astana bis nach Peking fahren wollten, nur mit Bus und Bahn. »Und warum? Ich meine, wieso habt ihr euch gerade Kasachstan ausgesucht?«

»Na ja«, antwortete ich. »Schau doch mal aus dem Fenster. Diese Weite! Deutschland ist dicht besiedelt. Alles steht eng zusammen, es gibt kaum Platz. So etwas wie hier, die Steppe, das kennen wir gar nicht.«

Wir unterhielten uns noch eine Weile. Ich erfuhr, dass sie in Astana lebten und auf dem Weg zu einem Schwimmwettbewerb waren. In Kasachstans Hauptstadt gibt es nur etwa fünfhundert Gehörlose und Schwerhörige. Fast alle anderen leben im Süden des Landes, in Almaty oder Schymkent, wo die Mieten billiger sind. Ich zeigte ihnen das Zeichen für München, eine symbolisierte Frauenkirche, und Nurlan erklärte mir, wie man Astana und Karaghandy gebärdet.

»Das Zeichen für Karaghandy sieht aus wie eine Schaufel«, sagte ich.

»Genau«, antwortete Nurlan. »Wegen der ganzen Kohlegruben.«

Es war verrückt: Mitten in der Steppe traf ich Menschen, die hier genauso oft an Sprachbarrieren scheiterten wie ich, mit denen die Kommunikation aber besser klappte als mit manch einem anderen Einheimischen.

Vor dem Bahnhof von Karaghandy machen wir noch gemeinsam Fotos, dann verabschieden sie sich winkend. Während ich meinen Rucksack unter eines der dürren Baumgeripe auf dem Vorplatz sinken lasse, kramt Stephanie den Stadtplan hervor. In Karaghandy soll ein Hostel eröffnet haben. Dort wollen wir übernachten. »Vielleicht können wir ja einen von diesen Bussen nehmen«, schlägt sie vor. »Soll ich mal fragen?«

»Also, nach diesem Plan«, überlege ich, »könnten wir es auch zu Fuß schaffen. Ich hätte nichts gegen Laufen – du?«

Schon nach wenigen Hundert Metern ahne ich, dass meine Idee ein Fehler war. Die Straße ist von Schlaglöchern übersät, riesige Pfützen haben sich gebildet. Wir staksen in Schlangenlinien um sie herum. Der Matsch spritzt, wann immer ein Auto vorbeibrettert. Bürgersteige gibt es nicht. Wir folgen einem gewaltigen, rostenden Fernwärmerohr, das die Bahngleise entlang nach Norden verläuft. Irgendwo soll eine Brücke kommen, die die Gleise überquert. Doch nichts ist zu sehen, die Schienen verlieren sich in der Ferne. Wir laufen. Und laufen.

Karaghandy ist eine zersiedelte Stadt. Noch vor hundert Jahren gab es hier nichts als Gras, das Land gehörte allein den Nomaden. Dann entdeckten sowjetische Forscher die gigantischen Kohlevorkommen im Boden. Zwangsarbeiter wurden aus allen Teilen des Großreichs deportiert, um beim Abbau zu helfen. Es entstand eines der größten Arbeitslager in Stalins Gulagsystem, mit Karaghandy als Zentrum. Karagandinskij-Lager hieß die Anlage, kurz KarLag genannt. Die Luft war so staubig, dass die Sonne nur hinter einem dichten Grauschleier auszumachen war. Sechsunddreißig Schächte standen hier dicht an dicht. Brach das Erdreich ein, zogen ganze Wohnviertel um. Ein richtiges Zentrum entwickelte sich nicht. Noch heute sind viele Gebäude einstöckig und stehen weit über das Land verteilt, mehr hält der durchlöcherte Boden einfach nicht aus. Bis in die Neunzigerjahre war Karaghandy, obwohl größte Stadt in der Zentralsteppe – Astana gab es ja damals noch nicht – ein trauriger, schwarz verrußter Ort. Und nach dem Zusammenbruch der Sowjetunion suchte fast die Hälfte der Bevölkerung das Weite.

Endlich kommt die Brücke. Wir überqueren die Bahngleise und marschieren über die Gogol-Straße weiter in den Südwesten der Stadt. Die Rucksäcke wiegen schwer, unser Wasser ist längst aufgebraucht. Ich lerne: In Kasachstan geht nichts schnell. Jeder Gang, egal wohin, ist eine halbe Tageswanderung. Zu groß sind die Entfernungen. Mal eben schnell zum Supermarkt oder zu einem Geldautomaten? Keine Chance. Drei Stunden hatten wir in der Warteschlange am Bahnhof von Astana verbracht, um Fahrkarten nach Karaghandy zu kaufen. Ungeachtet aller Veränderungen vor der Haustür herrschte am Ticketschalter das gemächliche Tempo kommunistischer Zeiten. Drei zähe Stunden, die ich mir damit vertrieb, das Gewicht vom einen Bein auf das andere zu verlagern und hypnotisch auf die übrigen Wartenden zu starren. Irgendwie schienen sie sich ständig zu verändern. Diese Frau im weiten Oberteil, stand sie schon die ganze Zeit vor mir? Den Mann im Streifenshirt hatte ich sicher noch nicht gesehen. Wo kam er her? Irgendwann begriff ich das Prinzip: Um Fahrkarten zu kaufen, rückten ganze Familien an. Vater, Mutter, Kinder wechselten sich beim Schlangestehen ab. Im Gegensatz zu uns hatten sie das deutlich ausgeklügeltere System.

Während wir auf der Gogol-Straße verbissen einen Fuß vor den anderen setzen, kommen mir erste Zweifel, ob wir das Land überhaupt so bereisen können. Wenn ein Zug hier schon viereinhalb Stunden für zweihundert Kilometer brauchte, wann würden wir dann in Peking ankommen? Mitte nächsten Jahres? Und die Straßen machten auch nicht gerade den Eindruck, als seien sie für raketenschnelle Superbusse gebaut. Wie sollte das funktionieren? Stephanie scheinen ähnliche Gedanken im Kopf herumzugehen. Stumm starrt sie auf ihre Wüstenschuhe, die sich wie mechanisch vorwärtsbewegen.

Viel zu sehen gibt es nicht. Häuser hinter Mauern, eine Straße, Häuser hinter Mauern, ein Grillrestaurant, wieder eine Straße. Menschen? Fehlanzeige. »Wir hätten doch den Bus nehmen sollen«, knurrt Stephanie.

Nach anderthalb Stunden zeigt unsere Karte an, dass wir am Ziel sind. Wir stehen auf einer Brachfläche. Braune Erdwälle bauen sich vor uns auf, zwischen ihnen türmen sich Bauschutt und Müll. Von den Pipelines, die quer über das Gelände verlaufen, blättert die Isolierung ab. Darunter sammelt sich Wasser. Verblichene Plakate mit der Aufschrift »stragedy2050.kz«, darauf Bilder von regionalen Bauprojekten. Eine Autowaschanlage, eine Selbstbedienungstankstelle, eine Ampel ohne Fußgängerüberweg. Dahinter verliert sich die Stadt. Ratlos sehen wir uns an.

»Bist du ganz sicher, dass es hier ist?«, fragt Stephanie. »Wie heißt die Straße noch mal?«

»Shapagat«, antworte ich. »Keine Ahnung. Nirgends hängt ein Schild.«

Erschöpft lassen wir die Rucksäcke sinken. Ich krame in meiner Tasche nach einer Zigarette. Unsere Klamotten sind schweißnass.

Stephanie blickt dem Verkehr nach. »Und wenn es das Hostel gar nicht gibt?«

»Das muss hier sein. Mal ehrlich, wenn sie uns über den Tisch hätten ziehen wollen, hätten sie doch Vorkasse verlangt, oder? Vielleicht in diesen Häusern dort hinten?« Ich zeige auf eine Gruppe halbfertiger Betonkästen. Einer sieht aus, als würde er in Zeitlupe umfallen, ein anderer hat noch keine Fenster.

»Ich frag jetzt mal«, sagt Stephanie und stapft in Richtung Tankstelle.

»Der Typ sagt, das sei hier«, verkündet sie wenige Minuten später. Aus einem Containerhäuschen neben den Selbstbedienungsautomaten winkt ein Mann unbestimmt in Richtung des Rohbaus. Ich scufze, und wir hieven uns das Gepäck auf den Rücken. Die Fassaden blicken abweisend auf uns herab. Bretterstapel und

Zementsäcke liegen achtlos davor. Wir bahnen uns einen Weg durch das Areal, doch nichts weist auf eine mögliche Schlafstatt. »Lass es uns mal hier versuchen.« Stephanie zeigt auf eine Treppe. Mit Tesafilm hat jemand einen Zettel an die Wand geklebt. Wir steigen ins Innere des Rohbaus hinauf. Der Boden ist noch nicht verlegt, von der Decke baumeln Kabel lose herunter. Der Wind pfeift an den schweren Stahltüren vorbei, die auf die einzelnen Stockwerke führen. »Schau mal hier, das könnte ...«

Und da ist es. Eine orangefarbene Oase mit sanftem Licht und dem Duft von Palatschinken. Fototapeten von New York und London an den Wänden, aus den Zimmern blitzt Bettwäsche mit Hawaiimuster. Eine Teekanne dampft auf dem Tisch.

»Hello!« Eine junge Frau mit leuchtend blauen Augen und rotbraunem Haar eilt herbei. »Ich bin Tatjana. Habt ihr eine Reservierung?«

»Hallo, wir sind ...« Krachend öffnet sich die Küchentür. »Saleeem!« Ein Mann mit tiefschwarzem Haar, Feinrippunterhemd und Badeshorts entblößt strahlend seine Goldzahnreihen: »And I'm Tashkent, Uzbekistaaan!«

Wir sehen uns an. Und fangen schallend an zu lachen. »Welcome to Karaghandy«, sagt Tatjana.

Stephanie

Kurz nach Mitternacht stehen wir auf einem Balkon am Treppenhaus. Rauchen, trinken Bier, schauen auf die Brache, die sich vor uns ausbreitet. Ab und zu fährt ein Auto vorbei und erleuchtet eine Reihe kleiner Werkstätten, dann übernimmt das Mondlicht wieder. Seit ein paar Minuten bin ich zweiundvierzig Jahre alt. Geburtstag in der Fremde. Chris hatte sogar ein Geschenk im Gepäck: eine Kette. Das neue Lebensjahr fängt gut an.

In der Küche sitzen noch ein paar Leute. Wir gesellen uns dazu. Tatjana hat heute die Nachtschicht übernommen. Erst vor drei Monaten hatte sie das Hostel zusammen mit ihrem Mann eröffnet. Seitdem sind beide nur noch selten in ihrer Wohnung in der Innenstadt, das Familienleben findet fast ausschließlich hier statt. Nach der Arbeit kommt ihr Ehemann vorbei und packt mit an. Der jüngere Sohn macht oft Hausaufgaben am Rezeptionstresen, der ältere arbeitet ab und zu mit.

»Finde ich ja super, dass sie sich mit dem Hostel ihren Traum erfüllt hat«, sagt Chris. Ich bin mir allerdings nicht so sicher, ob das wirklich der Hauptgrund war. So wie ich Tatjana verstanden habe, suchte sie nach einer neuen Einkommensquelle, nachdem sie ihren früheren Job verloren hatte. Aber so herzlich wie sie mit ihren Gästen umgeht, liegt die Wahrheit sicher irgendwo dazwischen.

Am Küchentisch sind Chris und ich die einzigen Reisenden, alle anderen arbeiten in Karaghandy. Ihre Heimat haben sie im Handy dabei. Bolat, ein Kasache aus dem Westen, ist vor ein paar Wochen Vater geworden. Mit einer Mischung aus Stolz und Wehmut zeigt er die neuesten Fotos seines Sohnes. Ach, Familie, Kinder, Ehefrauen! Timur aus »Tashkent, Uzbekistaaan!!!« schwärmt von der Schönheit seiner Frau Gulya und zeigt Videos, auf denen beide miteinander tanzen. Zu Musik, ähnlich dem türkischen Pop, winden sie sich umeinander. »Südliches Blut!«, ruft Tatjana. Sie und Bolat bekommen leuchtende Augen beim Gedanken an Usbekistan. Wie sie davon schwärmen, scheint mir das Land für die Kasachstaner zu sein, was Italien früher für die Deutschen war: ein Sehnsuchtsort, in dem Menschen und Leben leichter wirken. Der Süden ihres eigenen Landes ist beiden aber nicht geheuer.

»Wenn ihr da hinfahrt, müsst ihr echt aufpassen. Die Menschen dort sind anders als hier«, warnt uns Bolat.

»Stimmt!« Tatjana nickt. »Listiger, die hauen einen gerne übers Ohr. Na ja, wird aber schon alles gut gehen. Ich habe das auch nur gehört. Selber war ich noch nicht dort.«

Während wir uns unterhalten, versucht Timur, seine Schwester in Taschkent per Skype zu erreichen. Damit sie uns auch mal sehen kann. Endlich klappt es. »Und? Sieht doch aus wie ich, oder???« Er hält uns sein Handy entgegen.

»Jetzt sag doch mal was!!!«, ruft er seiner Schwester zu. Sie sieht nicht nur so aus wie er, sie ist auch genauso sympathisch durchgeknallt. Leider reißt die Verbindung alle paar Sekunden ab, nach ein paar Minuten geben wir auf. Den Rest der Nacht fliegen Wortfetzen in Englisch, Russisch, Kroatisch und Deutsch durch die Luft. Wenn nichts mehr geht, hilft Google Translate. Manchmal. Darüber schallt ein Mix aus kasachischer, usbekischer und russischer Popmusik aus Tatjanas Laptop.

Zum Abschluss machen wir ein Erinnerungsfoto vor der Tapete mit New Yorker Skyline. Timur wechselt sein Feinrippunterhemd noch schnell gegen ein enges schwarzes T-Shirt aus und richtet seine Haare.

Am Morgen hängt der Himmel bleiern vor dem Fenster. Die Brache um uns herum wirkt noch trostloser als gestern. Es regnet in dünnen Bindfäden. Ich bin froh, dass es ein bisschen kühler geworden ist, wir müssen heute einiges erledigen. Morgen wollen wir in die Steppe fahren, brauchen aber noch Guide und Fahrer. Chris hat einen Öko-Reiseveranstalter empfohlen bekommen, der uns vielleicht weiterhelfen kann. Nach dem Frühstück steigen wir in eine *marschrutka,* eine Mischung aus Linienbus und Sammeltaxi – zu Fuß versuchen wir es sicher kein zweites Mal. Auf dem Weg ins Zentrum von Karaghandy ist alles grau. Selbst Blumen und Bäume am Straßenrand wirken matt. Nur Werbeplakate und sozialistische Wandbilder sorgen für Farbtupfer. Kosmonauten zwischen Sternen und Schachtarbeiter, den Blick auf eine leuchtende Zukunft gerichtet, neben SALE-Plakaten und Werbung für die neuesten Elektro-Gadgets.

Am Buchar-Zhyrau-Prospekt geben wir dem Schaffner Geld und drängeln uns aus der *marschrutka.* Nicht weit von der Bushaltestelle weht ein Meer aus blau-gelben Flaggen vor dem Unab-

Mosaik aus der Sowjetzeit

hängigkeitsdenkmal. Aus dem Sockel springen vier geflügelte Pferde. Sie scheinen fester Bestandteil der postsowjetischen Denkmalgestaltung zu sein. Schon in Astana galoppierten sie überall: Pferdeherden, einzelne Pferde und an jeder Ecke Reiterstandbilder kasachischer Volkshelden. In einem Land mit nomadischen Wurzeln vielleicht nicht überraschend.

Die breite Buchar-Zhyrau-Straße zieht sich in die eine Richtung hinauf in den alten Teil von Karaghandy. Hinunter zum Bahnhof reihen sich neue Shoppingmalls, Hotels aus Sowjetzeiten, Kultur- und Regierungsgebäude. Nur wenige Menschen haben sich bei dem Nieselregen ins Freie gewagt. Unter ihre Schirme geduckt, huschen sie vorbei. Ein bisschen fühle ich mich zurückversetzt in das Nordhausen der Achtzigerjahre, in die Zeit der Reisen zur DDR-Verwandtschaft. Auch Karaghandy ist eine Industriestadt mit vielen schmucklosen Plattenbauten, Fernwärmerohre durchziehen die Seitenstraßen, ein ähnlicher Geruch nach nassem Staub, Abgasen und Gras weht vorbei. Auf den zweiten

Blick aber ist alles ein wenig moderner, eine Ahnung von Aufbruch liegt in der Luft, wenn auch nicht generalstabsmäßig geplant wie in Astana.

Bis zum Ende der Sowjetunion war Karaganda, das heutige Karaghandy, die zweitgrößte Stadt des Landes, das industrielle und kulturelle Zentrum in der Kasachischen Steppe. Bis zu einhundertfünfzig Volksgruppen lebten hier, arbeiteten miteinander, gründeten Familien. Eine Vielfalt der Kulturen, entstanden durch die Arbeitslager des KarLag. Zuerst waren es die ›Feinde der Kommunisten‹ – Intellektuelle, Adel und Großgrundbesitzer –, die in die Steppe verbannt wurden, später dann auch Volksgruppen aus allen Ecken der Sowjetunion: Koreaner, weil Stalin sie verdächtigte, Japan zu unterstützen. Schließlich sähen sie ja ähnlich aus. Ukrainer, Georgier, Tataren und andere Völker, die als politisch unzuverlässig galten. Und ab 1941 auch Deutsche, hauptsächlich aus der Wolgadeutschen Republik. Mit dem Bruch des deutsch-sowjetischen

Das Unabhängigkeitsdenkmal liegt fast verwaist unter
einem bleigrauen Himmel

Nichtangriffspakts durch die Wehrmacht standen sie plötzlich unter Generalverdacht, Hitlers willige Helfer zu sein. Ein Großteil der
ehemaligen Gefangenen blieb auch nach Auflösung des KarLag in
den Fünfzigerjahren in der Gegend; es blieb ihnen nichts anderes
übrig, denn in ihre frühere Heimat durften sie nicht zurückkehren.
Außerdem boten Industriebetriebe und Kolchosen sichere Arbeitsplätze, es gab Kinderbetreuung, gute Ausbildungsmöglichkeiten,
Erholungs- und Kulturheime.

Anfang der Neunzigerjahre änderte sich alles. Niemand wusste, wie es mit dem frisch in die Unabhängigkeit entlassenen Kasachstan weitergehen würde. Die Unsicherheit setzte eine massive Auswanderungswelle in Gang. Vor allem deutsch-, russisch- und
polnischstämmige Kasachstaner kehrten scharenweise in die Länder ihrer Vorfahren zurück, im Gepäck ihr Know-how, ihre Erfahrung und ihre Ideen. Das Gebiet Karaghandy traf es besonders
hart, fast die Hälfte aller Menschen suchte das Weite. Vielleicht,
weil sie früher gezwungen waren zu bleiben? War es auch ein
Abstreifen der alten Fesseln?

Noch vor zehn Jahren muss die Stadt einen erbarmungswürdigen Eindruck hinterlassen haben. Verfall und Leerstand alleror-
ten. Für den Aufbau der neuen Hauptstadt Astana wurden Milliarden bereitgestellt. In Karaghandy wusste man nicht einmal
mehr, wie man den Lehrbetrieb in den Schulen aufrechterhalten
sollte. Die ehemalige Gebietshauptstadt schien dem Untergang
geweiht. Und doch hat sich das Bild wieder gewandelt.

In die Steppe hinein wachsen neue Vororte, Cafés und Restaurants sind gut besucht, in ehemaligen Tagebaugruben entstehen
Naherholungsgebiete. Und in der Stadt der Kohle rücken langsam Umweltschutz und Nachhaltigkeit in den Fokus, auch auf-
grund der Arbeit des Ecomuseum. Dort landen wir aus Versehen
auf unserer Suche nach dem Öko-Reiseveranstalter. Von außen
weist kein Schild auf den Raum mit breiter Fensterfront hin. Eine
Gruppe Kinder drängelt sich vor Schlitzen, durch die sie Bilder ei-

ner detonierenden Atombombe sehen können, als beobachteten
sie eine Versuchsreihe in einem Bunker des ehemaligen Atom-
waffentestgeländes Semipalatinsk. Neben ihnen stehen Schauta-
feln über die Folgen der Tests – Missbildungen, Krebs, verseuchte
Böden –, unter denen Menschen in Semej, wie die Stadt heute
heißt, immer noch leiden. An anderer Stelle geht es um die Auswirkungen der Raumfahrt auf die Steppe, Bruchstücke von Rake-
ten liegen unter einem Glasboden. Echter Weltraumschrott! Und
natürlich finden sich auch Informationen über Kohle- und Erdöl-
förderung. Viele Ausstellungsstücke kann man anfassen, drehen,
hochheben. Wir laufen durch den Raum, finden aber weder eine
Kasse noch jemanden, der uns mehr erzählen könnte. Das meiste
ist in Russisch beschriftet. Also machen wir uns bald wieder auf
den Weg. Schade, ich hätte gerne gewusst, wie genau die Arbeit
des Museums aussieht, welche Projekte es gibt und wie die Reak-
tionen der Besucher sind. Schließlich will man nicht nur bei Kindern, sondern auch bei Erwachsenen und Behörden das Bewusstsein für den Umweltschutz stärken.

In einem Outdoor-Laden zeigt uns ein bärtiger Verkäufer endlich den richtigen Weg zum Öko-Reiseanbieter. Ursprünglich ein
Teil des Ecomuseum, befindet sich das Büro jetzt im dritten Stock
eines Business-Centers an der Buchar-Zhyrau-Straße. Es ist zur Hälfte mit Plastikplanen zugehängt. Die Schreibtische drängen sich auf
dem freien Platz vor dem Fenster. Jede verfügbare Fläche ist gefüllt
mit Katalogen, Landkarten, kasachischem Kunsthandwerk und
Stadtplänen. Handwerker klopfen den Putz von einer Wand.

»Renovierung.« Dascha sitzt aufrecht an ihrem Computer und
verdreht die Augen. Sie scheint hier die Fäden in der Hand zu haben: Gleich als wir reinkamen, dirigierte sie uns zu ihrem Tisch.
»Heute sollten sie eigentlich fertig werden.« Während Chris unseren Tourwunsch mit ihr bespricht, kämpfe ich mit einer Plastik-
plane, die sich immer wieder an mir festsaugt. Wie ein Duschvor-
hang, der sich einfach nicht lösen will.

»Also, ich helfe euch gerne. Ich kann aber nicht versprechen, dass es bis morgen klappt. Unterkunft und Guide sollten kein Problem sein. Aber der Fahrer ...« Dascha greift zum Telefonhörer. Zehn Minuten später wirkt sie nicht sehr optimistisch. Entweder haben die Fahrer keine Zeit oder sie erreicht niemanden. Wir verabreden, dass sie sich meldet, sobald sie mehr weiß, und schlängeln uns durch die Plastikplanen nach draußen

Schon wieder schiebt sich eine Frau mit Regenschirm vorbei. Sie läuft den Weg entlang bis zu einem grauen Haus, das schon bessere Tage gesehen hat. Seit einigen Minuten stehen wir hier und schauen auf die braune Holztür, die hinter ihr ins Schloss fällt. Dahinter liegen die Büros der »Gesellschaft Wiedergeburt«, einer Organisation der Kasachstandeutschen, die in vielen Städten des Landes aktiv ist. Sie wurde 1989 gegründet, nicht zufällig zeitgleich mit dem Untergang der Sowjetunion. Nun, dachte man, sei eine Rückkehr der Deutschen in ihre ehemaligen Siedlungsgebiete an der Wolga endlich in greifbare Nähe gerückt. Der Verein kämpfte für das Wiedererstehen der Wolgadeutschen Republik. Doch letztendlich wurde ihre Hoffnung, über Jahrzehnte wachgehalten, enttäuscht. Man orientierte sich um, hin zu Kultur- und Sozialarbeit. Eigentlich hatte ich vor unserer Abreise nachfragen wollen, ob sie Zeit für uns haben, es dann aber im ganzen Trubel nicht mehr geschafft. Und jetzt bin ich mir nicht sicher, ob wir einfach so vorbeischauen können. Vielleicht besser nicht, wir gehen weiter.

»Ach«, sagt Chris nach ein paar Schritten, »was soll's. Lass es uns versuchen, die können immer noch sagen, dass sie keine Zeit haben.«

Kurze Zeit später stehen wir in einem kleinen Büro. Aus dem Nachbarzimmer klingen russische und deutsche Sprachfetzen herüber. Olga, vielleicht Ende vierzig, die rotblonden Haare zu einem halblangen Bob geschnitten, scheint sich über unser Interesse zu freuen. Meine Bedenken, dass wir ungelegen kommen, verpuffen sofort. Dringlich und schnell beginnt sie zu reden, als befürchte sie, nicht alle Informationen unterbringen zu können.

»In der Stadt Karaganda war in den Achtzigerjahren jeder Vierte oder Fünfte deutsch. Aber heute sind nicht mehr viele übrig«, erklärt Olga. Während wir uns unterhalten, benutzt sie ausschließlich den alten russischen Namen der Stadt, so als hätte eine Umbenennung nie stattgefunden.

Sie lacht kurz auf und erzählt von einem Bundestreffen der Landsmannschaften der Deutschen aus Russland, an dem sie vor einigen Jahren teilnahm. »Auf der Suche nach einem Stand von Karaganda bin ich durch die Hallen gelaufen und wunderte mich, dass ich keinen fand. Bis ich zufällig entdeckte, dass Karaganda eine eigene Halle hatte! Da standen dann Tische mit der Aufschrift Karaganda Dorf Soundso und Karaganda Werk Soundso. Eine ganze Halle!« Bei dem Gedanken daran schüttelt sie immer noch ungläubig den Kopf.

»Wie ist denn das Verhältnis zwischen den Volksgruppen hier?«, will Chris wissen.

»Gut. Es ist hier sehr gemischt. Deutsche sind mit Russen verheiratet, mit Kasachen, mit anderen. Es gibt fast keine rein deutschen Ehen mehr. Bei vielen ist die Identität als Deutscher nur noch am Eintrag im Personalausweis sichtbar«, antwortet Olga.

»Im Personalausweis?« Nationalitäteneinträge kannte ich bislang nur aus China.

»Ja, wollt ihr mal sehen?« Sie läuft hinter ihren Schreibtisch, kramt den Ausweis aus ihrer Tasche und hält ihn uns hin. »Man kann sich aussuchen, ob man es eintragen lassen will. Für viele ist es aber ein Ausdruck ihrer Identität. Auch wenn sie kein Deutsch sprechen und wenig über Geschichte und Kultur wissen.«

Intern, so erzählt Olga, diskutierten sie oft darüber, was genau die deutsche Identität in Kasachstan ausmache, wenn man sie nicht an der Sprache festmachen könne. Darüber, wie man de-

finieren, fördern und bewahren könne, zusätzlich zu den Deutsch-
kursen für alle Altersstufen, dem Jugendclub, einer Theatergruppe und Festen, die sie jetzt schon anböten.

»Den Jugendclub habe ich damals ins Leben gerufen.« Olga
scheint heute noch stolz darauf zu sein. »Und dann kümmern wir
uns auch noch um Sozialfürsorge. Vor allem für diejenigen, die
nur eine kleine Rente bekommen, krank sind oder viele Kinder
haben. Sie leben manchmal von der Hand in den Mund.«

»Auch hier in der Stadt?«, frage ich. Olga schüttelt den Kopf.
»Hauptsächlich auf dem Land. Um Karaganda herum gibt es etwa
zwanzig Dörfer, in denen noch Deutsche leben. Wir haben Ärzte, die
bereisen die ganze Region. Und wir helfen bei Naturkatastrophen.«

Im Mai stand die Steppe unter Wasser. Ganze Dörfer waren von
der Welt abgeschnitten, als nach Dauerregen und Schneeschmel-
ze mehrere Flüsse über die Ufer getreten waren. Reste davon hatten wir auch während unserer Zugfahrt gesehen. Schimmernde
Wasserflächen, die zwischen Gras und Büschen aufblitzten. Zuerst
dachte ich, es seien Steppenseen. Die Mitglieder der »Wiedergeburt« sammelten Geld- und Sachspenden, um die schlimmste Not
derjenigen zu lindern, die alles verloren hatten. Doch selbst ohne
Überschwemmung ist das Leben in den Dörfern hart.

»Die Politiker reden viel über die Unterstützung der Dörfer.
Aber sie tun nicht viel. Die Menschen wollen in die Stadt. Auf
dem Dorf gibt es nicht genug Arbeit, nur in der Landwirtschaft
und ein bisschen in der Verarbeitung, zum Beispiel bei der Milch-
produktion. Bei der letzten Volkszählung lebten hier erstmals
mehr Deutsche in der Stadt als auf dem Land. Dabei war die deutsche Minderheit traditionell hauptsächlich auf dem Land zu finden«, erklärt Olga.

Eine junge Frau mit braunen Locken und einer großen Brille
auf der Nase kommt ins Büro.

»Entschuldigung, ich wollte nur schnell was wegen des
Deutschkurses fragen«, sagt sie. »Hallo, ich bin Nadja.«

Sie ist Anfang zwanzig, sieht aber viel jünger aus. Drei Jahre lang hat sie den Jugendclub geleitet, dann die Theatergruppe, heute gibt sie vor allem Deutschunterricht. Kurz redet sie mit Olga, dann dreht sie sich zu uns um.

»Gleich fängt ein Kurs an. Wollt ihr nicht mitkommen?«, fragt Nadja. »Das wäre für die Schüler super, sie können euch ausfragen und ihr Hörverständnis üben. Es sind alles noch Anfänger.«

»Klar!« Ich sehe Chris an, die begeistert nickt. Wir verabschieden uns von Olga und folgen Nadja einen dunklen Gang entlang. Chris checkt kurz ihr Handy. Dascha hat eine Nachricht geschickt. Unterkunft und Guide hat sie gefunden, nur der Fahrer fehlt immer noch. Ich sehe unseren Steppentrip in weite Ferne rücken.

Durch die Fenster des Klassenraums fällt fahles Nachmittagslicht. Die Möbel sehen aus, als stammten sie aus den Fünfzigerjahren, wären aber seitdem hingebungsvoll gepflegt worden. An den Wänden hängen selbst gemalte Bilder. Im ersten Moment bin ich irritiert. Als Nadja von ihren Schülern sprach, hatte ich Kinder oder Jugendliche erwartet. Auf den Stühlen, die U-förmig um das Lehrerpult angeordnet sind, sitzen fast ausschließlich Erwachsene. Der Einzige, der als Jugendlicher durchgeht, ist ein dünner Junge mit strubbeligem, braunem Haar und einem verschmitzten Grinsen, vielleicht achtzehn Jahre alt.

»Setzt euch.« Nadja stellt zwei Stühle neben ihr Lehrerpult. »So, das sind Chris und Stephanie aus Deutschland. Sie reisen durch Kasachstan. Und ihr könnt ihnen jetzt Fragen stellen. Wer fängt an?«

Beklommene Stille. Die Schüler sehen uns an, wir sehen die Schüler an. Keiner traut sich, zuerst zu sprechen. Schließlich fasst sich ein Mann mit grauem Haar und hagerem Gesicht ein Herz. »Woher kommt ihr in Deutschland? Wie gefällt euch Kasachstan?«

»Und vor allem, wie viel verdient man denn so in Deutschland? Und seid ihr verheiratet?«, fällt ihm der Jüngste in der Runde ins Wort. Ich frage ihn, ob er eine Ehefrau suche. Gelächter im Raum, der Bann ist gebrochen. »Aus München«, »Sehr gut bis jetzt. Alle sind wahnsinnig nett und hilfsbereit«, »Das kommt darauf an, was man arbeitet« und »Nein, wir sind nicht verheiratet. Aber wir haben beide einen Freund«, versuchen wir, alles so gut es geht zu beantworten. Wenn einer der Schüler unsere Antworten nicht versteht, übersetzt Nadja.

»Und warum lernt ihr Deutsch?«, dreht Chris den Spieß um.

»Also, die meisten von uns wollen nach Deutschland ziehen«, erklärt eine ältere Frau mit dicker Brille und rot gefärbten Locken. »Einige aus meiner Familie wohnen da schon, aber ich habe keine Erlaubnis bekommen, weil ich nicht viel Deutsch konnte. Hoffentlich klappt es nach dem Kurs.«

»Wie seht ihr das denn mit uns Aussiedlern? Findet ihr, dass wir nach Deutschland ziehen sollten?«, fragt der grauhaarige Mann, der die erste Frage gestellt hatte. Ratlos schauen Chris und ich uns an. Die Diskussionen aus der Nachwendezeit über die Russlanddeutschen sind mir noch gut in Erinnerung. Auch hier ging es hauptsächlich um Identität: Sind das überhaupt richtige Deutsche, nur weil die Uroma Deutsche war? Was wollen die denn hier? Und wollen wir die hier? Mir fallen Berichte ein über kriminelle Russlanddeutsche, über Probleme mit der Integration, mit der Sprache und Kultur. Der Satz »Nur weil die irgendwann mal einen deutschen Schäferhund hatten, glauben die, dass sie jetzt alle nach Deutschland kommen können!« ist mir aus dieser Zeit in Erinnerung geblieben. Es war eine bittere Ironie des Schicksals. Gerade die älteren Russlanddeutschen wollten weg aus einem Land, dem sie sich wahrscheinlich nie ganz zugehörig fühlten, und kamen in ein Land, in dem man sie als nicht ganz zugehörig betrachtete.

Aus der Überlegung heraus sage ich schließlich, ich fände, dass sie jedes Recht hätten, nach Deutschland zu ziehen, es aber nicht jeder so sehe. Dass der Anfang schwieriger werden könne

als gedacht, auch wenn man dort Familie habe, die einen unter-
stütze. Aber dass sie sich nicht abschrecken lassen sollten. Der
Grauhaarige nickt und fragt weiter, ob wir schon in Dolinka gewesen seien, dem ehemaligen Verwaltungssitz des KarLag süd-
westlich der Stadt.

»Wir würden gerne hinfahren«, antwortet Chris. »Es ist ja ein
wichtiger Teil von Karaghandys Geschichte. Aber wir wissen noch
nicht, ob wir genug Zeit dafür haben.«

Eine blonde, stark geschminkte Frau schüttelt den Kopf.
»Nein, da müsst ihr nicht hin. Ist deprimierend. Man muss es irgendwann mal ruhen lassen. Seht euch lieber was Schönes an.«

Den letzten Teil der Unterrichtszeit will Nadja für Grammatik-
übungen nutzen und wir machen uns auf den Heimweg. Zum Abschied ruft uns eine Frau mit kasachischen Gesichtszügen hinterher, wir müssten unbedingt *besbarmak* probieren, das kasachische
Nationalgericht. Als wir in der *marschrutka* sitzen, piepst Chris'
Handy:

»Gute Nachrichten! Wir haben einen Fahrer!!!«

In die Steppe

Chris **Ü**ber Nacht hat sich der Regen verzogen. Die Luft ist frisch und klar, als wir uns pünktlich um zehn Uhr morgens vor der Hosteltür postieren, unserem vereinbarten Treffpunkt mit Maja und Jurij. Über uns ziehen sich Federwolken wie Wattefäden über den weiten, blauen Himmel, und die Isolierung der Fernwärmerohre vor dem Haus flattert fröhlich im Wind. Ein bisschen wehmütig blicke ich noch einmal die unverputzte Fassade hinauf. Der Rohbau war in den letzten Tagen fast so etwas wie ein Zuhause geworden. Tatjanas herzliches Lachen, die immer warme Küche, das nächtliche Beisammensitzen – es wird mir fehlen.

Aber heute geht es weiter, und heute geht es in die Steppe, endlich. Die Sary Arka. Heute ist der Moment, auf den ich seit so vielen Monaten gewartet habe. Maja wird unser Guide sein, Jurij unser Fahrer. Unruhig hüpfe ich den Bordstein auf und ab. Doch lange müssen wir nicht auf die beiden warten. Schon nach wenigen Minuten rumpelt ein Geländebus über die notdürftig asphaltierte Einfahrt, eine Hand hinter der Scheibe winkt, Türen klappen. Jurij, ein Cowboy mit wettergegerbtem Gesicht, Jeansjacke und Zigarette im Mundwinkel, steigt aus und grinst, als er unsere Rucksäcke sieht.

»Alles für zwei Tage?« Er schüttelt den Kopf.

Er weiß noch nicht, dass wir danach gleich weiterreisen wollen, mit dem Nachtzug nach Süden. Maja, zweiundzwanzig Jahre, mit Puppengesicht, rotblondem Haar und pinkfarbenen Turnschuhen, hilft uns mit dem Gepäck.

»Habt ihr an Mückenschutzmittel gedacht?«, fragt sie. »Die Biester da draußen sind wirklich fies.«

Unterwegs halten wir noch an einer Bank. Billig ist unsere Steppentour nicht, fast vierhundert Euro kratzen wir dafür zusammen. Aber das Geld kommt einem Projekt zugute, das einen nachhaltigen und naturverträglichen Tourismus in Kasachstan aufbauen will. Der Ökotourismus soll bald eine alternative Einkommensquelle für die Landbevölkerung werden. Denn in der Zentralsteppe herrscht trotz des Wirtschaftsbooms und der vielen Rohstoffe immer noch große Armut. Bauernfamilien leben als Selbstversorger von Viehhaltung und dem Gemüse, das sie anbauen. Junge Leute ziehen in die Städte, die Landflucht lässt ganze Dörfer aussterben. Das Projekt, das vom deutschen Naturschutzbund NABU mitfinanziert wird, soll der unterentwickelten Region eines Tages eine wirtschaftliche Chance bieten.

»Ach, verdammt«, fluche ich, denn der Bankautomat weigert sich, so viel Geld auf einmal auszuspucken. Doch Stephanie findet einen Trick, wie er sich überlisten lässt: Geld ziehen, Bankkarte entnehmen, kurz warten, erneut Geld ziehen. Die Dreifachabhebung werden wir später noch oft praktizieren, immer unter den Augen einer ungeduldigen Schlange hinter uns.

Wir verlassen Karaghandy auf einer großen Ausfallstraße. Immer geradeaus erstreckt sie sich in das weite, ebene Grasland. Auf dem Beifahrersitz sortiert Maja ihre Unterlagen. Auch sie macht die Tour heute zum ersten Mal, erzählt sie uns und wirkt ein bisschen nervös dabei. Jurij drückt aufs Gas und wir tauchen in das endlose Grün ein. Seltsam: In meiner Vorstellung war die Steppe immer braun. Staubig, trocken. Öde. Doch das Gras ist saftig und federt im Wind, Pferde weiden vereinzelt, scheuern sich an den Strommasten, die quer übers Land den Weg zur nächstgelegenen Ortschaft weisen. Unser Ziel heißt Shabanbai-Bi, ein Dorf am Rand des Kyzylaraj-Gebirges. Sechs Stunden wird die Fahrt dauern.

Und je länger wir fahren, desto einsamer wird es. Mal eine verlassene Bushaltestelle aus bröckelndem Stein, mal ein einsames Gehöft, mit Wellblechdach und weiß getüncht, Türen und Fensterrahmen türkisblau wie der Himmel. Die Zentralsteppe gehört zu den am dünnsten besiedelten Gebieten in Kasachstan. Nur die Friedhöfe, die die Straße säumen, werden zu einem treuen Beglei-

Grabstätten auf dem Weg nach Shabanbai-Bi

ter. Gräber wie kleine Mausoleen, Miniaturdörfer für die Toten. Gedankenversunken sehe ich ihnen nach. Auch Jurij schweigt, das Gesicht hinter seiner vergoldeten Sonnenbrille verborgen.

Plötzlich halten wir. Jurij flucht undeutlich vor sich hin und steigt wortlos aus dem Wagen.

»Was ist los?«, frage ich von hinten.

Maja dreht sich verlegen vom Beifahrersitz zu uns um. »Ich glaube, er ist zu schnell gefahren«, flüstert sie.

Jurij ist zur anderen Straßenseite hinübergelaufen. Vor einem weißen Kleinbus diskutiert er mit einem Mann, dann verschwinden die beiden hinter dem Fahrzeug. Ich nutze die Gelegenheit, um eilig aus dem Wagen zu klettern, zu gern möchte ich die weite Landschaft fotografieren und ...

Ich bleibe wie angewurzelt stehen.

Es ist der Geruch. Die Steppe riecht. Nein, sie duftet! Nach Wermut, Wolfsmilch, wilden Zwiebeln und Oregano, intensive, würzige Aromen sind es, getragen vom warmen Wind. Ich lasse meine Kamera sinken. Kein Foto der Welt könnte diesen allumfassenden Geruch festhalten. Wieder und wieder atme ich tief ein, als könnte ich ihn aufsaugen, auftragen wie ein Parfüm, als könnte es mir helfen, ihn für immer festzuhalten. In meinem Rücken sind nun auch Stephanie und Maja aus dem Auto gestiegen, doch ich bemerke sie kaum. Wie hypnotisiert tappe ich ein paar Schritte durch das weiche Federgras. Ich stehe im größten Wunder der gesamten Natur, denke ich. Die Steppe ist nicht nur grün. Sie ist auch voller Kraft und voller Leben. Ich hatte nach dem Nichts gesucht – und ein Alles gefunden. Hier, jetzt, ganz plötzlich.

Später werde ich sagen, dass dieser Moment, einfach so, am Rand der Straße, zu den schönsten unserer Reise zählte. Nicht wegen des Geruchs allein. Es ist, als ob jemand in einem großen, dunklen Haus ein Fenster geöffnet hätte, Licht einfiele, auf einmal, und Strukturen sichtbar werden ließe. Das ganze Land liegt ausgebreitet vor uns und wartet nur darauf, von uns betreten, erkundet und erspürt zu werden. Am liebsten würde ich mich nie von diesem Ort trennen.

Erst Jurijs Hupen reißt mich aus meinem Träumen. Er sitzt wieder am Steuer und winkt ungeduldig.

Zwanzig Minuten später halten wir erneut, diesmal auf einem kleinen Parkplatz. Maja steckt ihre Unterlagen in eine Mappe.

»Dieser Ort hier heißt Spassk«, erklärt sie. »Es ist eine Gedenkstätte für die Toten aus dem KarLag.«

Wir steigen aus. Der magische Duft ist verschwunden. Grabmale ragen vor uns aus dem Boden, entfernt suchen die Wolken das Weite.

»Jede Stele repräsentiert eine Nation, aus der Menschen in dem Lager umgekommen sind«, fährt Maja fort, während wir zum Eingang stapfen. Jurij bleibt beim Auto zurück und zündet sich eine seiner dünnen, schwarzen Zigaretten an.

Ich entdecke Kasachstan und Russland ganz vorn, dahinter Deutschland, die Ukraine, Kirgisistan, Georgien, Korea, Litauen, Armenien, Polen, Rumänien, auch Finnland, Frankreich, Italien, Japan und Israel. Auf manchen Grabplatten liegen Kränze und welke Blumensträuße. Der Wind zerrt an den Gebinden.

»Erst vor zwei Wochen, am 31. Mai, war der jährliche Gedenktag für die Opfer der politischen Repressionen«, sagt Maja.

Langsam schreiten wir durch die Anlage. Jede Stele ist anders gestaltet. So richtig wollen sie nicht zusammenpassen. Vielleicht muss das aber auch genau so sein. Auf den sanften Hügeln hinter der Gedenkstätte, halb verdeckt vom Gras, stehen schwarze Kreuze in Dreiergruppen.

»Die Gedenkstätte ist nicht zufällig hier«, sagt Maja leise. »Man hat im Boden ein Massengrab entdeckt. Leichen aus dem KarLag wurden hier einfach übereinandergeworfen und verscharrt. Spassk war ein besonders berüchtigter Teil des Lagers.«

Schweigend starre ich auf Inschriften, die flatternden Bänder. Und tief in mir krampft sich etwas zusammen. Die Steppe, dieser wunderbare Ort, für mich heute der Inbegriff von Freiheit, Offenheit und Grenzenlosigkeit, war auch für Tausende Seelen zum Fluch geworden. Zum Gefängnis, zur Todesfalle. Die weiche Grasdecke verhüllt etwas Unbegreifliches, etwas Dumpfes, einen nicht vorstellbaren Schmerz. Etwas, das sich niemals vergessen lässt. Derselbe Ort. Nur zu einer anderen Zeit.

Als wir irgendwann zum Auto zurückkehren, liegt doch ein Hauch von Wermut im stetigen Wind.

Wir erreichen Shabanbai-Bi am Nachmittag. Während der Fahrt waren Hügel näher gerückt, die ersten Ausläufer des Kyzylaraj-Gebirges. Die Straße wurde zusehends schlechter, Verkehrsschilder, von der Sonne ausgeblichen, manchmal nur an Steine gelehnt, waren kaum mehr lesbar. Doch Jurij lenkt den Wagen mit schlafwandlerischer Sicherheit durch das Gelände. Die letzten Meter zum Dorf hoppeln wir über eine zerfurchte Piste. Shabanbai-Bi, eine Ansammlung lose übers Land verteilter Gehöfte, war einst ein Sommerlager der Nomaden. Keine zweihundert Menschen leben heute hier. Es gibt eine Schule, eine Moschee und ein Denkmal für den Deutsch-Sowjetischen Krieg. Mehrere Quellen in den umliegenden Gebirgen versorgen den Ort mit Wasser, formen einen Fluss, den Karatal. Am Ufer wäscht eine alte Frau mit Kopftuch Kleidung. Misstrauisch blickt sie uns nach.

Jurij parkt vor einem kleinen, weißen Haus mit Wellblechdach und leuchtend blauen Fensterrahmen. Die Fassade bröckelt bereits und gibt das Ziegelwerk preis, zusammengenagelte Bretter ersetzen eine Tür. Wir schälen uns aus unseren Sitzen. Das Gepäck bleibt im Auto. Auf dem Hof rostet eine Badewanne vor sich hin, daneben steht ein Waschtisch, den Quellwasser speist. Ein Akkordeon liegt verlassen auf einem Bettgestell, Handtücher trocknen in der Sonne vor einer Satellitenschüssel. An einem Holzzaun lehnt ein Bobby-Car. Jurij wäscht sich die Hände, dann verschwindet er wortlos im Haus. Wir folgen ihm vorsichtig. Im

Halbdunkel wird eine Küche erkennbar: dicht gewebte Vorhänge, ein Holzofen, Emaillegeschirr, Alutöpfe, eine bunt gemusterte Teekanne. Dicke Teppiche liegen auf dem Boden. Und dann: ein Paar neugierige dunkle Kinderaugen. Ein Junge, vielleicht fünf Jahre alt, mit Segelohren und Jogginghose, mustert die fremden Besucher. Wir ziehen unsere Schuhe aus und tappen über den knarzenden Boden ins Wohnzimmer. Jurij sitzt bereits – an einer reich gedeckten Tafel. Eingelegtes Gemüse, frische Gurken und Tomaten, selbst gemachte Butter, getrocknete Aprikosen und Datteln, Pistazien, Nüsse, Mandarinen und Äpfel stehen da, dazu Kekse, Bonbons und Konfekt, mehr, als wir in einer Woche essen könnten. In Kasachstan ist die Speisenfolge offenbar nicht so entscheidend, es wird einfach alles auf dem Tisch aufgetürmt. Auf einem Teller liegen kleine, hellgelbe Bällchen, die mich an Gnocchi erinnern. Allerdings sind sie steinhart.

»Das ist *kurt*«, erklärt Maja, »eine Spezialität der Nomaden.« Die sehr sättigenden Kügelchen werden aus gesäuerter Kuh-, Schafs- oder Ziegenmilch geformt und schmecken ein wenig nach altem Parmesankäse. Großartig! Maja erzählt, dass die lokale Bevölkerung den unter Stalin hierher deportierten Menschen helfen wollte, indem sie ihnen *kurt* gab. »Die haben das gar nicht verstanden. Die dachten, sie werden mit Steinen beworfen.«

Dann betritt Saltanat den Raum. Sie betreibt das Gästehaus. Ihre pechschwarzen Haare hat sie zu einem Dutt zusammengebunden, ein blaues Baumwollhemd flattert über ihre braun gebrannte Haut. Scheu lächelt sie uns an, im einen Arm ein Baby, im anderen eine große Kanne Tee.

»Hallo, willkommen. Das Essen kommt sofort«, entschuldigt sie sich.

»Was gibt es denn?«, erkundige ich mich.

»*Beshbarmak*«, antwortet Maja. »Das ist unser Nationalgericht!« Pferd- und Hammelfleisch werden dazu mit Nudelteigplatten, Zwiebeln und Gewürzen in Brühe gekocht und anschließend auf einer großen Platte ausgebreitet. Gegessen wird das Gericht mit den Händen, daher sein Name: *Beshbarmak* bedeutet übersetzt fünf Finger.

»Besteck wird sowieso überbewertet«, kommentiert Jurij. »Früher in der Sowjetunion haben wir auch oft mit den Fingern gegessen, ja. Und das war nicht das Schlechteste.«

Die kasachische Küche ist stark von der nomadischen Vergangenheit geprägt. Um das Essen gut transportieren zu können, musste es lange haltbar sein. Deshalb wurden viele Speisen gesalzen, getrocknet oder geräuchert, Milch wiederum gesäuert. Mein Lieblingsgericht wird *beshbarmak* allerdings nicht. Während sich Maja und Jurij reichlich auftun, halte ich mich lieber an den *kurt* und die leckeren Kekse.

»Meins ist es jetzt auch nicht«, sagt Stephanie, als wir wieder draußen stehen.

Nach dem Essen mahnt Jurij zur Eile. Bevor es Abend wird, wollen wir es noch zur Nekropole von Begazy schaffen. Die bronzezeitliche Fundstätte erstreckt sich über zehn Hektar und gilt als bedeutendste archäologische Entdeckung in Zentralkasachstan. Wir klettern zurück in den Geländebus und verlassen Shabanbai-Bi in südlicher Richtung. Mit den Häusern bleibt auch die letzte sichtbare Straße hinter uns zurück. Von nun an geht es querfeldein. Zumindest für meine Begriffe – Jurij scheint in dem undurchdringlichen Grün ein Wegenetz zu erkennen. Die Landschaft wird immer hügeliger, Felsrücken erheben sich aus struppigem Gebüsch. Immer wieder ist die Straße überschwemmt. Maja blickt besorgt aus dem Fenster.

»Das ist nicht normal für diese Jahreszeit«, sagt sie. »Wahrscheinlich stammt das Wasser immer noch von den Überschwemmungen im letzten Monat.«

Je weiter wir uns ins Grasland vorarbeiten, desto häufiger hält Jurij an. Immer wieder läuft er einige Schritte voraus, prüft, ob der Erdboden trägt. Stumm sehen wir ihm von der Rückbank aus zu. Mittlerweile sind wir schon fast eine Stunde unterwegs und die Sonne steht tief.

»Ich glaube, er hat eine falsche Abzweigung genommen«, sagt Maja, als Jurij wieder einmal vor dem Auto steht und gedankenvoll in die Ferne blickt.

»Möchtest du einen Schluck Wasser?«, fragt sie, als er wieder in den Wagen klettert.

Jurij sieht sie nicht einmal an. »Ich bin ein Mann der Steppe. Ich kann wochenlang ohne Wasser uberleben«, antwortet er nur und gibt Gas.

Während wir immer sorgenvoller aus dem Fenster starren, läuft Jurij zu Höchstform auf. Der schweigsame Cowboy scheint wie verwandelt. Er erzählt von seiner Kindheit in dieser Landschaft, wie sie Wildhühner fingen und mit wilden Zwiebeln brieten.

»Schaut mal da raus«, sagt er, »seht ihr sie? Erdhörnchen! Ja, ja. In der Steppe überlebt man immer.« Er entblößt seine zahllosen Goldzähne.

Schließlich bleiben wir stehen. Vor uns breitet sich ein langer, tiefgrüner Grasstreifen aus. Jurij steigt fluchend aus. Die Autotür klappt nicht zu, der Sicherheitsgurt hängt lose herunter.

»Was jetzt?«, frage ich Maja. Sie zuckt die Schultern. »Ich glaube, er hat irgendwas entdeckt.«

»Die Farbe vom Gras ist anders«, sage ich.

»Ja«, antwortet sie. »Vielleicht ist Wasser darunter.«

Jurij, der Steppenwolf. Als er zurückkehrt, ist ein Mann bei ihm, mit Hut und warmer Wolljacke, hinter ihm sein Pferd. Kurzes Palaver, dann zeigt der Fremde unbestimmt in die Richtung, aus der wir gekommen sind. Jurij klopft ihm auf die Schulter.

Weiter geht es durchs Niemandsland, weg von dem tiefen Grünstreifen, krachend bahnt sich das Auto seinen Weg durch das Gras, Steine poltern am Unterboden. Dass wir überhaupt noch vorwärtskommen, ist mir ein Rätsel, Jurijs Reifen müssen aus Stahl sein. Immer wieder umkurvt er vom Gras verdeckte Felsstücke und Wasserläufe.

»Hey, habt ihr zufällig ein Zelt dabei?«, witzelt er.

Unterwegs im weiten Grasland,
am Horizont Ausläufer des Kyzylaraj-Gebirges

»Nicht lustig!«, rufe ich.

»Schlafsäcke wären aber da«, überlegt Stephanie.

Jurij ist jetzt bester Laune. »Wisst ihr, was man tut, wenn man sich in der Steppe verläuft? Man setzt sich einfach auf den Rücken eines Pferdes. Das findet immer den Weg nach Hause! Oder auf eine Kuh, das geht auch. Nur auf kein Schaf. Schafe sind dumm.«

Irgendwann erreichen wir eine Anhöhe und darauf ein einsames Bauernhaus. Eine alte Frau tritt heraus, als wir davor halten, dick vermummt. Der Wind ist kühl geworden. Sie weist einen Hügel hinab. Wieder geht es weiter, holpernd und polternd.

Und dann, wie aus dem Nichts, türmt sich eine gigantische, wunderschön geformte Felswand vor uns auf: märchenhafte Formationen aus Sandstein, bizarre Skulpturen, rot leuchtend im Abendlicht, wie von einem anderen Stern. Uns bleibt die Spucke weg. Jurij tritt abrupt auf die Bremse. Und dann steigen wir alle aus.

Was auch immer an der Nekropole von Begazy auf uns wartet, es kann nicht atemberaubender sein als das hier. Es ist, als hätten wir einen geheimen, einen magischen Ort entdeckt. »Fünfundfünfzig Jahre, und so etwas habe ich noch nicht gesehen«, murmelt selbst Steppenwolf Jurij und zückt verstohlen eine Kamera. Vorsichtig klettern wir um die ausgewaschenen Felsen herum, geformt von Regen und Wind, bestaunen sie wie Ausstellungsstücke in einem Museum. Manche sehen aus wie menschliche Gesichter. Ich frage mich, wann überhaupt zum letzten Mal ein Mensch hier war. Und wie viele verborgene Schätze es wohl noch geben mag – hier, in diesem weiten, einsamen Land.

Erst als die letzten Sonnenstrahlen hinter den Felsen verschwinden, können wir uns von diesem Ort trennen.

»In Wahrheit haben wir uns gar nicht verfahren«, sagt Maja, als wir wieder im Auto sitzen. »In Wahrheit sollten wir nur hierhin.«

Die Nacht ist rabenschwarz. Wolkenfetzen verhüllen einen abnehmenden Mond, nur ab und zu blitzt ein Stück der dürren Sichel hervor. Aus Saltanats Haus dringt Gelächter, die hell erleuchteten Fenster malen gelbe Quadrate ins Gras. Ich wickele mich in meine Jacke und zünde mir eine Zigarette an. Kalt ist es jetzt.

Im Vergleich zur Sandsteinwelt war die Nekropole von Begazy tatsächlich weit weniger beeindruckend gewesen. Nur zehn Minuten später hatten wir sie erreicht. Merkwürdig abweisend wirkten die tonnenschweren Granitplatten, die ein rund fünf mal fünf Meter großes Karree vor Blicken und Zutritt schützen. Viertausend Jahre soll die Anlage alt sein, ein Überrest der Begazy-Dandybai-Kultur. Archäologen glauben, dass hier einst Menschen sesshaft waren. Man hat Keramik gefunden und sogar Kupferprodukte.

Der Rückweg war dann leicht. Die Abendluft hatte die Berge pastell gefärbt und das Gras grau. Und in Shabanbai-Bi stand bereits das Essen auf dem Tisch, kasachischer *plow,* gekochtes Hammelfleisch mit Möhren und Reis. Jurij, mit seligem Ausdruck im Gesicht, hatte fleißig Wodka dazu gereicht.

»Immer drei«, dozierte er, »die Kirche kennt schließlich auch nur die Dreifaltigkeit.«

Maja konnte nur noch erschöpft lächeln.

Ich gehe ein paar Schritte. Das Tor zum Hof steht offen. Die Straße ist leer und die Häuser auf der anderen Seite liegen stumm in der Finsternis. Ich stelle mir vor, wie irgendwo auf der Welt jemand vor dem Computer sitzt und unsere Koordinaten bei Google Earth eintippt. 48 Grad 40 Minuten 46 Sekunden nördliche Breite, 75 Grad 39 Minuten 44 Sekunden östliche Länge. Der Erdball würde sich drehen, die Kamera zoomen, man sähe schwarz, schwarz, nichts als schwarz, und dann, ganz am Ende, erschiene ein winziger, orange leuchtender Punkt: meine Zigarette. Selten habe ich mich so weit entfernt von der Zivilisation gefühlt. Und auch wenn es seltsam klingt, ich möchte ihr gerade auch nicht näher sein. In diesem Moment hat die Steppe alles, was ich brauche.

Die Haustür klappt, kurz fällt Licht auf den Hof. Ich drehe mich um. Stephanie und Maja schlüpfen in ihre Schuhe, Handtücher um die Schultern gelegt und Zahnbürsten in der Hand. Im Dunkeln machen sie sich am Waschtisch zu schaffen. Ich schalte meine Handytaschenlampe ein und tappe über den Hof zurück zum Plumpsklo. Jetzt ist das Gerät wenigstens zu etwas gut, den Empfang hatten wir schon kurz hinter Spassk verloren. Eine Kuh starrt unbeeindruckt in den Lichtkegel. »Weg!«, verscheuche ich sie. Nachts wirken die Tiere deutlich furchteinflößender. Ich bin froh, dass ich mich wenig später unter die Decke kuscheln kann.

Saltanat hat den Esstisch beiseite geräumt und bunte Matten für uns drei Frauen auf dem Boden ausgebreitet. Jurij schläft im Nebenzimmer. Morgen wollen wir auf den Aksoran steigen, den höchsten Berg der Sary Arka. Ob das Land von oben ein anderes sein wird?

Stephanie
Die Sonne taucht Hügel und Dorf in ein klares Morgenlicht, Kühe und Pferde trotten durch die Gatter ihrer Weiden hinaus in die Steppe. Vor Saltanats Hof lädt ein Mann Milchkannen auf einen Anhänger und fährt davon, die Nachbarin scheucht ihre Hühner aus dem Stall. Ansonsten ist nicht viel los. Noch liegt eine morgendliche Ruhe über allem. Wir sind sehr früh aufgestanden, um für den Aufstieg auf den Aksoran die kühlen Morgenstunden zu nutzen. Nachdem wir unsere Betten zusammengerollt und ins Nachbarzimmer gelegt haben, tragen wir Stühle und Esstisch wieder ins Zimmer. Saltanat belädt ihn mit Früchten, Nüssen, Süßigkeiten, Käse und Brot. Leider bekomme ich frühmorgens nicht viel runter. Eine Schüssel Haferbrei und schwarzer Tee, nach russischer Art mit einem Löffel Marmelade gesüßt, reichen mir. Chris als Frühstücksfan macht den Eindruck, als wäre sie im Paradies gelandet. Während wir essen, verabschiedet sich Saltanat, sie muss zur Arbeit. Als wir in Jurijs Geländewagen klettern, steht ihre Mutter an der Haustür, ein Tuch um den Kopf geschlungen, und winkt. Der kleine Sohn balgt sich derweil mit einem sandfarbenen Hundewelpen im Hof.

»Na, wenn eine von euch will … Ich bin müde.« Jurij schwenkt seinen Autoschlüssel vor der Windschutzscheibe. Als ich nach dem Schlüssel greife, weil ich gerne selbst durch die Steppe rumpeln würde, setzt er sich aber doch schnell hinters Steuer. Auf dem Weg zum Aksoran hängt jeder seinen Gedanken nach. Schläfrige Trägheit.

Zwischen zwei Hügelketten steuert Jurij das Auto durch eine grüne Wiese, die ich eher in den Alpen als in der Steppe erwartet hätte. Bunte Blumen strecken ihre Köpfe aus dem kniehohen Gras, unsere Fahrspur hat sich schon vor einer Weile darin verloren. Aber Jurij weiß, wo er lang muss, die Steppe ist seine zweite Heimat. Vor einem Unterstand aus blauen Stahlrohren mit Rostflecken hält er an. Weiter hinten erhebt sich der Gipfel des Aksoran. Der Aufstieg sieht nicht allzu anstrengend aus.

Jurij umrundet seinen Wagen, checkt, ob noch alles am richtigen Platz ist. Plötzlich lacht er laut auf.

»Guckt mal!«, ruft er und deutet in Richtung der Motorhaube. »Wie eine Kuh!«

Im Kühlergrill hat sich Gras verfangen. Es sieht aus, als schlänge das Auto es gierig in sich hinein. Selbst als Jurij fest an den Büscheln zieht, bekommt er sie nicht los.

Maja, Chris und ich nebeln uns mit Insektenspray ein, stopfen Hosenbeine in Strümpfe und rollen Ärmel runter. Mücken und Zecken sollen sich hier auf jeden Warmblüter stürzen, dessen sie habhaft werden. Wir müssen es ihnen nicht leichter machen als nötig. Jurij beobachtet unsere Vorbereitungen.

»Kommst du nicht mit?«, frage ich. Es irritiert mich, dass er so ruhig neben uns steht.

»Nee, ist mir zu anstrengend.« Er lässt seine Goldzähne blitzen und klopft einen dünnen Zigarillo aus seiner Schachtel. »Ist aber ganz einfach zu finden. Folgt den rot-weißen Markierungen. Habt ihr eine gefunden, sucht ihr die nächste. Sie sind immer in Sichtweite. Hin und zurück braucht ihr drei bis vier Stunden. Ich treffe mich mit meinem *towarischtsch* und hole euch später wieder ab.«

Wir schultern unsere Rucksäcke und steigen die geröllübersäten Hügel hinauf Richtung Gipfel.

Die ersten kleinen Türmchen aus Steinen, rot-weiß bemalt, finden wir sofort. Wir laufen querfeldein, von einem Hügel zum nächsten. Es gibt keine Wanderwege, und je höher wir kommen, desto mehr müssen wir nach den Wegsteinen suchen.

»Ich glaube, manche sind bei den Unwettern umgeweht oder weggespült worden«, sagt Maja. Die Hügel haben wir fast hinter uns gelassen. Ich schaue ein letztes Mal zurück ins Tal. Inmitten der grünen Wiese glitzern die Scheiben von Jurijs Geländewagen. Weiter hinten verschwindet die Steppe im Dunst. Wo ich auch hinsehe, Leere und Weite. Jetzt verstehe ich, warum Bolat in Karaghandy gefragt hatte, ob wir uns vor der Steppe fürchteten. Wir setzen uns, trinken etwas und kramen unser Essen aus dem Rucksack. Sofort stürzen sich die ersten Mücken auf uns, wir legen Insektenspray nach und brechen schnell wieder auf. Beim Laufen ist es nicht so schlimm.

Die morgendliche Kühle weicht, schnell brennt die Sonne herunter. Ab und zu ziehen kleine Wolkenfetzen vorbei, viel Schatten spenden sie nicht. Aus dem Geröll sind glatte Steinplatten geworden. Windschiefe Kiefern lehnen an bizarren Kalksteinfelsen. Manche sehen aus wie Pfannkuchen, die ein Riese aufeinandergestapelt hat, andere wie Menschen, Fabelwesen oder Tiere. Wir sind in einem Märchenwald gelandet. Nach zwei Stunden scheint der Gipfel zum Greifen nah.

Doch dann versperren uns Büsche den Weg. Wir finden keine Markierung mehr, laufen ein Stück zurück, schauen uns um, entdecken an einer Felswand einen rot-weißen Kreis. Immer wieder müssen wir suchen, eine neue Richtung einschlagen. Alles ist zugewuchert. Wir klettern über Felsen und Steine, kämpfen uns durch hüfthohes Gestrüpp, die Arme nach oben gereckt, wie Soldaten in einem Vietnamfilm.

An einem Bergrücken ist Schluss, wir kommen nicht weiter. Keine Wegmarkierung, kein Pfad mehr, dem wir folgen könnten. Und der Gipfel ist während der letzten Stunde nicht näher gerückt.

»Meine Beine sind total zerkratzt«, schimpft Chris vor sich hin.

»Meine auch«, antworte ich. »Sag mal, Maja, wie lange dauert es eigentlich, bis wir oben sind? Wir sind ja schon eine ganze Zeit unterwegs.«

»Hmmm, das weiß ich auch nicht genau, ich bin das erste Mal hier.«

»Wie, das erste Mal – ich dachte, du kennst dich hier aus!«

Maja schüttelt den Kopf. »Nee, ich weiß auch nur, dass wir den Steinen folgen müssen.«

Ich schaue zu Chris, etwas ratlos. Bis gerade eben bin ich davon ausgegangen, dass sich Maja in der Gegend zumindest ein wenig auskennt. Hatte sie gestern nicht erzählt, dass sie erst vor Kurzem mit einer anderen Gruppe hier war, als zweiter Guide, zum Lernen? Oder hatte ich da was falsch verstanden? Wie auch immer, jetzt stehen wir auf einem Berg mitten in der Steppe, haben keinen, der sich auskennt, keine Karte und kein GPS dabei. Handyempfang gibt es natürlich auch nicht.

»Wir können ja einfach noch ein bisschen rumlaufen, vielleicht kommen wir irgendwie weiter«, schlägt Maja vor.

Einen Moment lang überlegen Chris und ich, ob das sinnvoll sei. So kurz vor dem Ziel aufzugeben wäre ärgerlich. Andererseits waren wir oft genug wandern, um zu wissen, wie leichtsinnig es ist, ohne Orientierung durch Berge zu stolpern, die wir nicht kennen.

»Ich glaube, wir sollten umkehren«, sage ich zu Maja.

»Ja«, stimmt Chris zu, »keine von uns kennt sich hier aus. Und wir sind schon ziemlich lange unterwegs.«

Eine gute Entscheidung, wie wir schnell merken. Markierungen scheinen plötzlich verschwunden, die Umgebung kommt mir völlig unbekannt vor. Sind wir hier wirklich schon vorbeigekommen? Chris und Maja sehen auch nicht aus, als wüssten sie, wo wir sind. Welche Richtung sollen wir einschlagen? Keine Ahnung, ob uns jemand finden würde, wenn wir uns verirrten. Viel Wasser haben wir nicht mehr, unser Proviant ist auch fast aufgebraucht. Und die Temperatur steigt immer noch. Ich ziehe mein Handy aus dem Rucksack und prüfe auf dem Kompass, wo wir lang müssen. Bevor wir aufbrachen, hatte ich geschaut, in welcher Himmelsrichtung unser Ausgangsort liegt. Sofort wird mir klar: Wir sind ein ganzes Stück vom Weg abgekommen. Chris schlägt vor, bis zur letzten Stelle zurückzulaufen, die uns bekannt vorkommt. Wir irren durch das Gestrüpp, leicht desorientiert. Doch dann entdecken wir, halb hinter einem Busch versteckt, eine rot-weiße Markierung. Der Abstieg ist anstrengender und unübersichtlicher als der Aufstieg. Mehrere Male kommen wir vom Weg ab, müssen wieder umkehren, laufen im Kreis. Zwischendurch zweifle ich ernsthaft daran, dass wir heil unten ankommen werden. Als wir nach mehr als fünf Stunden auf den blau gestrichenen Unterstand zulaufen, sind nicht nur Chris, Maja und ich erleichtert.

»Wo wart ihr denn?«, ruft uns Jurij entgegen. »Ich warte schon seit Ewigkeiten. Fast hätte ich einen Suchtrupp losgeschickt.«

Endlich zurück auf Saltanats Hof, sitzen wir beim Mittagessen. Da steckt die Großmutter ihren Kopf durch die Tür und bittet Maja, kurz mit ihr zu kommen. Als sich Maja wieder zu uns setzt, hat sie schlechte Nachrichten. Dascha wollte uns Fahrkarten für den Nachtzug besorgen, aber es gibt keine mehr. Wir müssen einen Tag länger als geplant in Karaghandy bleiben, haben aber so Zeit, uns die Überreste eines ehemaligen Ferienlagers für Jungpioniere anzuschauen. Orljonok, Junger Adler, hieß es, Jurij hatte dort als Schuljunge seine Sommerferien verbracht. Deshalb kennt er auch die Gegend fast wie seine Westentasche.

»Viermal war ich hier. Das war eine Ehre, nur die Klassenbesten durften hinfahren«, erklärt er, als wir an einem verfallenen Pförtnerhäuschen neben einem Eisentor halten. Selbst jetzt noch ist ihm der Stolz darauf anzumerken. »Es waren tolle Sommer. Wir hatten sogar ein Schwimmbad.«

Heute schwimmt dort keiner mehr. Das Becken ist trocken, kleine Büsche haben sich ihren Weg durch den Betonboden gebrochen. In den ehemaligen Schlafsälen wächst Unkraut, Bier- und

Wodkaflaschen liegen in den Ecken, durch zerborstene Fenster ragen Äste. Jugendliche aus der Gegend haben ihre Botschaften auf den Wänden hinterlassen. »Erzhan war hier! 20.10.2013.«

In den Jahren nach der Unabhängigkeit ging der Betrieb erst einmal weiter wie gehabt, doch irgendwann hatte der Staat kein Geld mehr, um die Anlage in Schuss zu halten. Das Ferienlager wurde geschlossen. Nachdem der Ölboom wieder Geld in die Kassen gespült hatte, war der Verfall schon zu weit fortgeschritten, als dass sich eine Wiedereröffnung gelohnt hätte. Gründe für einen Abriss gab es auch nicht, bei der Masse von ungenutztem Land überall. So rottet alles weiter vor sich hin. Als wir zwischen den Ruinen herumlaufen, kann ich verstehen, warum Jurij am Eingangstor im Auto geblieben ist. Der Verfall würde seine Erinnerungen an eine bessere Zeit trüben, als ein Durcheinander von Kinderstimmen durch die Räume hallte und jeder Tag ein neues Abenteuer versprach. Aus dem Dunkel des ehemaligen Kantinengebäudes glotzen uns zwei Kühe entgegen. Es ist nun ihr Reich.

Auf der Rückfahrt nach Karaghandy kommen wir an einem Zebrastreifen vorbei. Mitten in der Steppe. Kein Haus weit und breit, kein Mensch und auch kein Auto. Ab und an steht eine Tierstatue auf einem Hügel, den Blick in die Ferne gerichtet: mal ein Greifvogel, mal ein Bock oder Wolf.

»Welche Bedeutung haben die Statuen? Sind das Tiere, die hier leben?«, frage ich in Richtung Vordersitz.

»Gelebt haben«, antwortet Maja. »Die sind alle ausgestorben. Weil sie gejagt wurden, wegen Umweltverschmutzung oder aus irgendwelchen anderen Gründen. Die Statuen sollen daran erinnern, dass sie hier einmal heimisch waren, glaube ich.«

»So ist das«, brummt Jurij. »Es wird ein Denkmal aufgestellt und alles bleibt wie immer.«

Danach versinken wir wieder in Schweigen. Chris lehnt sich ans Fenster und schläft ein. Wie sie das bei dem Geschaukel schafft! Ich

Toilettenhäuschen in der Steppe

schaue auf die vorbeiziehende Landschaft. Die Überschwemmung hat Gräben im Steppenboden hinterlassen, manchmal mehr als einen Meter tief. Sie ziehen sich wie kleine Canyons am Straßenrand entlang. Alle paar Kilometer steht ein vereinzeltes Grab zwischen Wermut und Gräsern. Immer mit einem kleinen Zaun, damit nicht eine umherstreifende Kuh es versehentlich umrennt. Ob hier wohl diejenigen begraben liegen, die auf der Straße einen Unfall hatten? Oder sind es Gedenkstätten, so wie bei uns die Kreuze am Straßenrand?

»Bist du eigentlich gläubig?«, unterbricht Jurij unvermittelt meine Gedanken.

»Das ist schwer zu beantworten.« Ich überlege kurz. »Mit achtzehn bin ich aus der katholischen Kirche ausgetreten, weil ich schon immer mehr gezweifelt als geglaubt habe. Wenn ich mir allerdings die Erde anschaue und wie alles ineinandergreift, kann ich auch nicht sicher sagen, ob es nicht doch etwas gibt, das hinter allem steht.«

»Aber wenn du in Schwierigkeiten bist, bittest du dann Gott um Hilfe?«, hakt er nach.

»Nein«, antworte ich. »Ich finde es zwar faszinierend, wenn Menschen das können. Aber, nein. Bist du gläubig?«

»Ich bin Katholik, schon immer gewesen. Zu Sowjetzeiten war Religion verboten. Gottesdienste, Hochzeiten, Taufen wurden alle heimlich gefeiert.«

Die religiösen Zusammenkünfte fanden jedes Mal an einem anderen Ort statt: bei einem Gemeindemitglied daheim oder im Hinterzimmer einer Gaststätte, in ›Untergrundkirchen‹. Die älteren Frauen hielten alles am Laufen, gaben Termin und Ort des nächsten Treffens in einer Art Flüsterkette weiter. Der Gottesdienstbesuch war nicht ungefährlich. Selbst in der eigenen Gemeinde gab es Verräter. Die Strafen für die Religionsausübung waren hart: Gefängnis oder sogar Umerziehungslager, wenn man sich weigerte, dem Glauben abzuschwören.

»Heute ist das Gott sei Dank anders. Als der Papst 2001 hier war, Johannes Paul II., lobte er uns für die Festigkeit unseres Glaubens. Das war schon toll«, erzählt Jurij. Mit seiner Frau, den drei Söhnen und sieben Enkeln geht er jeden Sonntag in den Gottesdienst. Auf dem Weg zum Hostel fahren wir an seiner Kirche vorbei. Sie war mir schon vorher aufgefallen. Wegen ihrer Zwiebeltürmchen hatte ich gedacht, es wäre eine russisch-orthodoxe Kirche.

»Wir haben euch schon vermisst«, begrüßt uns Tatjana. Es ist ein bisschen, als kämen wir heim. Wir setzen uns mit ihr in die Küche, erzählen von der Steppe und essen *kurt,* den Saltanat uns zum Abschied eingepackt hatte. Dann fallen wir erschöpft ins Bett. Morgen müssen wir unsere Weiterfahrt organisieren, am besten mit dem Nachtzug. Noch wissen wir nicht einmal, was unsere nächste Station sein wird. Nach einem kurzen unruhigen Schlaf wache ich auf. Mir ist schlecht, die nächsten Stunden pendle ich zwischen Bett und Toilette.

Zurück in Karaghandy

Chris Ein Büschel zerzauster schwarzer Haare ist alles, was ich an diesem Morgen von Stephanie zu Gesicht bekomme. Unter ihrer Bettdecke klingt ein mattes Stöhnen hervor.

»Mir geht's gar nicht gut. Hab die ganze Nacht gekotzt.«

»Scheiße«, entfährt es mir. »Hast du was Falsches gegessen? Oder war es das Wasser in Shabanbai-Bi?«

»Keine Ahnung. Ich glaube nicht, Maja hat es ja auch getrunken. Aber ich kann auf gar keinen Fall heute weiterfahren.«

Ich koche mir einen Kaffee in der Küche und starre auf die Baustelle vor dem Fenster. So ein Mist. Ich hatte gehofft, dass wir spätestens heute Abend einen Zug nach Türkistan besteigen würden. Aber daran ist nun kein Gedanke mehr. Und die arme Stephanie – es gibt sicherlich bessere Orte für eine Magenverstimmung als ein Hostel, in dem sich fünfundzwanzig Menschen zwei Toiletten teilen.

Tatjana sieht mich mitleidig an. »Eier?«
Ich nicke dankbar und sie schlägt mir ein Rührei in die Pfanne.
Nach dem Frühstück beschließe ich, Maja in der Stadt zu treffen. Vielleicht kann sie mir beim Fahrkartenkauf helfen. Insgeheim hoffe ich, dass ihre Agentur die Buchung übernimmt. Das würde mir die vielen Stunden allein in einer Warteschlange ersparen. Und so schleiche ich mich in den Schlafsaal, um meine Tasche zu holen. Stephanie schläft.

Es ist ein heller, warmer Tag. Im spärlichen Schatten des klapprigen Haltestellenhäuschens drängen sich die Leute. Der Bus lässt auf sich warten. Kein Schild, kein Fahrplan verkündet, welche Linie hier verkehrt, wie oft oder wohin. Dafür zeigen großformatige Plakate, wie Karaghandy in fünfunddreißig Jahren aussehen soll. Schon bei unserer Ankunft im Rohbau waren mir die Bilder aufgefallen. Jetzt kann ich sie näher betrachten. Parkanlagen sind da zu sehen, Springbrunnen, gläserne Paläste, die mich an Astana erinnern. Präsident Nasarbajew will die Wirtschaft vorantreiben – mit einem Programm, das »Kasachstan 2050« heißt. Sein Land soll einmal zu den dreißig führenden Wirtschaftsnationen gehören. Eine Vielzahl von Maßnahmen ist geplant, darunter sogar die Abschaffung der kyrillischen Schrift und eine Umstellung auf das lateinische Alphabet. Ich denke an die Aufbruchstimmung, die uns schon bei unserer Ankunft aufgefallen war. Man konnte sie fast mit Händen greifen. Vielleicht war es gar nicht schlecht, noch ein bisschen länger in Karaghandy zu bleiben.

»Hey, ist Maja gar nicht da?« Verlegen stehe ich in der Tür des Reisebüros. Im Gang finden noch immer Bauarbeiten statt, alles ist mit Plastikfolie verhängt. Der ohrenbetäubende Lärm eines Presslufthammers lässt die Wände erzittern.

»Die hat Mittagspause!« Dascha, die uns bereits die Tour in die Steppe organisiert hatte, taucht hinter ihrem Computer hervor und lächelt. »Kann ich dir weiterhelfen?«

Ich schildere mein Anliegen. »Kann ich hier auch Fahrkarten kaufen?«

»Klar! Setz dich. Nach Türkistan wollt ihr? Das ist aber schwierig, von Karaghandy aus. Der Zug braucht etwa drei Tage, glaube ich. Und teuer ist er auch. Warte mal ...«

Es dauert Stunden. Irgendwann sitzen wir zu viert vor dem Computer: Maja, Dascha, ihre Kollegin Zhanna und ich. Telefongespräche werden geführt, Verbindungen diskutiert, Züge, Busse und Preisklassen verglichen. Dascha prüft sogar Flüge. Doch mit Kasachstans einziger Linie, die nicht auf der Schwarzen Liste steht, kostet die Weiterreise nach Türkistan fast vierhundert Euro. Ich bin ratlos. Was würde ich Stephanie sagen? Entschuldige, aber wir stecken fest? Oder: drei Tage im Zug, ohne Rückzugsmöglichkeit, ohne Dusche bei vierzig Grad?

»Und wenn ihr zuerst nach Taraz fahrt?«, fragt Maja schließlich. »Dann habt ihr einen Zwischenhalt.«

»Ja!«, schaltet sich Dascha ein. »Das wäre doch viel besser!«

»Und auf dem Weg könntet ihr noch einen Stopp in Balchasch einlegen«, ruft Zhanna. »Es ist schön dort am See! Mein Bruder lebt in Balchasch!«

Alle drei strahlen. Ich nicke langsam. Es wäre dieselbe Tour, die wir geplant hatten – allerdings in umgekehrter Reihenfolge. Den Balchaschsee hatten wir ohnehin sehen wollen, als Tagesausflug von Almaty aus. So würden wir an seinem Nordufer halten. Warum eigentlich nicht?

Als ich schließlich das Reisebüro verlasse, halte ich nicht nur Bustickets für den nächsten Abend in der Hand, sondern auch die Reservierung für ein Ferienhäuschen in Balchasch, die Telefonnummer von Zhannas Bruder Alexej, der uns am Busbahnhof in Empfang nehmen wird, die Fahrkarten für die Weiterfahrt nach Taraz, eine Hotelbuchung dort, die Adresse eines weiteren Reisebüros im Süden und eine kasachische SIM-Karte für mein Handy, damit ich immer anrufen kann, falls wir auf Probleme stoßen. Auf

der einen Seite bin ich erleichtert, froh und dankbar für die Hilfsbereitschaft. Stundenlanges Schlangestehen und mühsames
Suchen bleiben uns jetzt erspart, und schneller vorwärts kommen
wir auch. Aber auf der anderen Seite fühle ich mich ein wenig in
eine Pauschaltour verfrachtet. Allzu vorhersehbar erscheinen mir
die nächsten Tage, beinahe, als hätte ich ein Rundum-sorglos-Pa-
ket für Kasachstan-Einsteiger gebucht. Ganz so hatte ich mir das
nicht vorgestellt. Aber vielleicht geht das unbestimmte Sich-trei-
ben-Lassen, das ich am Reisen immer besonders mochte, in Kasachstan einfach nicht? Ziellos stapfe ich durch den Stadtpark, als
könnte es das letzte Mal sein, irgendetwas ziellos zu tun. Bänke
stehen an einem Seeufer aufgereiht, Kioske verkaufen Eis, Karussells und kleine Fahrgeschäfte warten auf Kinder. Irgendwo entdecke ich das Hotel Kosmonaut, in dem traditionell Raumfahrer
nächtigen, wenn sie von ihrem Einsatz auf der ISS zur Erde zurückkehren. Wie es wohl sein mag, wenn in der weiten, einsamen
Steppe plötzlich eine Raumkapsel neben einem zu Boden kracht?

Auf dem Weg zurück ins Hostel kaufe ich Wasser und zwei
Tütensuppen für Stephanie. Hoffentlich geht es ihr bis morgen
besser.

Und dann ist unser letzter Tag in Karaghandy da. Bevor wir am
Abend in den Bus nach Balchasch steigen, fahren wir doch noch
nach Dolinka, dem kleinen Ort vor den Toren der Stadt, in dem
die Lagerverwaltung des KarLag ihren Sitz hatte. Heute birgt das
frühere Verwaltungsgebäude ein Museum, das an die Opfer der
politischen Repression erinnert. Auf drei Stockwerken wird die
Geschichte des Lagers aufgearbeitet, mit unzähligen Infotafeln,
Dokumenten, Fotos und verbliebenen Habseligkeiten der Häftlinge.

Wir sind die einzigen Besucher. Scheu kaufen wir Eintrittskarten. Eine Dame im adretten Kostüm ist ganz wild darauf, uns eine
Führung zu geben.

Dass das KarLag rund um Karaghandy zu den größten Zwangs-
arbeiterkolonien unter Stalin zählte, hatte ich zwar gelesen. Alex-
ander Solschenizyn erwähnt es in seinem Buch »Der Archipel Gu-
lag«. Der Schriftsteller war selbst in einem Teilbereich inhaftiert
gewesen. Doch wie unvorstellbar die Ausmaße wirklich waren,
wird mir jetzt erst bewusst. Auf Schaubildern ist zu sehen, dass das
Konzentrationslager etwa die Fläche der ehemaligen DDR um-
fasste. Wie viele Menschen hier zwischen 1930 und 1960 gefangen
gehalten, gefoltert oder sogar ermordet wurden, ist unklar. Man
schätzt, bis zu einer Million.

Stumm arbeiten wir uns von Raum zu Raum. Es ist unmöglich, alles zu lesen, alles zu begreifen. Ich bleibe an einzelnen
Fotografien, oft nur an einem einzelnen Gesicht, hängen. Wie
dem von A. V. Lanina, einer Reproduktionsbiologin. Inhaftiert,
weil sie zur Intelligenzija zählte und um ihre wissenschaftliche
Arbeit zu kontrollieren. In Gefangenschaft züchtete sie eine
Kuh, die vierzig Liter Milch am Tag gab. Eine Medaille erhielt
die Forscherin vom Sowjetregime dafür, nur frei kam sie nicht.
Oder denen von M. Tsitelov und L. Palmen. Weil sie fähige In-
genieure waren, wurde ihnen eine Hafterleichterung zuteil: Sie
durften im Lager ein Paar bleiben. Zwei traurige Augenpaare
sehen mich an.

Nicht nur Wissenschaftler waren im KarLag inhaftiert. Als
Feinde des Kommunismus galten auch Künstler, Autoren, Dichter, Sänger, Balletttänzerinnen. Kinder wurden hier geboren, ein-
tausendachtundvierzig allein zwischen 1940 und 1941. Im Alter
von drei Jahren trennte man sie von ihren Müttern. Die Tage waren lang, fünfzehn Stunden Zwangsarbeit normal, Hunger und
Krankheiten an der Tagesordnung. In der Hoffnung auf baldige
Freilassung bissen die Häftlinge die Zähne zusammen. Manchen
wurde ein Datum mitgeteilt, doch wenn der Tag da war, wurden
sie erschossen. Ich denke an das Massengrab in Spassk, an dem wir
auf unserem Weg in die Steppe gehalten hatten.

Um den bedrückenden und eintönigen Lageralltag zu bewältigen, entwickelten viele Zwangsarbeiter erstaunliche Strategien.
Was ihnen an Gebrauchsgegenständen fehlte, bastelten sie selbst.
Es gab Theateraufführungen und Liederabende, Konzerte und religiöse Feiern, oft im Verborgenen. Mir ist unbegreiflich, woher
sie die Kraft dafür nahmen.

Ebenso erstaunlich: Viele Gefangene lebten gar nicht in den
Lagern, sondern irgendwo in der Steppe, ohne Zaun, ohne Mauern. Sie hätten einfach gehen können, durften aber nicht. Denn
per Gesetzesbeschluss mussten sie an dem Ort bleiben, der ihnen
zugewiesen worden war. Weil sie nichts besaßen außer den Kleidern an ihrem Leib, gruben sie sich in Erdhöhlen. Viele erfroren in
den harten Wintern. Und ohne die Hilfe der Nomaden, die selbst
kaum eigenen Besitz hatten, wären noch weit mehr Menschen
umgekommen.

Fast vier Stunden bleiben wir. Als Letztes ist der Keller dran:
Hier lagen die Folterzellen. Die Wände sind fast zwei Meter dick,
damit die Schreie nicht nach außen dringen konnten. Obwohl es
ein heißer Tag ist, herrscht eisige Kälte. An der Wand prangt ein
Poster: »Stalin kümmert sich um jeden von uns.«

Es ist später Nachmittag, als wir zurück ins Sonnenlicht tau-
meln. Schützend halte ich meine Hand über die Augen und suche
nach einer Bank. Kurz sitzen. Durchatmen.

Ich glaube nicht, dass man das Grauen in seiner Gesamtheit
überhaupt erfassen kann. Die Vorstellung, dass es Karaghandy, diese frische, junge, aufblühende Stadt, ohne dieses Lager nie gegeben
hätte, will mir nicht in den Kopf. Auf merkwürdige Weise und seltsam sicher gelingt den Menschen hier ein Balanceakt: die Erinnerung lebendig zu halten, gleichzeitig aber nach vorn zu blicken.

Gerade wollen wir uns auf den Rückweg machen, da fällt ein
Schatten auf uns. Ich blicke auf. Vor uns entfaltet sich ein türkis-
farbener Vorhang. Erst bei genauerem Hinsehen erkenne ich darin ein Kleid, das über ausladende Brüste flattert, darüber ein dick

geschminktes Gesicht, in dem türkisfarbene Augenlider klimpern, schließlich gekrönt von mächtig toupiertem blondem Haar.

»Hallo-hallo, guten Tag, Sie haben gerade das Museum besucht?«, flötet die Dame uns an.

»Ähm, ja, wieso?«

»Ich bin vom deutschen Regionalfernsehen in Karaghandy und möchte ein Interview mit Ihnen machen! Wir drehen einen Film über das Museum!«

Stephanie winkt sofort ab. »Auf keinen Fall. Ich will nicht ins Fernsehen.«

»Ach, nun kommen Sie schon, nur zwei, drei Sätze für die Kamera! Darf ich erfahren, woher Sie sind?«

»Aus Deutschland«, antworte ich.

»Aus Deutschland!«, echot sie, und ein seliges Lächeln breitet sich über ihre runden Wangen aus. »Gregorij, komm mal rüber! Das sind echte Deutsche!«

Und der Kameramann eilt herbei, in seinem Gesicht ein Ausdruck, als hätte er den Hauptgewinn bei einer Tombola gezogen.

»Also, eigentlich wollten wir gerade ...«, beginne ich, fieberhaft nach einer Fluchtmöglichkeit suchend.

Doch keine Chance. Die Reporterin in Türkis übergießt uns mit einem begeisterten Wortschwall, während Gehilfe Gregorij fleißig nickt. Ein wenig erinnert sie mich an die Spinne Thekla aus der Serie »Biene Maja«. Einmal in ihr Fadennetz gelangt, gibt es kein Entrinnen.

»... und deshalb wäre es wirklich wundervoll, wenn Sie mitmachen würden, eine Minute reicht schon. Sie sagen einfach, warum Sie hierhergekommen sind und wie Sie das Museum empfunden haben, das ist schon alles. Sie werden sehen, es geht ganz schnell! Wissen Sie, wir haben hier so selten echte Deutsche, Sie wissen schon, Gäste aus Deutschland!«

Verzweifelt blicke ich Stephanie an. Sie schüttelt nur den Kopf. »Ich bin raus.«

»Aber Sie!« Thekla vollführt eine Handbewegung, die wohl ausdrücken soll, dass ich gut aussehe. »Sie könnten das doch ganz großartig machen! Jetzt kommen Sie einfach mal mit, ich zeige Ihnen, wie ich mir das vorgestellt habe.«

Ich gebe mich geschlagen. Thekla fächelt sich Luft zu, hyperventilierend vor Glück. Auf der Museumstoilette streiche ich mir notdürftig das verschwitzte Haar aus dem Gesicht. Dann postiert mich die Reporterin in der Eingangshalle und ich rattere die von ihr vorformulierten Sätze herunter. Auf Deutsch. Im Hintergrund strahlt die Empfangsdame in ihrem Kostüm.

Noch am Abend, als wir Karaghandy Lebewohl sagen und unser Gepäck in den Überlandbus nach Balchasch verfrachten, erschöpft genug, um die fünf Stunden Fahrzeit durchzuschlafen, kichert Stephanie in sich hinein. »Echte Deutsche!«

Insgeheim mache ich drei Kreuze, dass wohl niemand, der uns kennt, diese Ausstrahlung zu Gesicht bekommen wird.

Balchasch

Stephanie **D**as Licht schwindet, bis das Grüngelb der Steppe sich nicht mehr vom dunkler werdenden Blau des Himmels unterscheiden lässt. Die Grenze zwischen Himmel und Erde löst sich auf. Am Horizont blinken bald die Neonlichter von Balchasch. In einem breiten Streifen ziehen sie sich entlang des Sees, der im Dunkeln liegt. Es fühlt sich an, als kämen wir in eine Stadt am Meer. Sogar in der Luft, die durch eine Luke im Dach hereinweht, liegt das Versprechen von Sonne und Strand. Die Statue einer startenden MIG markiert die Stadtgrenze, direkt dahinter steht ein blinkender Bogen, darauf in großen Lettern der Name der Stadt: »Балқаш«

Am Busbahnhof lassen wir uns auf eine Bank fallen und warten auf Alexej. Obwohl es auf Mitternacht zugeht, sind es immer noch über dreißig Grad. Um uns herum wogt das gewohnte

Durcheinander aus Reisenden, Empfangs- und Abschiedskomitees, Taxichauffeuren auf der Suche nach Fahrgästen und Busfahrern, die laut ihre Ziele ausrufen. Aber weniger hektisch als tagsüber, wie ein Film, der etwas langsamer abgespielt wird. Gepäckstücke verschwinden in Bussen und Autos, Freunde umarmen sich ein letztes Mal, dann geht es los. Nach Hause, in die Ferne oder zur nächsten Ferienanlage.

Ein silberfarbener SUV rauscht durch die Einfahrt des Busbahnhofs und bremst neben uns. Alexej hüpft aus dem Auto, ein koreanischstämmiger Kasachstaner, etwas jünger als Chris. Sein Gesicht ist fast perfekt kreisförmig, unter seinem T-Shirt versteckt sich der Ansatz eines Bäuchleins.

»Setzt euch!«, kommandiert er, verstaut unsere Rucksäcke im Kofferraum und rast mit uns durch das nächtliche Balchasch. Eine Hand am Lenkrad, eine am Handy, vorbei an breiten, baumgesäumten Straßen, verfallender Sowjetherrlichkeit und dem unvermeidlichen Reiterstandbild.

Auf der Schwelle zur Alexejs Wohnung empfängt uns ein Dobermann, die Zähne gefletscht, die Ohren angelegt, aus seiner Kehle dringt ein tiefes Grollen. Erst als Alexej ihn am Halsband zurückzieht, können wir unsere Schuhe ausziehen und uns an beiden vorbei in den Flur drücken. Der Hund hört auf zu knurren, beschnuppert uns ausgiebig und lässt sich schließlich sogar streicheln. Wir sind keine Fremden mehr.

Einen Moment lang stehen wir im Flur herum, wissen nicht, wohin. Die Wohnung ist klein, zwei Zimmer, Altbau. Aus der Küche klingt immer wieder das Klappern von Topfdeckeln. Alexej schiebt uns ins Wohnzimmer. Die Einrichtung sieht aus, als wäre sie aus Leihgaben der Eltern und Selbstgekauftem zusammengewürfelt. Gelsenkirchener Barock trifft Ikea, goldene Ranken kriechen über die Tapete. Und doch wirkt alles gemütlich. Alexejs Frau Irina hat uns auf den Sofas Betten hergerichtet, die Fenster sind weit geöffnet, ein warmer Wind weht durch Spitzenvorhänge.

»Kommt!«, ruft Irina aus der Küche. In einem ärmellosen, bunten Hauskleid steht sie vor dem Herd, die blonden Haare zu einem Zopf geflochten, und hantiert mit Töpfen und Pfannen. Auf dem Tisch steht schon mehr, als wir jemals essen können: Fisch, *akroschka* – eine kalte Sommersuppe –, Wurst, Käse, Eintopf, *pelmeni* – kleine Teigtaschen mit Fleischfüllung – und Brot. Mein Magen hat sich noch nicht ganz von vorletzter Nacht erholt, Chris sieht auch nicht besonders hungrig aus. Trotzdem bedienen wir uns, um nicht unhöflich zu sein. Erst sitzen wir etwas befangen am Tisch, finden keine gemeinsame Sprache. Aber auch hier hilft unsere karaghandinische Mischung aus Google Translate, Englisch, Kroatisch, Deutsch, fünf Brocken Russisch und wildem Gestikulieren.

»Hast du die gefangen?«, frage ich und zeige in Richtung Fensterbrett. In einer gitterartigen Konstruktion hängen kleine Fische aufgereiht zum Trocknen.

»Na klar!« Alexej zieht sein Telefon aus der Tasche und tippt wild drauf herum. »Hier, das bin ich mit meinen Kumpeln beim Eisangeln. Im Sommer fahren wir an den Wochenenden auch oft zusammen los.«

Begeistert wischt Alexej durch Bilder von dick eingemummten Kerlen neben Eislöchern, einem Konvoi aus Geländewagen auf dem zugefrorenen See und Fischerhüttchen auf dem Eis. Irgendwann können weder Chris noch ich unsere Augen länger aufhalten. Irina ist schon vor Ewigkeiten schlafen gegangen. Sie arbeitet als Friseurin und muss früh raus. Außerdem haben sie und Alexej eine zweijährige Tochter, Darja, ab sechs Uhr will sie beschäftigt werden. Die Angelgeschichten kennt Irina vermutlich sowieso in- und auswendig.

Es quakt und trötet auf dem Flur. Chris blinzelt verwirrt unter ihrer Bettdecke hervor. Noch nicht ganz wach, schaue ich aus der Wohnzimmertür. Darja fährt auf einem blinkenden Spielzeugau-

to hin und her. Wenn ihr der Hund im Weg ist, drückt sie auf die
Hupe. Irina kommt in einem bunten Sommerkleid aus dem Schlafzimmer, schnappt sich Kind und Tasche.

»Guten Morgen!«, ruft sie. »In der Küche steht was zu essen.
Ich muss mich beeilen. Wir sehen uns heute Abend.« Die Wohnungstür fällt hinter ihr ins Schloss. Nach dem Frühstück, mindestens genauso üppig wie das Essen gestern Nacht, verkündet Alexej: »Jetzt machen wir Sightseeing. Danach gehen wir einkaufen
und ich fahre euch zum See.«

Eine Viertelstunde später stehen wir auf einer Klippe, neben
uns lodert eine verblichene stilisierte Flamme auf einer blauen
Steinfackel: eine Art Grabstein für das Skelett der ersten Kupferhütte von Balchasch hinter uns. Nur ihretwegen gibt es hier überhaupt eine Stadt. Die Arbeiter, die ab 1937 im neu errichteten
Zentrum für Metallurgie arbeiteten, brauchten Wohnungen und
Geschäfte. Bis nach dem Zweiten Weltkrieg lief die Produktion in
der alten Kupferhütte auf Hochtouren. Dann wurde alles auf die
andere Seite der halbmondförmigen Bucht umgesiedelt. Drüben,
in Sichtweite des Stadtstrands, bläst die neue Hütte Abgaswolken
in den blauen Himmel. Alexej arbeitet dort, im Einkauf.

Am Ende der Bucht verschwindet das Seeufer hinter dem Horizont. Übrig bleibt eine türkisblaue Wasserfläche, soweit das
Auge reicht. Wieder überkommt mich das trügerische Gefühl, am
Meer zu sein – obwohl wir uns inmitten einer riesigen Landmasse
befinden und das nächste richtige Meer über zweitausendfünfhundert Kilometer entfernt ist.

»Das Wasser da drüben ist Salzwasser.« Alexej zeigt in Richtung Osten. »Hier ist es Süßwasser. Keiner weiß genau, warum es
sich nicht vermischt.«

Doch es gibt eine Legende, die alles erklärt: Ile, die Tochter des
Zauberers Balchasch, war das schönste Mädchen weit und breit.
Sie hätte jeden Mann haben können und verliebte sich ausge-

rechnet in den armen Schlucker Karatal. Der Zauberer war erbost über diese nicht standesgemäße Verbindung. Also stellte er dem Jungen schwierige Aufgaben, mit dem Versprechen, dass Ile seine Frau würde, sobald er alle gelöst habe. Karatal bestand jede einzelne, der Hochzeit schien nichts mehr im Weg zu stehen. Doch Balchasch brach sein Wort. Im Schutz der Nacht flohen Ile und Karatal, um weit weg ein gemeinsames Leben zu beginnen. Als Balchasch davon erfuhr, schwang er sich wütend auf sein Pferd und nahm die Verfolgung auf. Als er die beiden endlich einholte, warf er sich vor ihnen auf den Steppenboden und wurde zu einem großen See. Gleichzeitig verwandelte er Ile und Karatal in zwei Flüsse, die in den westlichen und in den östlichen Teil des Sees fließen, aber nie zusammenkommen können. Der Salzgehalt im Osten soll von den Tränen des unglücklichen Paares stammen. Geschichten über tragische Liebe, scheint mir, gibt es in Kasachstan zuhauf.

Jurten vor Plattenbauten: Kontraste in Balchasch

In Alexejs Geländewagen holpern wir am Strand entlang. Als ein paar Kühe im Weg stehen, nimmt er den Fuß nicht vom Gaspedal. Stattdessen hupt er laut. Die Kühe fressen weiter, ohne sich nur einen Millimeter zur Seite zu bewegen. Fluchend zieht Alexej in letzter Sekunde das Steuer herum und weicht aus. Damit ist geklärt, wer hier das Sagen hat.

Flankiert von zwei Haubitzen, grün mit rotem Stern und dem Schriftzug »1941–1945«, thront ein Panzer auf der Strandpromenade. Die Bronzeplakette im Steinsockel erklärt, dass während des Krieges sechzig von hundert Tonnen Molybdän für den Panzerbau in Balchasch produziert wurden und die Stadt so einen unschätzbaren Beitrag zur Verteidigung der Sowjetunion geleistet habe.

Hinter dem Ensemble liegt der Stadtstrand. Und das Mahnmal für den Großen Vaterländischen Krieg, der bei uns Deutsch-Sowjetischer Krieg heißt und den Russlandfeldzug der deutschen Wehrmacht im Zweiten Weltkrieg bezeichnet. Überall, wo wir waren, gibt es eins, sogar mitten in der Steppe. In Balchasch steht das bislang größte. Eine Freitreppe führt auf eine quadratische Plattform. Kantige Soldatengesichter starren aus Bronzereliefs zu uns herunter. Auf dem Boden liegt ein roter Metallstern mit einem Loch.

»Was ist das?« Chris sieht Alexej fragend an.

»Das ist die ewige Flamme.«

»Aber die brennt nicht.«

»Nein, die wird nur am 9. Mai, zum Tag des Sieges, angezündet.«

Am frühen Nachmittag sind wir endlich am Strand. Türkisblau und milchig geht das Wasser in einen wolkenlosen Himmel über. Eine Illusion von Unendlichkeit in Grün- und Blautönen. Vier Damen mittleren Alters amüsieren sich kichernd auf einem riesigen grünen Schwimmring. Wie eine Gruppe Teenies stoßen sie sich gegenseitig hinunter und bespritzen einander mit Wasser. Kinder planschen am seichten Ufer. Ab und zu fährt ein Motorboot vorbei, eine Gummibanane mit kreischenden Urlaubern hinter sich herziehend.

Ein Strandtag am Balchaschsee fühlt sich an wie ein Tag am Meer,
nur die Wellen fehlen

Hier scheint man nur in Gruppen an den Strand zu gehen,
Mindestgröße drei Personen. Amüsiert beobachte ich eine neue
Karawane. Alle sind bis oben hin bepackt, mit aufblasbaren Gummitieren, Tüten und Taschen mit Verpflegung, Strandtüchern und
einem Sonnenschutz. Als sie sich auf einen passenden Platz geei-
nigt haben, wird alles auf einen Haufen in den heißen, grobkör-
nigen Sand geworfen und strategisch aufgebaut. Handtücher in
die Mitte, daneben das Essen, den Sonnenschutz drumherum, fertig! Wir hätten uns ein Beispiel an ihnen nehmen sollen. Es gibt
kaum Schatten, mir brennt die Sonne auf den Kopf, und irgendwann kühlt mich auch das Wasser nicht mehr ab. Ich gehe zurück
zu unserem Ferienhäuschen, in den Schatten. Chris bleibt noch,
sie ist sonnenfester als ich.

Das Feriendorf Torangalik hat etwas von Urlaub in Endzeitatmo-
sphäre. Zwischen dem Strand und den Ferienanlagen liegt eine
Schotterfläche, gesäumt von verfallenen Häusern, Metallschrott

ragt aus dem Boden. Böge plötzlich Mad Max mit seinem Kampf-
gefährt um die Ecke, würde ich mich nicht wundern. Schon auf
dem Weg hierher waren mir unzählige Ruinen aufgefallen: verlassene Wohnhäuser, Kolchosen und Industrieanlagen. Es gibt viel
Leerstand in und um Balchasch. Nur die Bungalowanlagen entlang
der Hauptstraße sind relativ neu, wie Perlen auf einer Schnur reihen sie sich aneinander. Jede ein wenig anders: mit Tipis, im Stil
von US-Motels aus den Fünfzigerjahren oder mit schmucklosen
kleinen Hütten aus Blech. Meist befindet sich neben dem Eingang
ein kleiner Tante-Emma-Laden, der gleichzeitig die Rezeption ist.

Unsere Anlage ist unspektakulär, aber sauber. Weiß gestriche-
ne, kastenförmige Bungalows gruppieren sich um einen über-
dachten Platz, Gartenmöbel aus Plastik stehen herum. An Wä-
scheleinen baumeln Handtücher und bunte Badeklamotten. Im
Halbdunkel unseres Ferienhäuschens lasse ich mich aufs Bett fallen. Endlich keine Sonne mehr! Endlich einen Moment alleine! Ich
merke, dass ich, seit wir unterwegs sind, kaum Zeit hatte, mal
durchzuatmen. Immer musste etwas erledigt werden, trafen wir
jemanden, fuhren irgendwo hin. Seit wir in Karaghandy aufgebrochen sind, fühle ich mich wie ferngesteuert. Bis Taraz ist alles
vorgeplant. Und so nett Alexej auch ist, würde ich Balchasch gerne auf eigene Faust entdecken. Auch wenn wir dann manche
Orte nicht gesehen hätten.

Auf dem Weg nach Torangalik hatte Alexej einen Zwischen-
stopp am Hafen eingelegt. Ein rostiges Tor, von dem die Farbe ab-
blätterte, versperrte den Zugang. Aber wir zwängten uns durch
einen Spalt zwischen beiden Flügeln. So wie der Mann mit Angel
vor uns und die Jugendlichen nach uns. Zwischen leeren Lager-
häusern stand ein hoher Turm aus rostigen Eisenträgern. Früher
hatten hier Fallschirmspringer der Roten Armee ihre Übungs-
sprünge absolviert. Ein großes Loch klaffte neben dem Zugang,
der mit einem Vorhängeschloss gesichert war. Der offizielle Weg
und der Weg, auf dem man hinkommt, wo man hinwill. Stufe um

Stufe kletterten wir die Treppe hinauf. Durch die Gitter konnten wir den Boden sehen. Alexej kämpfte, er hat Höhenangst. Immer wieder blieb er stehen, schnaufte durch und rieb sich die Augen. Ich sagte ihm, dass er nicht mit uns kommen müsse. Aber er schien der Ansicht zu sein, uns nicht alleine lassen zu können. Also kletterte er weiter. Von oben bot sich uns ein atemberaubender Blick auf den See, die Strandpromenade und das Hafenbecken direkt vor uns. Kleine Boote lagen dort vor Anker. Wie Ameisen wuselten die Menschen am Boden umher und Angler säumten die Kais. Ich war mir aber nicht sicher, ob ich hier mit einem Fallschirm runterspringen würde.

Die kurze Zeit alleine hat Wunder gewirkt, am frühen Abend freue ich mich schon wieder auf Gesellschaft. Alexej und Irina haben sich für einen Grillabend angekündigt. Mit Kindern und Freunden. Chris und ich schnippeln Tomaten und Gurken, zumindest einen Salat wollen wir zum Essen beisteuern. Den Rest bringen die anderen mit. Keine Diskussion!

Alexejs Geländewagen rollt in den Hof, hält vor unserem Bungalow an und eine kleine Armee steigt aus: Alexej, Irina und Darja, Roman, Anna und ihr Sohn Danil, der in Darjas Alter ist. Die Kinder rennen auf dem Platz herum. Die anderen Rollen sind schnell verteilt. Irina und Anna übernehmen das Kommando. Sie laden bergeweise Essen auf den Plastiktisch. Tomaten, Gemüse, Brot und vor allem Fisch: getrocknet, am Stück und in kleinen Filets. Unsere Versuche zu helfen wehren sie resolut ab.

»Nee, nee, nee, setzt euch. Ihr seid die Gäste! Esst Fisch. *Riba! Pivo!*« Anna drückt jeder von uns ein Bier in die Hand. Widerstand ist zwecklos. Alexej hat irgendwo einen Grill organisiert. Roman legt lange Fleischspieße über die Glut. Mit einem Bier in der Hand postieren sich beide davor, fachsimpeln, besprühen das Grillgut mit Wasser und wenden es von Zeit zu Zeit. Der Geruch nach gebratenem Fleisch weht zu uns herüber. Mindestens zwanzig weitere Schaschliks liegen noch in der Kühltruhe. Ich frage mich wieder einmal, wer das alles essen soll. Oder ist es das gleiche Prinzip wie in China? Massen von Gerichten werden aufgetischt, damit später keiner sagen kann, er wäre nicht satt geworden oder der Gastgeber wäre knauserig gewesen?

»Hier, probiert das mal.« Irina nimmt eine Plastikflasche und schüttet eine dunkelbraune Flüssigkeit in zwei Plastikbecher. Sofort bildet sich eine beige Schaumkrone.

»Ist das Bier?«, frage ich. Es schmeckt erfrischend, ein wenig wie Malzbier.

»Nein«, strahlt sie. »*Kwas.* Das trinken wir hier im Sommer. Es wird aus vergorenem Brot hergestellt.«

Danil rennt auf seinen Vater zu, zeigt auf dessen Bierflasche und kräht: »*Pivo, pivo!*« Er bekommt einen kleinen Schluck und rennt wieder weg. Mit einem leicht verlegenen Achselzucken sagt Roman: »Er liebt halt Bier.« Anna schießt ihm einen ärgerlichen Seitenblick zu. Fast wie früher bei meinen Großeltern in Bayern. Dort durften meine Schwestern und ich manchmal den Schaum vom Bier löffeln.

Endlich sind die Schaschliks fertig, Alexej legt sie auf einen großen Teller, sofort greifen alle zu.

»Was ist das eigentlich mit den ganzen leer stehenden Häusern hier?«, will Chris wissen, während sie einen Fleischbrocken kleinschneidet.

»Da wohnt keiner mehr. Früher haben hier viele Deutsche gelebt. Seit sie das Land verlassen haben, kümmert sich niemand mehr drum«, antwortet Irina. Roman nickt.

»Einer der Familien gehörte eine große Hühnerfarm. Sogar die Hühner haben sie mitgenommen.« Dann erzählt er noch, dass auch seine Oma Ilse Deutsche gewesen sei. Er jedoch spreche die Sprache nicht mehr.

Mit jeder der Leerstellen, entstanden durch die Auswanderung und seitdem nur notdürftig gefüllt, wird es für mich greifbarer, wie viel Kasachstan nach dem Zusammenbruch der Sowjet-union verloren hat. Und wie schwer es bis heute ist, das wieder aufzuholen. Vielleicht kann der Tourismus, der sich in Torangalik entwickelt, ein erster Schritt sein.

In der Ferienanlage nebenan geht das Nachtprogramm los, ein Soundtrack aus Kazakh-Pop, Russen-Techno und Modern Tal-king. Die Gerichte auf dem Tisch werden nicht weniger, auch wenn jeder isst, als gäbe es kein Morgen. Dann steht Alexej auf.

»So, jetzt habe ich noch was ganz Besonderes!«, ruft er, als er eine große Metallkiste aus dem Kofferraum wuchtet. »*Riba*!« Frisch geräucherte Forellen, noch warm. Mein Lieblingsfisch! Nach ein paar Anstandshappen muss ich passen, es geht einfach nichts mehr rein.

Aus der Dunkelheit steuert ein Mann auf unseren Tisch zu. Richtig gerade kann er nicht mehr laufen. Alexej steht auf, klopft ihm auf den Rücken und drückt ihm ein Bier in die Hand.

»Hey, das ist Sergej, ein Kumpel. Er feiert drüben mit Freun-den.«

Sergej gefällt sich in der Rolle des Rüpels. Er lässt nichts aus, um ihr gerecht zu werden.

»Wer issn das?«, fragt er Alexej und deutet auf Chris und mich.

»Gäste aus Deutschland.«

»Ach, na dann.« Er schüttelt uns die Hand und wechselt vom Russischen ins Englische. »Deutsche gehen schon. Aber es gibt zwei Sachen, die ich abgrundtief hasse.«

Er macht eine kleine Kunstpause, als habe er den Spruch schon mehr als einmal zum Besten gegeben.

»Amis und Borschtsch! Ja! Genau das: Amis und Borschtsch!!!«

»Na, da haben wir ja noch Mal Glück gehabt«, entfährt es mir. In manchen Situationen entwickele ich einen unangebrachten Hang zum Sarkasmus – der völlig an Sergej vorbeirauscht.

»Was soll ich sagen, ich bin halt ein russischer Bad Boy. Das habe ich auch meinen Eltern gesagt.« Er nimmt einen Schluck aus seiner

Bierflasche. »Kasachstaner, da scheiße ich doch drauf. Ich bin Russe!
Und Putin ist mein Vater, meine Familie! Putin ist mein Gott!«

Den anderen scheinen seine Tiraden etwas peinlich zu sein.
Irina verdreht genervt die Augen. Aber nachdem das alles klargestellt ist, wird er ruhiger. Er fragt, was wir in Kasachstan machten.
Urlaub? Da müssten wir unbedingt in den Scharyn-Canyon.

»Als ich den das erste Mal gesehen habe, hätte ich fast geweint,
so schön war das. Хуй!«, schließt er mit einem kräftigen Fluch ab.

»Sergej, halt den Mund!«, herrscht ihn Irina an. »Die Kinder hören dich, ich will nicht, dass sie solche Wörter lernen.« Auch Anna
schimpft vor sich hin. Und gegen zwei wütende Frauen kommt
selbst ein Bad Boy nicht an. Sergej trinkt sein Bier aus, ruft noch
einmal: »Lang lebe Putin!«, und macht sich auf in die Dunkelheit.
Zurück zu seinen Kumpeln, mit denen man besser feiern kann.

Unsere Gastgeber packen kurze Zeit später auch zusammen,
die Kinder müssen ins Bett. Diesmal dürfen wir helfen. Als alles im
Auto verstaut ist und wir uns tausend Mal bedankt und verabschiedet haben, fährt Alexej mit einem Hupen raus auf die Straße. Wir winken, bis sie um die Kurve verschwunden sind. Es war
ein super Abend. In der Nacht träume ich von der heiligen Dreieinigkeit des Balchaschsees: *riba*, *pivo* und *kwas*.

Chris

»Bereit?«

In seinen Badelatschen steht Alexej in der Tür, um uns zurück
zum Busbahnhof zu bringen. Um zwölf hatte er uns abholen wollen, doch er ist mindestens eine halbe Stunde zu früh.

»Ähm, ja ... Nur einen Moment!«

Hektisch sammeln wir unsere Sachen zusammen. Das Ladekabel aus der Steckdose, im Bad steht noch ein Shampoo, meinen Bikini reiße ich von der Leine und stopfe ihn in meine Umhängetasche. Alexej hat die Rucksäcke bereits auf seinen Geländewagen
geladen und schaut ungeduldig auf die Uhr.

»Dann los!« Er lässt den Motor an. Stephanie wirft noch einen letzten Blick unter das Bett, dann springen wir auf die Sitze.

Heute wollen wir nach Taraz weiterreisen, früher Zhambyl genannt. Die Stadt liegt ganz im Süden des Landes, kurz vor der Grenze zu Kirgisistan, und ist schon Teil der alten Seidenstraße. Ich sehne mich nach einem Kaffee. In der kleinen Küche auf dem Gelände hatte es zwar einen Herd, aber keine Töpfe gegeben, von Tassen ganz zu schweigen. Und die Nacht war ungemütlich. Noch bis in die frühen Morgenstunden drangen Hits von Modern Talking durch die Ritzen unseres Bungalows, und bei jedem Schritt und jedem Schatten vor dem Fenster fürchtete ich, der betrunkene Sergej und seine Kumpel wären zurückgekehrt. Aber vielleicht würde am Busbahnhof noch Zeit sein. In weiser Voraussicht hatten wir wieder drei Stunden für den Fahrkartenkauf eingeplant.

»Also«, sagt Alexej unvermittelt, während das Auto über die Schlaglöcher fliegt, »euer Bus heute Nachmittag fährt nicht! Ich bringe euch jetzt erst mal zu mir.«

»Wie, er fährt nicht? Und warum? Woher weißt du das?«

»Ich habe mit dem Busfahrer telefoniert. Er fährt heute Nacht. Kurz vor Mitternacht.«

Stephanie und ich sehen uns an. »Du hast die Nummer vom Busfahrer?«

Alexej zuckt nur die Schultern, als sei das die selbstverständlichste Sache der Welt.

»Mann, dieses System durchschaut doch niemand!«, schimpfe ich, jetzt auf Deutsch. »Es gibt keine Fahrpläne, ständig ändern sich die Zeiten, dann kommt der eine nicht und aus dem anderen werden zwei, von denen der eine aber nur vielleicht fährt, man weiß es nicht – außer man hat die Nummer vom Busfahrer! Wer findet sich denn da zurecht?«

»Na ja, aber so haben wir wenigstens noch einen Tag in Balchasch«, beschwichtigt Stephanie. »Außerdem kommen wir dann morgens in Taraz an und nicht mitten in der Nacht. Das ist doch eigentlich besser.«

Richtig glücklich sieht sie aber auch nicht aus. Ich knurre vor mich hin. Lieber wäre ich weniger abhängig von der Hilfe anderer.

Zurück in Alexejs Wohnung stellt er uns Tee hin, um dann im Nebenzimmer zu verschwinden. Undeutlich hören wir ihn telefonieren. Irina begrüßt uns mit hektischem Lächeln, dann verschwindet sie mit Darja im Bad.

Ich seufze. »Vielleicht könnten wir ja noch mal in die Stadt runterlaufen, zum Fotografieren. Die hatten heute doch bestimmt andere Pläne. Ich habe das Gefühl, wir drängen uns auf.«

»Das wäre cool. Man kann die Gastfreundschaft auch überstrapazieren«, nickt Stephanie. Sie rührt in ihrem Tee herum und ich starre aus dem Fenster. In der Küche plärrt der Fernseher.

»Also!« Alexej ist wieder da. »Wir fahren schwimmen!«

Stephanie und ich sehen uns vorsichtig an. »Wir dachten, wir könnten vielleicht ein bisschen in die Stadt. Zum Fotografieren, weißt du?«

Er blickt uns verwirrt an. »Wieso? Lasst uns doch an den Strand gehen!«

»Aber dann müssen wir in den Badesachen zum Bus«, suche ich nach einer Ausrede.

»Kein Problem!« Alexej winkt ab. »Wir können die Sachen hier noch trocknen, bevor ich euch dorthin bringe.«

»Aber wir würden gern noch ein wenig mehr von der Stadt sehen.«

»Warum? Die Stadt ist doch klein, da gibt's nichts Besonderes.«

»Doch, für uns schon!«, versucht es Stephanie.

»Ich habe jetzt mit Freunden schon ausgemacht, dass wir an den Strand fahren«, antwortet Alexej.

»Dann fahrt ihr doch einfach, und wir treffen uns später!«, schlage ich vor.

»Aber wir wissen doch gar nicht, wann wir zurückkommen.« Alexej wirkt ratlos. »Was macht ihr denn so lange?«

»Wir laufen einfach herum!«, antwortet Stephanie. »Wirklich, das macht gar nichts. Wir laufen gern.«

Alexej blickt uns an, als wären wir von allen guten Geistern verlassen. »Ich habe ein Auto, ich kann euch doch fahren! Ihr findet euch doch gar nicht zurecht.«

»Ehrlich, mach dir keinen Stress, wir finden uns wunderbar zurecht. Ich habe eine Karte in meinem Handy ...«, starte ich einen letzten schwachen Versuch.

Alexej klatscht in die Hände. »Ich hab's. Wir fahren einfach zusammen zum Strand und auf dem Weg halte ich noch kurz an ein paar Sehenswürdigkeiten. Dann könnt ihr fotografieren!«

Stephanie und ich geben auf. »Also gut.«

Ich seufze innerlich. Ein bisschen erinnert mich die kasachische Gastfreundschaft an eine große, sehr schwere Decke. Sie ist ungeheuer warm und gemütlich, darunter fühlt man sich sicher und geborgen wie ein Kind im Arm seiner Mutter. Doch wenn man versucht, sie beiseite zu schlagen und aufzustehen, klappt das nur unter Aufbietung aller Kräfte.

Und so stehen wir eine Stunde später wieder am Ufer des Balchaschsees, mit Roman, Anna und dem kleinen Danil von gestern Abend. Die beiden Männer in ihren fast baugleichen Allradfahrzeugen hatten sich ein Rennen über den Feldweg geliefert, bei dem Kühltruhen und Kinder synchron in die Höhe flogen, wann immer sich ein Schlagloch auftat. Nur den dunklen Wolken entfliehen konnten sie damit nicht. Kaum, dass wir das Ufer erreicht hatten, türmten sie sich gefährlich über uns auf.

Alexej blickt prüfend nach oben. Ein Windstoß fegt eine Staubwolke über den See, und die Zweige der knorrigen Ölweiden am Ufer flattern. »Passt schon!« Er winkt Roman, der in seinem Wagen wartet. Und dann werden einfach die Autos Rückseite an Rückseite geparkt, sodass die offenen Kofferraumtüren ein kleines Dach bilden. Ein Campingtisch, ein paar Klappstühle und Decken, fertig ist die Picknicklaube.

»*Riba*!« Aufmunternd reicht Alexej uns getrockneten Fisch. Dankbar greife ich zu. »Auch selbst gefangen?«, erkundigt sich Stephanie. »Klar!« Noch im Abbeißen halte ich inne, den zahnpastafarbenen See vor Augen. Mittlerweile ist er heller als der Himmel. Unauffällig beäuge ich das Stück in meiner Hand.

Die Stimmung ist gedrückt. Zum Schwimmen ist es zu kalt, immer wieder klatschen vereinzelt Regentropfen auf das Kofferraumdach. Eng kuscheln wir uns mit unseren Decken aneinander. Ich habe das Gefühl, in stummer Übereinkunft Teil einer Familie zu sein, mit allem, was dazugehört. Irina packt eine Tüte *baursaki* auf den Tisch, kleine, himmlisch schmeckende Hefeteigbrötchen, und ich stelle *kurt* aus Shabanbai-Bi dazu. Außer uns ist weit und breit kein Mensch am See. Nur auf einem entfernten Felsen kann ich die Silhouetten zweier Angler erkennen. In unserem Rücken breitet sich ein savannenartiger, rostroter Erdboden aus, überzogen von kniehohem, knorrigem Gebüsch. Bald verfallen wir in Schweigen.

Für einen Moment wünsche ich mir sehr, besser Russisch sprechen zu können. Kleine Dialoge klappen immer, zur Not mithilfe von Handys und Übersetzungsprogrammen. Aber für tiefergehende Gespräche reicht es nicht, wenn niemand Englisch spricht. Ich hätte gern mehr über das Leben in Balchasch erfahren. Die Stadt macht einen netten Eindruck, mit ihrem Mittelmeerflair im Schatten verrußter Industriebauten. Mit der weithin sichtbaren Kupferhütte, die jedes Haus in Balchasch so imposant überragt wie andernorts ein Schloss.

Gleichzeitig ist es ein schönes Gefühl, ohne viele Worte beisammensitzen zu können. Essen zu teilen, auf den See hinauszublicken, einen Sonntag dahinziehen zu lassen. Seltsam, wie schnell das Gefühl entstehen kann, irgendwo zu Hause zu sein. Als bräuchte es nicht mehr als das: ein Bett, sieben Sachen und Menschen, die auch am nächsten Tag noch da sind. Eine Straße, die man ein zweites und drittes Mal geht, ein Schlüssel in der Hosentasche, Handyempfang.

Als der Regen stärker wird, packen wir zusammen. Alexej wirft
den leeren Plastikmüll ins Gebüsch und grinst unbekümmert. Ich
kann es ihm nicht verdenken – angesichts der Schwermetallindus-
trie und des verseuchten Sees. Umweltschutz? Der Gedanke liegt
in Kasachstan noch fern. Im Auto warten wir, bis der Schauer vorübergezogen ist. Dann lässt Alexej den Motor an. Querfeldein
geht es zurück Richtung Stadt. Zwischendurch halten wir immer
wieder, Alexej und Roman prüfen müffelnde Wasserlöcher und
Gewässerarme auf Fischbestand. Die Kinder werfen Steine ins
Wasser, die große Ringe ziehen. Der Himmel bleibt grau. Schließlich erreichen wir eine Tankstelle am Rand von Balchasch. Hier
verabschieden wir uns von Roman und seiner Familie. Die Männer klopfen sich auf die Schulter. Ich friere. Am Straßenrand steht
eine eingezäunte Plastikfigur von Shrek.

Bis wir endlich im Bus nach Taraz sitzen, ist es weit nach Mitternacht. Erschöpft lasse ich mich in die dunkelroten Polster fallen,
die so weich sind, als wollten sie uns verschlucken. Nur schlafen,
schlafen, schlafen, das will ich jetzt. Als die letzten Stadtlichter kleiner werden und nur noch lange Scheinwerferkegel der vorbeifah-
renden Lastwagen die Dunkelheit durchpflügen, ziehe ich die Vorhänge zu. Der Balchaschsee liegt links von uns im Schwarz
verborgen, und rechts beginnt nun die Hungersteppe. Wie ein fah-
rendes Wohnzimmer sieht unser Bus aus, mit seinen gedämpften
warmen Lampen, die Sitze wie ausgeleierte Ohrensessel vom Floh-
markt, im Gleichtakt federnd, wenn die Straße holprig wird. Im
Gepäckfach rollen Wasserflaschen hin und her, stoßen an Plastiktüten mit Proviant. Ich kuschele mich in meinen Schlafsack.
    Den Abend hatten wir damit verbracht, Zeit totzuschlagen.
Alexej war mit dem Hund raus, Irina hatte sich mit Darja zurückgezogen. Während Stephanie E-Mails schrieb, zappte ich lustlos
durch das kasachische Fernsehprogramm, die Füße auf den fertig
gepackten Rucksack gelegt. Es war Zeit, dass es weiterging. Rei-

sen ist immer auch Warten. auf Fahrkarten, auf den nächsten Bus, auf etwas unbestimmtes Kommendes.

Noch wissen wir nicht, wie lange wir in Taraz bleiben werden. Nach den letzten Tagen, die von früh bis spät durchgeplant waren, sehne ich mich nach Unbestimmtheit und Treibenlassen. Die vielen Menschen und ihre Gastfreundschaft waren wunderbar gewesen. Aber jetzt ist es Zeit, wieder auf eigenen Beinen zu stehen, im eigenen Tempo zu gehen. Dort unten im Süden.

Die Morgensonne weckt mich. Ein scharf gezeichnetes Halbrund, das seine roten Strahlen über dem wüstenhaften Land vor dem Fenster auffächert. Das Grasland und die knorrigen Sträucher sind verschwunden, stattdessen breitet sich hellbrauner, staubtrockener Boden vor uns aus. Und dahinter, im Dunst kaum zu erkennen: schneebedeckte Berge, erste Ausläufer des Tian Shan. Die Grenze zu Kirgisistan kann nicht mehr weit sein.

Ich reibe mir den Schlaf aus den Augen. Der Bus steuert auf einen kleinen Parkplatz. Ein schlichtes Restaurant neben einem Wohnhäuschen, mehr gibt es hier nicht. Ich wickele mich aus meinem Sitz und stolpere mit den übrigen Reisenden hinaus in den frühen Tag. Vor der Toilette hat sich bereits eine Schlange gebildet. Zwei kecke Buben strecken ihre Hände aus der Luke eines selbst gebauten Kiosks, achtzig Tenge stecken sie von jedem ein. Stephanie und ich arbeiten uns vor, über den Hof, vorbei an ausrangierten Autoreifen und Schrott, ein schmaler Pfad durch Matschpfützen, daneben abgetretenes Gras. Irgendwo schlägt ein Wachhund an.

Es stinkt fürchterlich nach Ammoniak. Ich halte die Luft an und wickele mein Halstuch über die Nase. Immerhin gibt es halbhohe Wände zwischen den Kabinen und so etwas Ähnliches wie eine Tür. Auf dem Weg nach Balchasch hatten wir an einem Klo gehalten, das nicht mehr war als eine morsche Holzhütte, auf schwankenden Stelzen über einer riesigen Jauchegrube schwebend, darin drei Löcher im Boden. Seitdem empfinde ich jede Toilette als Luxus, die nicht unter mir zusammenbricht, während ich mein Geschäft vor einer interessierten Zuschauerschlange erledige – Gestank hin oder her.

Zukünftigen Kasachstan-Reisenden empfehle ich mein ganz persönliches Bewertungssystem zur Orientierung:

Null Sterne-Toilette: zehn Löcher nebeneinander im Boden
Ein-Stern-Toilette: zehn Löcher, mit hüfthohen Trennwänden und ohne Tür
Zwei-Sterne-Toilette: zehn Löcher, mit hüfthohen gefliesten Trennwänden und ohne Tür
Drei-Sterne-Toilette: zehn Löcher, mit Trennwänden und Türen
Vier-Sterne-Toilette: zehn Löcher, mit Trennwänden, Türen und Klopapier
Fünf-Sterne-Toilette: abschließbare Türen und Klopapier, vielleicht ein Waschbecken

»Die kriegt trotzdem null Sterne!«, hustet Stephanie, als wir wieder draußen stehen. »Diesen Gestank hält doch kein Mensch aus.«

Während der Busfahrer und einige Mitreisende im Restaurant frühstücken, vertreten wir uns die Beine. Kinder in Jogginganzügen kauern sich auf dem Bordstein zusammen.

Obwohl es noch nicht einmal sechs Uhr morgens ist, wärmt uns die Sonne bereits. Ich ziehe meine Kapuzenjacke aus. Ein Mann in Jeansjacke mit der Aufschrift »Rostock« beobachtet mich dabei.

»Komm, lass uns mal hier weggehen«, flüstere ich Stephanie zu. Wir stapfen ein paar Meter weiter, zur anderen Seite des Parkplatzes. Doch wo immer wir hingehen, der Mann in Jeans folgt uns.

»Schaut er schon wieder?« Ich mag mich nicht umdrehen.

»Jetzt nicht«, antwortet Stephanie. »Ach, warte. Doch.«

»Der ist mir unheimlich«, jammere ich.

»Vielleicht will er nur Kontakt«, sagt Stephanie. »Sollen wir zurück in den Bus?«

Bis Taraz lässt uns der Jeanstyp nicht aus den Augen. Doch kaum am Busbahnhof angekommen, ist er verschwunden. Suchend blicke ich mich um, doch von dem Mann fehlt jede Spur. Ich schüttele den Kopf. Als was verbucht man solche Begegnungen? Einen Moment der Gefahr? Einen Flirtversuch? Einbildung? Ich weiß es nie.

Dann denke ich daran, wie höflich und respektvoll die Männer in Kasachstan bislang mit uns umgegangen sind. Obwohl wir als allein reisende Frauen auffallen wie Papageien in einem Krähenschwarm, sind wir nicht ein einziges Mal belästigt worden. Ob im Restaurant, auf der Straße oder unterwegs im Bus, nie ist uns jemand zu nahe gekommen. Wahrscheinlich hat Stephanie recht: Der Jeanstyp wollte uns einfach gern kennenlernen.

Taraz empfängt uns mit Hitze und ohrenbetäubendem Lärm. »Bischkek, Bischkek! Schymkent! Almaty, Almaty!« Während wir unsere Rucksäcke aus dem Bus wuchten, drängen sich Taxi- und *marschrutka*-Fahrer auf dem staubigen Vorplatz. Dazwischen bieten ältere Damen mit Kopftuch Obst, Gemüse, Wasser und Brot feil, es geht zu wie auf einem Basar. Wir sind im Orient angekommen. Staunend sehe ich mich um.

Stephanie strahlt. »Ich mag Taraz!«

Im Gewühl finden auch wir unseren Bus (»Wohin? Nummer 47 ist das!«). Unser Hotel, Maja hatte uns die Adresse gegeben, liegt am anderen Ende der Stadt. Neugierig werden unsere Rucksäcke von den übrigen Fahrgästen bestaunt: mit Kennerblick von Männern, die Hände hilfsbereit ausgestreckt, von Frauen mit mitleidigem Lächeln. Zwei Jugendliche machen unauffällig Fotos von uns.

»*Otkuda vy?* Where are you from?«, traut sich schließlich ein dürrer, blasser, vielleicht achtzehnjähriger Jüngling heran. Und wie immer begeistert die Antwort den ganzen Bus. »Deutschland! Wow! BMW!« Fehlt nur noch, dass applaudiert wird, denke ich. Stephanie und ich sehen uns an, wir wissen, was jetzt folgt, denn es ist die Frage, die uns jeder stellt. Und wir müssen nicht lange warten.

»Aber warum nur kommt ihr nach Kasachstan?«

.

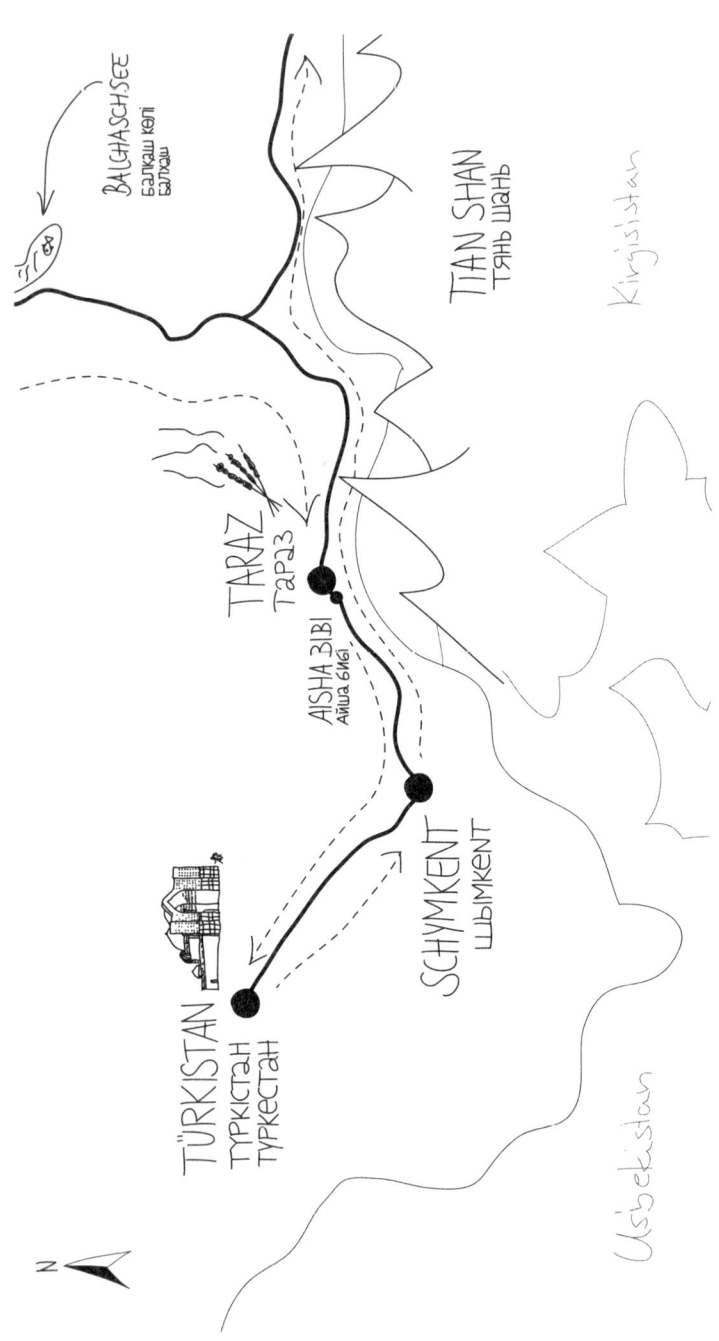

N

BALCHASCH-SEE
Балқаш көлі
балхаш

TIAN SHAN
тянь шань

Kirgisistan

TARAZ
Тараз

AISHA BIBI
Айша биби

SCHYMKENT
шымкент

TÜRKISTAN
түркістан
туркестан

Usbekistan

SÜD-
KASACHSTAN

Taraz

Stephanie Vielleicht ist eine der Antworten auf diese Frage, dass hier Sachen passieren, die ich in einem Film für völlig übertrieben halten würde. Nach dem Einchecken im Hotel sind wir los in Richtung Innenstadt. Chris läuft herum und fotografiert, ich sitze im Schatten eines Reiterstandbilds vor dem *akimat* von Taraz und schaue mich um. Das Gebäude der Stadtverwaltung sieht aus wie eine Sahnetorte: rosafarbener Anstrich, weiße Stuckverzierungen, ein Paradebeispiel für den sowjetischen Zuckerbäckerstil. Direkt vor mir auf dem Platz der Freundschaft halten zwei Polizisten Wache. Eigentlich hängen sie eher neben ihrem alten klapprigen Lada herum wie Jugendliche an einer Dorfbushaltestelle, rauchen und unterhalten sich. An einer roten Ampel wartet ein Hochzeitskonvoi darauf, dass es weitergeht: eine weiße Stretchlimo, dahinter

sechs nagelneue schwarze Jeeps. Bässe wummern. Gelächter
klingt aus den Autos.

Plötzlich rast ein schwarzer Mercedes S-Klasse, heran, Reifen
quietschen, genau vor dem Regierungsgebäude zieht der Fahrer
die Handbremse und legt mit qualmenden Reifen eine Dreihun-
dertsechzig-Grad-Drehung hin. Kaum steht er wieder gerade, fährt
er ohne Eile an den schwarzen Jeeps entlang, bis er das Brautpaar
in dessen Limousine erreicht, kurbelt das Fenster runter und hält
ein kurzes Schwätzchen. Als die Ampel auf Grün springt, rast er davon. Und das alles innerhalb einer Minute. Die Polizisten schauen
ihm amüsiert hinterher – was für ein Teufelskerl! Mit ihrem alten
Lada wäre eine Verfolgungsjagd sowieso sinnlos gewesen.

»Was war denn da los?« Chris hat den Krach gehört und kommt
angerannt.

Ich winke ab. »Das glaubst du eh nicht …«

Taraz – Stadt der denkwürdigen Erlebnisse, Stadt der hundert Namen. Na ja, vielleicht nicht ganz. Aber während der letzten zweitausend Jahre waren es einige: Zuerst Talas, nach dem Fluss, an
dessen Ufer sie gegründet wurde. Dann Taraz, nach dem arabischen Wort für Waage – ein Symbol für die Bedeutung der Stadt
als Handelszentrum im Geflecht der Seidenstraße. Die Mongolen
legten Taraz in Schutt und Asche, bauten es aber später wieder
auf, als Zhany Taraz, Neues Taraz. Dann riss der Niedergang der
Seidenstraße die Stadt mit sich. Sie verfiel, wurde von vorbeiziehenden Armeen geplündert, versank in Bedeutungslosigkeit.
Und stieg doch wieder auf, als Aulie-Ata, Heiliger Vater, benannt
nach Karakhan, einem weisen Herrscher des 11. Jahrhunderts.
Noch heute steht sein Mausoleum in einem kleinen Park nahe
dem Stadtzentrum. Viel half der Namenswechsel jedoch nicht,
denn weniger als zehn Jahre später wurde die Stadt erneut zerstört, diesmal von den Russen. Und wie zuvor die Mongolen bauten auch die Russen sie wieder auf. Neue Herrscher, neue Häuser,

neue Namen: Mirzojan, nach dem damaligen Chef der Kasachischen Kommunistischen Partei. 1939, keine drei Jahre später, war
dieser in Ungnade gefallen, der nächste Name musste her – diesmal aber sicherheitshalber nicht der eines Politikers, sondern der
eines Volkssängers: Zhambyl Zhabajev. Der Name Zhambyl blieb
der Stadt vergleichsweise lange erhalten. Der vorerst letzte Namenswechsel erfolgte erst 1997, als Nursultan Nasarbajew die
Stadt wieder in Taraz umbenannte. Jedes Mal, wenn der Name
der Stadt irgendwo in kyrillischer Schrift auftaucht, Тараз, lese
ich im ersten Moment Tapas und bin kurz verwirrt.

Nach unserer Nachtbusfahrt ist mir, als wäre ich in einem anderen Land aufgewacht. Der russisch-europäische Einfluss, der in
Astana, Karaghandy und sogar Balchasch spürbar war, findet sich
in Taraz nur noch in der Architektur. Sonst ist alles bunter, greller,
lauter, heißer. Auf den Straßen und in den Bussen sehe ich hauptsächlich Menschen mit zentralasiatischen Gesichtszügen. Kasachen, Kirgisen? Usbeken, Tadschiken? Ich weiß es nicht. Aber ich
verstehe, was Tatjana meinte, als sie sagte, hier sei es anders. Zum
ersten Mal, seit wir in Kasachstan sind, habe ich das Gefühl herauszustechen, fremd zu sein. Es wirft mich etwas aus der Bahn, zwei
Wochen nach unserer Ankunft habe ich nicht mehr damit gerechnet. Jeder starrt Chris und mich an, ich entwickle eine kurze Mini-
Paranoia und finde es doch gleichzeitig toll hier, weil das Erbe als
Seidenstraßen-Handelsstadt auch im modernen Taraz noch spürbar ist. Glücklicherweise fange ich mich bald wieder – vielleicht
auch wegen des filmreifen Auftritts des Mercedes-Fahrers.

Oder weil sich in Taraz immer wieder Deutschland ins Bild
schiebt? In den alltäglichsten Situationen taucht es plötzlich auf,
als wollte es sagen: »Du dachtest wohl, du bist weit weg von daheim. Aber ich bin schon da!« In dieser Häufung habe ich es bis
jetzt noch auf keiner Reise erlebt.

Während der Busfahrt vom Hotel zum Platz der Freundschaft
beschleicht mich ein Gefühl der Vertrautheit. Ich zermartere mir

das Hirn, warum. Grüne Vorhänge mit goldenen Fransen hängen vor den Fenstern, ein verrückter Innenarchitekt hat sich im Bus ausgetobt. Aber das Sitzmuster habe ich irgendwo schon gesehen. Dann fällt es mir wie Schuppen von den Augen. Ein Aufkleber über dem Fenster informiert: »Ausgang in der Mitte«, über der Fahrerkabine: »Bitte während der Fahrt nicht mit dem Fahrer sprechen«. Ein alter Stadtbus aus Deutschland, frühe Neunzigerjahre. Auch andere ausrangierte Nutzfahrzeuge führen in Kasachstan ein zweites Leben. Auf unseren Überlandfahrten hatte ich oft Lkw mit deutschem Aufdruck gesehen: »Gärtnerei Maier«, »Meggle-Butter« oder »Wenn Heizung, dann Öl«. Zuerst dachte ich, es wären Speditionen aus Deutschland, die in Kasachstan Geschäfte machten. Aber dann wurde mir klar, dass es für den neuen Eigentümer einfach keine zwingende Notwendigkeit gegeben hatte, eine neue Aufschrift anzubringen. Hauptsache das Auto fährt.

Und dabei bleibt es an diesem Tag nicht. Wir schlendern durch die Straßen von Taraz, wollen ein Gefühl für die Stadt bekommen, als uns knallrote Buchstaben ins Auge springen. »L«, »O«, »V« und »E« stehen verkehrt herum auf einem gepflegten Rasen. Ein Mann, nicht mehr ganz jung, mit grauen Haaren und zerfurchtem Gesicht, kommt hinter dem »E« hervor.

»Wenn ihr Fotos machen wollt, kein Problem! Kommt rüber, dann habt ihr sie von der richtigen Seite«, ruft er uns zu, auf Deutsch. Fast zehn Jahre lang hatte er in der Nähe von Kiel gelebt. Nach der Unabhängigkeit war er mit seiner Frau, einer deutschen Kasachstanerin, und dem Sohn dort hingezogen. In den ersten Jahren lief alles gut. Er und seine Frau fanden Arbeit, der Sohn ging zur Schule. Doch irgendwann lernte seine Frau einen anderen Mann kennen, zog mit dem Jungen aus und ließ sich scheiden.

»Und weil mich in Deutschland nichts gehalten hat, bin ich wieder hierher zurück. Hier bin ich zu Hause.« Der Mann zieht ein

Päckchen Zigaretten aus seiner Hemdtasche. Während er raucht, erzählt er, dass er nicht lange nach seiner Rückkehr eine neue Frau kennengelernt habe. Doch oft denke er an seine Ex-Frau und seinen Sohn. Zum Abschied drückt er mir eine Telefonnummer in die Hand. Wenn ich wieder daheim sei, solle ich doch bitte seine frühere Familie anrufen und viele Grüße von ihm sagen. Als ich es später versuche, erreiche ich niemanden.

Am Abend sitzen Chris und ich auf der Dachterrasse eines Restaurants. Die Sonne schickt ihre letzten goldenen Strahlen, bevor sie hinter die nächste Häuserreihe sinkt. Uns gegenüber verschwindet Saniya fast in ihrem großen Stuhl. Chris hat auch sie über Couchsurfing angeschrieben und sie hat Zeit, uns zu treffen. Auf den ersten Blick wirkt die Kasachin zerbrechlich, sie ist klein, zierlich. Liefe sie auf der Straße an mir vorbei, würde ich nie denken, dass sie sich in einer klassischen Männerdomäne behauptet, auf dem Bau. Etwa siebzig Kilometer von Taraz entfernt entsteht gerade der erste große Solarpark Kasachstans, auch unter deutscher Beteiligung. Saniya arbeitet dort als Projektleiterin.

»Im Juli soll die Anlage ans Netz gehen. Eigentlich sind wir schon startklar, aber es müssen noch ein paar Formalitäten erledigt werden. Ich bin froh, wenn alles läuft. Momentan mache ich nichts außer viel arbeiten und wenig schlafen.« Saniya spricht perfekt Deutsch, nur selten sucht sie nach einem Wort. Während ihrer Schulzeit war sie ein Jahr lang Austauschschülerin in einem kleinen Dorf bei Flensburg. Als sie nach ihrem Schulabschluss eines der begehrten staatlichen Stipendien für ein Auslandsstudium erhielt, fiel ihr die Wahl nicht schwer: Sie zog nach Hamburg und studierte dort Wirtschaftsingenieurwesen. Deutschland, sagt sie, sei ihre zweite Heimat.

Saniyas Telefon klingelt. Sie entschuldigt sich kurz, auch nach Feierabend geht die Arbeit weiter. Morgen ist ein wichtiges Meeting, es gibt noch offene Fragen. Während sie telefoniert, beobachte ich, wie sie am Telefon gestikuliert, mit fester Stimme Informationen und Anweisungen gibt. Sehr freundlich, aber doch nachdrücklich und präzise.

»Wie bist du eigentlich zu dem Job gekommen?«, fragt Chris, als Saniya sich wieder in ihren Sessel fallen lässt.

»Das war purer Zufall. Als ich nach dem Studium zurückkam, war ich super motiviert. Ich wollte das, was ich gelernt hatte, in meinem Land einsetzen. Zuerst hatte ich eine Stelle bei einem Ministerium in Astana. Lange habe ich es dort nicht ausgehalten. Ich konnte mit der Beamtenmentalität nicht umgehen. Zwei Stunden Mittagspause und dann diese endlosen Meetings ohne Ergebnis. Ich hatte nicht den Eindruck, was bewegen zu können. Danach hatte ich andere Jobs. Auch in Almaty, wo ich herkomme. Wegen des Solarparks bin ich dann hierhergezogen. Es ist aber nicht so, dass ich schon immer im Bereich erneuerbare Energien arbeiten wollte.«

Eine Kellnerin stellt Teller mit Salat, gegrilltem Fleisch und Gemüse neben unsere Cocktailgläser. Bunte Lampen tauchen die Dachterrasse in ein warmes Licht. Wir sind schon lange nicht mehr die einzigen Gäste. Gruppen von jungen Frauen und Männern lassen mit Abendessen, Alkohol und Shishas den Tag ausklingen. Neben uns sitzt eine Geburtstagsgesellschaft. Auf dem Tisch türmen sich die Geschenke. Im Hintergrund läuft entspannter Elektrosound.

»Die Frage hörst du bestimmt nicht zum ersten Mal, aber ich frage mich die ganze Zeit schon, wie denn die Arbeit so ist, zwischen lauter Männern? Oder gibt es noch andere Frauen?« Ich sehe sie gespannt an.

»Ein paar gibt es schon. Aber im Planungsstab bin ich die einzige.« Dann erzählt sie, dass es am Anfang nicht gerade leicht war. Zwei oder drei der Kollegen konnten nicht damit umgehen, plötzlich eine junge Chefin zu haben. Aber letztendlich ist sie mit ihnen fertig geworden. Wahrscheinlich mithilfe der Mischung aus

Entschiedenheit, Fachwissen und Freundlichkeit, die ich vorhin bei ihrem Telefonat beobachtet habe.

»Die meisten haben mich aber sehr unterstützt, vor allem die Älteren im Team. Die haben schnell gemerkt, dass ich was kann. Eigentlich arbeite ich sowieso lieber mit Männern. Man kann mit ihnen direkter reden als mit Frauen. Und die Arbeit macht Spaß. Bei dem Solarprojekt habe ich das Gefühl, etwas Sinnvolles zu tun. Ich bin sehr stolz darauf. Nächstes Jahr soll es vielleicht sogar erweitert werden.«

Wir unterhalten uns eine Weile über erneuerbare Energien, ihren Nutzen für Kasachstan. Sonne, Wind und freie Fläche gibt es im Überfluss. Doch das Land ist schon immer ein großer Öl- und Kohleproduzent gewesen. Die alternative Energiegewinnung hat einen schweren Stand.

»Als wir mit dem Bau begannen, hatten die Bauern Angst. Sie dachten, dass die Solarzellen strahlen würden. Dass sie ihren Familien und ihrem Vieh schaden«, erzählt Saniya.

»Aber wurden die vorher nicht informiert?«, fragt Chris.

»Nein, anfangs nicht. Erst als über den Ausbau nachgedacht wurde. Das war eine der Bedingungen, um internationale Fördergelder zu bekommen. Es ist aber sowieso sinnvoll, die Leute miteinzubeziehen. Mittlerweile ist die Akzeptanz in der Bevölkerung viel höher. Weil sie wissen, welche Vorteile die Solarenergie auch für sie hat.«

Sosehr Saniya ihre Arbeit mag, so wenig fühlt sie sich in Taraz zu Hause. Heute sei einer der wenigen Abende, an denen sie bisher ausgegangen sei, sagt sie. Meistens sei sie nach der Arbeit zu müde, um noch was zu unternehmen. Außerdem kenne sie nicht viele Leute hier. Sobald sich die Gelegenheit ergebe, fahre sie zu ihrem Freund, ihrer Familie und ihren Freunden nach Almaty. Vielleicht treffen wir uns dort noch einmal, am Wochenende. Ich würde mich freuen, wenn es klappt. Als wir uns auf den Heimweg machen, ist es schon weit nach Mitternacht.

Chris

Vor langer, langer Zeit, im 11. Jahrhundert, lebte in Taraz ein wunderhübsches Mädchen namens Aisha Bibi. Sie war die Tochter des Gelehrten Khakim-Ata und unsterblich verliebt in Karakhan, den Herrscher von Taraz. Allerdings: Ihr Vater war gegen eine Hochzeit. Er hielt nichts von Karakhan, drohte sogar, Aisha Bibi zu verfluchen, sollte sie sich seinem Willen widersetzen. Doch die junge Frau konnte das nicht aufhalten. Gemeinsam mit ihrem Kindermädchen Babadzha Khatoum machte sie sich auf, um ihren geliebten Karakhan in Taraz heimlich zu heiraten.

Auf dem Weg zur Trauung hielten die beiden am Fluss Talas an, um sich für die Zeremonie schön zu machen. Da geschah es: Eine Schlange schoss aus dem Gebüsch hervor und biss Aisha Bibi. Das Gift wirkte schnell und Aisha Bibi wurde immer schwächer. Um Hilfe zu holen, eilte Babadzha Khatoum zu Karakhan. Der Bräutigam kam gerade noch rechtzeitig, um seine Aisha Bibi zu heiraten. Nur drei Stunden nach der Vermählung starb das Mädchen.

Karakhans Trauer war grenzenlos. Damit Aisha Bibi niemals in Vergessenheit gerate, ließ er den Ort am Talas nach ihr benennen und ein prächtiges Mausoleum für sie errichten, und gleich daneben eines für ihr treues Kindermädchen, sollte es das Zeitliche segnen. Er selbst verfügte, dass von seiner eigenen letzten Ruhestätte aus immer das Grab Aisha Bibis zu sehen sein müsse. Karakhan liebte nie wieder eine andere Frau, obwohl er hundert Jahre alt wurde. Sein Mausoleum steht heute auf einem kleinen Hügel in Taraz und, wie er es sich wünschte, in Sichtweite von dem seiner geliebten Gemahlin.

»Es gibt fast dreißig verschiedene Varianten dieser Legende«, lächelt Nazym und blinzelt in die Mittagssonne. »Es ist die kasachische Version von Romeo und Julia, wisst ihr?«

Zusammen mit der Achtundzwanzigjährigen und ihrer etwas älteren Kollegin Vika stehen wir vor dem Grab der berühmten Ai-

Nach dem Gebet verlassen zwei Frauen das Mausoleum von Aisha Bibi

sha Bibi. Das Mausoleum sieht aus wie ein überdimensionales Schmuckkästchen: ein fein gearbeiteter Würfel mit kegelförmigem Dach, reich verziert mit geschnitzten Terrakotta-Ornamen-

ten, die an Spitzendeckchen erinnern, und von Rosensträuchern
und Lavendel umrahmt. Schuhe liegen davor und aus dem Inneren
dringen leise Gebete. Wind rauscht geheimnisvoll durch die umliegenden Bäume.

»In Kasachstan kennt wirklich jeder diese Geschichte«, sagt
Nazym. »Viele Menschen pilgern hierher, um den Segen für ihre
Familie zu erbitten. Eheleute kommen, wenn die Frau nicht
schwanger wird. Und natürlich hält jedes frisch vermählte Hoch-
zeitspaar hier an.«

Nazym und Vika hatten uns am Morgen in unserem Hotel abgeholt. Die Rezeptionistin hatte das Treffen arrangiert. Eigentlich
wollten wir mit dem Bus zum Mausoleum fahren, aber: »Wohin,
nach Aisha Bibi? Da fährt nix! Taxi! Wobei, Moment ...« Und ein
Telefonat später hatten wir eine Verabredung. Mal wieder.

Die beiden arbeiten für ein kleines Reisebüro. Nazym, mit
Stupsnase, schwarz glänzendem Pferdeschwanz und von Kopf bis
Fuß in Apfelgrün gekleidet, sieht aus, als wäre sie einer japanischen Zeichentrickserie entsprungen. Die hemdsärmelige Vika
mit blondem Kurzhaarschnitt neben ihr wirkt patent und tatkräf-
tig. Im schicken SUV hatten sie uns die zwanzig Kilometer aus der
Stadt herauskutschiert.

Vorsichtig lasse ich meine Hände über die Ornamente in den
Fenstern gleiten. Sie fühlen sich weich an, fast samtig.

»Wenn du genau hinschaust, siehst du ältere und neuere Elemente.« Nazym zeigt auf den seitlichen Teil des Gebäudes. »Das
Mausoleum war jahrzehntelang eine Ruine. Man hat es in einen
großen Glaswürfel gesteckt, wie im Museum. Erst vor ein paar
Jahren wurde es wieder hergerichtet.«

Und sie erzählt, dass Restaurateure die neuen Terrakottaziegel
auf die gleiche Weise hergestellt hatten wie im 11. Jahrhundert.
Die Lehmklötze wurden erst fünfundzwanzig Tage in die Sonne
gelegt, dann schnitzte man die Ornamente. Die fertigen Stücke

wurden sieben Tage lang bei tausend Grad gebrannt und danach zwei Tage ins Wasser gelegt. Tatsächlich kann ich kaum einen Unterschied zu den Originalen ausmachen.

»Und Hochzeitspaare kommen wirklich aus dem ganzen Land hierher?«, staune ich.

»Wenn sie können, schon«, nickt Nazym. »Aber die meisten sind aus dem Süden Kasachstans. Heiraten ist hier sehr wichtig.« Schon auf dem Weg nach Aisha Bibi waren mir die vielen Hochzeitslokale und Stretchlimousinen-Verleihe aufgefallen. Über die gesamten zwanzig Kilometer reihte sich ein Festpalast an den nächsten. Mit weißen Hussen überzogene Stehtische und Stühle standen da, allzeit bereit für Gäste, Bühnen, umsäumt von flatternden weißen Vorhängen, in der Mittagssonne auf den nächsten Zeremonienmeister wartend. Hier steinerne Schwäne, deren Hälse ein Herz formten, dort der Schriftzug »Love« in roten Lettern im Gras.

»Die Lokale schießen wie Pilze aus dem Boden«, sagt Nazym. »An den Wochenenden ist hier in Aisha Bibi die Hölle los. Ganze Konvois brettern die Straße entlang, die Festgesellschaften stehen Schlange. Jedes Brautpaar möchte ein Foto vor dem Mausoleum machen.«

Hochzeiten scheinen in Taraz ein bedeutender Wirtschaftszweig zu sein, denke ich.

»Bist du auch verheiratet?«, frage ich, während wir um das Mausoleum herumspazieren.

»Ja, natürlich«, antwortet Nazym. »Aber erst seit einem halben Jahr. Mit siebenundzwanzig Jahren zu heiraten ist spät für kasachische Verhältnisse. Frauen, die mit fünfundzwanzig noch ledig sind, gelten als alte Jungfern. Und dann war es auch noch ein zwei Jahre jüngerer Mann! Das war sehr ungewöhnlich.«

»Kanntet ihr euch schon lange?«

»Ja, er war ein Kindergartenfreund von mir. Aber erst viel später haben wir uns verliebt.«

»Seid ihr dann auch hierhergefahren?«

»Leider nicht. Ich wäre so gern! Aber das Wetter war schlecht, es hat nur geregnet. Ich habe im Januar geheiratet, es war bitterkalt. Aber was soll man machen? Die Termine sind rar. Wir mussten nehmen, was wir kriegen konnten.«

»Und war es ein großes Fest?«

»Es ging noch. Ich glaube, wir hatten etwa zweihundert Gäste.«

»Das ist wenig!?« Ich bleibe abrupt stehen.

Nazym lacht. »Ja! Normal sind dreihundert Gäste. In Schymkent feiert man sogar mit fünfhundert. Mit weniger Gästen bekommt man nicht einmal einen Saal.«

In mir werden Erinnerungen an die kroatischen Hochzeiten wach, auf denen ich als Kind zu Gast war. Gigantische Festzelte wurden irgendwo am Dorfrand aufgebaut, darin Menschenmassen, mit denen ich auf obskure und mir nicht ergründbare Weise verwandt war.

Wir sind einmal um das Mausoleum herumspaziert und treffen wieder auf Stephanie und Vika. Zu viert setzen wir uns auf eine der wenigen schattigen Bänke im Park um das Mausoleum.

»Erzähl mal, wie läuft denn so eine kasachische Hochzeit ab?« Stephanie und ich blicken Nazym neugierig an.

»Also«, beginnt sie. »Wenn sich ein Paar vermählen möchte, besucht zuerst die Familie des Bräutigams die Familie der Braut. Gemeinsam wird dann die Hochzeit geplant. Das Treffen gilt auch als offizielle Verlobung. Dann kommt die Hochzeit. Wir feiern an einem Termin, aber in manchen Regionen gibt es zwei: Beim ersten Fest wird die Braut von ihrer Familie verabschiedet. Der Mann und seine Familie müssen dann um das Mädchen feilschen, um einen möglichst guten *kalym* herauszuholen, also den Brautpreis. Und beim zweiten Fest wird die Frau in der Familie des Mannes begrüßt.«

Ich nicke. Das Feilschen um die Braut gibt es auch auf dem Balkan. Aber in den letzten Jahren ist es mehr ein symbolischer Akt geworden. Davor war oft um hohe Geldbeträge verhandelt worden. In Kasachstan hingegen verschulden sich bis heute Familien für den Brautpreis.

»Das Hochzeitsfest selbst besteht vor allem aus Essen und Trinken. Also: viel Essen und viel Trinken! Und getanzt wird natürlich. Mit der Hochzeitstorte wird die Geburt der neuen Familie gefeiert. Der Höhepunkt der Feier ist, wenn der Braut der Schleier abgenommen wird. Das symbolisiert den Neubeginn. Früher sah der Mann die Frau dann ja zum ersten Mal. Heute kennen wir uns vorher. Dann setzt die Schwiegermutter ihr ein Kopftuch auf, was sie in der neuen Familie willkommen heißen soll. Eigentlich ist es Brauch, dass die Frau das Kopftuch anschließend trägt. Ich aber habe es nur zu Hause an«, schließt Nazym.

Ich denke daran, wie selten uns auf der Reise Frauen mit Kopftuch begegnet sind, obwohl Kasachstan ein mehrheitlich muslimisches Land ist. Knappe Kleider und Pumps sieht man ungleich häufiger. »Muss es sein, dass sich unsere Mütter, Schwestern und Töchter in Tücher einhüllen?«, hatte Präsident Nasarbajew einmal gefragt. »In unserer Steppe gab es solche Sitten nie.«

»Geht ihr nicht auch zum Standesamt oder so etwas Ähnlichem?«, frage ich.

»Nee, die Formalitäten erledigen wir alle online«, antwortet Vika.

»Na, da seid ihr uns aber voraus.«

Vor uns öffnet sich jetzt die Tür zum Mausoleum. Ein Imam tritt heraus und schlüpft in seine Schuhe. Ihm folgen zwei ältere Frauen.

»Wollen wir mal hineinschauen?«, schlägt Vika vor.

Wir folgen ihr zur Eingangstür. Im Halbdunkel liegt ein Sarg aufgebahrt, der mit einem weißen Tuch bedeckt ist. Auf dem nackten Steinboden sind Teppiche ausgebreitet. Wir schweigen andächtig. Eine seltsam sakrale Stimmung erfüllt den kleinen Raum. Ich frage mich, wofür die beiden Alten wohl gebetet haben. Enkelkinder?

»Wenn die Ehefrau sechs bis neun Monate nach der Hochzeit noch nicht schwanger ist, machen sich gleich alle Verwandten Sorgen«, sagt Nazym. »Keine Kinder zu kriegen, das gilt in Kasachstan als Scheidungsgrund.«

Und ohnehin müsse sich die neue Frau erst vor der Schwiegermutter beweisen.

»Das frisch verheiratete Paar zieht am Anfang ins Elternhaus des Mannes. Dort hat seine Mutter das Sagen. Sie darf zum Beispiel bestimmen, welches ihrer Kinder sie im Alter pflegen soll. Sie prüft die neue Ehefrau: Kann sie kochen? Einen Haushalt organisieren? Wie geht sie mit dem Ehemann um, ihrem Sohn? Es ist auch üblich, dass die neue Frau der Schwiegermutter den Tee serviert. Dazu bringt sie immer zwei Kissen mit – damit beide sitzen können.«

Ich muss grinsen. Ob diese Praxis die hohe Scheidungsrate erklärt? Fast vierzig Prozent aller Ehen gehen in Kasachstan in die Brüche, beinahe so viele wie in Deutschland – trotz der traditionellen Familienstrukturen. Doch wahrscheinlich liegt es daran, dass die meisten Kasachstaner sehr jung heiraten. Und dass der Balanceakt zwischen Selbstverwirklichung und Erfüllung familiärer Pflicht nicht allen gelingt. Ich traue mich aber nicht, das Thema anzuschneiden. Nazym wirkt glücklich, völlig in ihrem Element.

»So, und jetzt zeige ich euch noch den Ort, wo wirklich alle Paare ihre Hochzeitsfotos machen«, ruft sie fröhlich. »Kommt mit!«

Ich kann nicht sagen, was genau ich erwartet habe. Wahrscheinlich, die Bilder von Verwandten und Freunden vor Augen, dachte ich an einen kleinen See mit Steg, an einen schönen alten Baum oder eine dicht mit Moos bewachsene Brücke. Stattdessen stehen wir zehn Minuten später in einem Gartencenter, das mich stark an die Pflanzenabteilung bei OBI erinnert. Gummibäume, Bogenhanf und Kakteentöpfchen reihen sich unter einem Plexiglasdach auf, auf dem Boden Gartenschläuche wie lange, grüne Schlangen. Obwohl neben der Kasse eine Art Bühne aufgebaut ist, auf der zwei

Ruhepause im Garten- und Hochzeitsfoto-Center

opulent verzierte Stühle thronen, hat das Ganze etwa den Romantikfaktor einer Tiefgarage.

»Wirklich hübsch!«, lüge ich. Aber was bliebe auch als Alternative? Vor der Tür beginnt die Wüste Mujunkum. Staub und der übliche Müll auf dem Boden gäben bei Weitem keine bessere Kulisse ab. »Immerhin sieht man langsam wieder die Bergspitzen im Dunst«, hatte Vika auf der Fahrt gesagt. »Früher gab es hier eine Phosphorfabrik, die hat alles vernebelt.« Um überhaupt Grünflächen in der Stadt bewässern zu können, wird Wasser aus dem Talas gepumpt, an dessen Ufer Aisha Bibi einst von der Schlange gebissen worden war. Mittlerweile ist er praktisch ausgetrocknet.

Ich schieße ein paar Fotos, die ich schon im Auto wieder lösche.

Auf dem Rückweg halten wir an dem Reisebüro, für das Nazym und Vika arbeiten. Die zwei Deutschen sind schon angekündigt und die Chefin persönlich serviert uns einen Tee. An den Wänden hängen Poster von der Türkei und Malaysia, japanische Fächer und Bilder von Kirschblüten, davor sorgt ein Ventilator für angenehm kühle Luft. Stephanie und ich lassen uns in die Korbstühle fallen.

Am Schreibtisch sitzt Indira, eine vielleicht zwanzigjährige Mitarbeiterin. Braune Augen funkeln unter einer Ponyfrisur hervor, und ihre bunten Ohrringe baumeln neckisch über einem gewagten Ausschnitt. »Ahh, Aisha Bibi«, schwärmt sie und hüpft auf und ab wie ein Gummiball. »Ist es nicht wunderschön? Ich liebe diesen Ort! Wart ihr auch drinnen? Habt ihr Fotos gemacht? Ich war auch gerade erst da, bei meiner Hochzeit! Das war so witzig! Wir haben ganz viele lustige Grimassen gemacht, wartet, ich zeige euch meine Fotos! Und ich habe auch einen Film! Moment ... Hier, kommt mal rüber!«

Indira dreht den Bildschirm, sodass wir die Aufnahmen sehen können. In ihrem Hochzeitskleid sieht sie atemberaubend schön aus. Auf jedem einzelnen Foto strahlt sie, als gäbe es kein Morgen. Ihr Gatte, kaum älter als sie, blickt neben ihr fast ratlos drein.

»Da tanzen wir alle die Lesginka, seht ihr? Und hier, als ich den Brautstrauß werfen sollte, habe ich alle veräppelt! Ich habe nur so getan, als ob ich werfe, hihi! Es gab ein riesiges Durcheinander, das war so lustig! Und dann habe ich ihn wirklich geworfen, und meine beste Freundin hat ihn gefangen, und nur einen Tag später hat sie ihren zukünftigen Mann im Internet kennengelernt! Und jetzt haben sie auch geheiratet! Wahnsinn, oder? Ist das nicht toll?«

Über eine Stunde lang klicken wir uns durch ihre Fotos. Auf einigen erkenne ich das Gartencenter wieder. High Heels vor Bewässerungssystemen.

Als wir uns schließlich verabschieden, stehen alle vier Frauen in der Tür. Umarmungen, gute Wünsche für unsere Reise. Die Chefin schenkt uns noch zwei bunte Seidentücher. Dann winken sie uns nach.

»Auf Wiedersehen! Wir hoffen, ihr heiratet jetzt auch bald!«

Den restlichen Nachmittag verbringen wir im Hotel. Stephanie hat sich in unser Zimmer zurückgezogen, das größer ist als alle

bisherigen. Zwei riesige Betten stehen darin, sogar ein begehbarer
Kleiderschrank wartet auf Klamotten. Ich gieße mir in meinem
Zahnputzbecher einen Kaffee auf und setze mich mit einer Pa-
ckung kasachischer Kekse auf die schattige Terrasse.

Das Nichtstun ist herrlich. Nicht verabredet sein, nicht schon
wieder weiter müssen. Vielleicht einen Supermarkt finden, später,
vielleicht ein bisschen Obst kaufen und Joghurt. Nicht mehr. Und
vor allem auch: einmal nicht reden.

Zwei Wochen sind wir jetzt unterwegs. Zwei Wochen, die sich
anfühlen wie zwei Monate, so prall gefüllt war jeder einzelne Tag.
Es war alles gut gegangen, wir kamen voran, wenn auch langsam,
und hatten uns nicht gestritten. Gleichzeitig sehnte ich mich danach, mehr Zeit für alles zu haben. Wir gingen spät ins Bett und
standen früh auf, und trotzdem war jeder Tag zu kurz.

Nachdenklich blicke ich hinunter auf den Platz vor dem Hotel, auf dem zwei Reisebusse halten. Die Eschen und Pappeln
vor der Terrasse rauschen, Krähen veranstalten ein Konzert darin. Darunter schieben junge Mütter auf hochhackigen Schuhen
klapprige Kinderwagen vor sich her. Noch zwei Wochen, dann
läuft unser Visum ab – und wir müssen das Land verlassen. Eigentlich hatten wir vorgehabt, einen Abstecher über die Grenze nach Kirgisistan zu machen, vielleicht Bischkek zu besuchen.
Doch ob das noch drin ist? Ich hatte unterschätzt, wie langsam
wir vorwärtskommen würden. Zu gewaltig sind die Entfernungen, zu gemächlich die Transportmittel. Die Weite, denke ich
dann, hat auch ihre Länge.

Und noch immer sind wir keinen anderen Touristen begegnet.

Jeden Abend in Taraz laufen wir an derselben kleinen Imbissbude
vorbei. Der kahle Raum mit seiner winzigen Küche und Neonröh-
ren an den Decken, nur ein paar Meter vom Hoteleingang entfernt, sieht bedingt einladend aus, doch ihn umgibt ein verführeri-
scher Geruch nach frisch gegrilltem Fleisch. Und jeden Abend

steckt derselbe Mann sein zerfurchtes Gesicht aus der Tür, die Goldzähne in der Sonne blitzend: »Schaschlik?«

Wir müssen lachen, wann immer wir ihn sehen. »Danke, wir sind in Eile, vielleicht morgen!« Er freut sich wie ein Schneekönig, als wäre unsere Ausflucht ein Versprechen.

Als unser letzter Abend da ist und es kein Morgen mehr gibt, beschließen wir, ihn nicht noch einmal warten zu lassen. Allzu weit können wir uns ohnehin nicht vom Hotel entfernen – kurz vor Mitternacht geht unser Zug nach Türkistan und wir haben noch nicht gepackt.

»Schaschlik?« Da ist der Kopf wieder.

»Ja! Heute liebend gern.«

»Ohhh! Heute Schaschlik, ich bringe euch Schaschlik. Immer herein! Hier habe ich einen Tisch für euch. Jeder eins, oder? Kommt sofort, kommt sofort! Und dazu Sirup?« Seine Augen leuchten, als er in der Küche verschwindet.

Ich muss mir das Grinsen verkneifen. Ein kleines Mädchen bringt uns Gläser, beim Einschenken beäugt sie uns vorsichtig. Wir sind die einzigen Gäste. Morgen beginnt der Ramadan und viele Muslime essen schon Tage davor nur noch leicht, um den Körper auf die Fastenzeit vorzubereiten. Ich bin gespannt auf die Atmosphäre in Türkistan. Die kleine Stadt gilt als heiliger Ort. Drei Pilgerfahrten zum Mausoleum von Hodscha Ahmed Yasawi zählen so viel wie eine Reise nach Mekka, heißt es. Im Ramadan herrscht dort bestimmt eine ganz eigene Stimmung.

»Soo! Hier kommt das Schaschlik!« Zwei Teller werden vor uns aufgebaut, darauf ansehnliche Fleischberge, dekoriert mit einer Gurkenscheibe und einer Handvoll Zwiebeln. Des Grillmeisters Goldzähne strahlen jetzt wie ein ganzes Fass Plutonium. »Lasst es euch schmecken!« Und mit galantem Hüftschwung wirbelt er zurück Richtung Küche.

Ich fädele das erste Stück vom Spieß und schiebe es in meinen Mund. Hmm, habe ich einen Hunger.

Und dann kaue ich. Und kaue. Schlucke. Kaue weiter. Kaue. Der Brocken zwischen meinen Zähnen wird keinen Millimeter kleiner. Fleisch kann das nicht sein. Oder doch? Ich starre Stephanie an. Auch sie kaut. Und kaut.

»Es ist ... ein bisschen zäh, oder?«, presse ich heraus. Was auf unseren Tellern liegt, hat die Konsistenz eines Autoreifens.

»Zäh ist gar kein Ausdruck«, krächzt sie.

Ich spucke das Stück unauffällig in meine Hand, lege es wieder auf den Teller und probiere ein zweites. Es ist noch ungenießbarer als das Erste.

Aus der Küche kehrt der Grillmeister zurück. »Und? Lecker, oder?« Er klatscht in die Hände, als wolle er sich selbst einen Michelin-Stern verleihen.

Stephanie und ich blicken uns an. Langsam beginne ich zu ahnen, in welcher Lage wir stecken.

»Hmmm! *Vkusno!* Wirklich sehr, sehr lecker!«, huste ich mit tränenden Augen. Ich bringe es einfach nicht übers Herz.

Der Grillmeister schwebt im siebten Himmel.

Wir kauen und schlucken. Es ist völlig unmöglich, das Fleisch herunterzuwürgen. Immer wieder beugt sich der Grillmeister aus der Küche heraus, um nach uns zu sehen. In seiner komplett leeren Imbissbude sitzen wir wie auf einer Bühne. Fehlt nur noch, dass zwei große Scheinwerfer auf uns gerichtet werden.

»Was sollen wir machen?« Verzweifelt sehe ich Stephanie an.

Sie stiert mit leerem Blick auf den Fleischberg vor sich. Er scheint auf unerklärliche Weise größer geworden zu sein.

Ich probiere etwas Neues, schneide einen winzigen Würfel ab und umwickele ihn dick mit Gurke und Zwiebeln. Keine Chance. Das Fleisch will einfach nicht rutschen. Ich schaue zur Küche hinüber. Wieder winkt uns Goldzahn aus der Durchreiche heraus fröhlich zu. Ich lächele gequält zurück, auf einer losen Zwiebel herumkauend. Vor dem Imbiss lärmt der Verkehr, doch drinnen herrscht gefühlte Grabesstille. Nur mein Magen knurrt vor sich hin.

Ein Jahrtausend muss verstrichen sein, als in der Küche ein Telefon klingelt. Goldzahn verschwindet. Gedämpft hören wir ihn palavern. Das kleine Mädchen spielt draußen. Jetzt oder nie.

»Hier!«, raune ich Stephanie zu und reiche ihr unter dem Tisch meine Handtasche. Eilig lassen wir die lederzähen Stücke hineinfallen. »Schneller!« Nervös blicke ich zur Küche. Ein Spieß nach dem anderen wird in der Tasche versenkt, die sich allmählich verdächtig beult. Schützend halte ich mein Bein davor.

Goldzahn scheint jetzt verschwunden. Ich habe nur noch einen Gedanken: Flucht.

»Großväterchen«, ruft Stephanie dem kleinen Mädchen zu, es ist auch noch das falsche Wort, *djeduschka*, nicht *djewuschka*, sie schaut unschlüssig, wertvolle Sekunden vergehen, »Entschuldige, nein, hier«, wir drücken ihr das Geld in die Hand, »Behalt den Rest«, bloß nichts wie raus, wir rennen fast, bis zur nächsten Straßenecke. Über einem Gebüsch kippe ich meine Tasche aus.

Irgendwo im Hotel sind sicher noch Kekse.

Als die Dunkelheit über Taraz hereinbricht, machen wir uns auf den Weg zum Bahnhof. Vom Hotel sind es zum Glück nur wenige Schritte. Der Zug steht schon bereit. Menschentrauben haben sich auf dem Gleis versammelt, Familien verabschieden ihre Angehörigen, ihre Gesichter sind nur mehr Schatten. Überall stapelt sich Gepäck. Frauen mit bunten Kopftüchern und Kisten unter dem Arm schieben sich durchs Gedränge, verkaufen Lebensmittel, und unter den wenigen Laternen haben fliegende Händler ihre Waren ausgebreitet. Passagiere vertreten sich die Beine und rauchen, Schaffner bewachen die offenen Abteiltüren.

»Nach Türkistan? Ist das hier richtig?«, fragt Stephanie eine uniformierte Dame. Sie wirft einen Blick auf unsere Fahrkarten und nickt gelangweilt. Von hinten drängelt sich eine dicke Frau vor, reißt Stephanie fast die Tickets aus der Hand. »Wohin? Zeigen Sie mal!«

»Vorsicht!«, rufe ich von hinten.

»Wir sitzen in Waggon zwölf! Das ist ganz da hinten!«

Mühsam kämpfen wir uns mit unseren Rucksäcken durchs Gewühl, die Fahrkarten umklammert. Die dicke Frau weicht uns nicht von der Seite. »Hier ist es«, krakeelt sie. »Los, Pässe! Pässe!«

»Ist ja gut«, fahre ich sie an.

Hätte ich geahnt, dass das Durcheinander am Bahnhof von Taraz das letzte bisschen Leben sein würde, das uns für lange Zeit begegnet, ich hätte es mehr genossen.

Weder mit der geräumigen Regionalbahn, die uns von Astana nach Karaghandy gebracht hatte, noch mit den heimeligen Bussen in der Steppe hat dieser Nachtzug im Süden irgendetwas gemein. Schon als wir die Stufen zu unserem Waggon erklimmen, schlagen uns Enge und eine fürchterlich stickige Luft entgegen. Das Atmen fällt schwer. Mit unseren Rucksäcken passen wir kaum durch die schmalen Gänge. Überall Palaver.

»Hierher, hierher!« Ein Schaffner zerrt uns zu unserem Abteil und öffnet die Schiebetür. Vier Betten wurden auf vier Quadratmeter gequetscht, die Luft steht. Drinnen herrschen mindestens vierzig Grad. Schon nach zwei Minuten läuft mir der Schweiß in Strömen übers Gesicht. Verzweifelt rüttele ich am Fenstergriff, doch es lässt sich nicht öffnen.

»Geht nicht«, kommentiert unsere Mitfahrerin, eine mindestens siebzigjährige, adrett angezogene Seniorin mit Föhnfrisur. Sie sitzt mit so seligem Blick auf ihrer Pritsche, als besuche sie eine Oper, die Hände fein säuberlich über ihrer Tasche auf dem Schoß gefaltet. Sie sei auf dem Weg nach Aktöbe, erzählt sie uns. Neben ihr steht eine Geschenktüte so gewaltig wie ihr Rollkoffer.

»Mist«, fluche ich. Mit hochroten Köpfen versuchen wir, unser Gepäck irgendwo zu verstauen.

Bald liegen wir. Doch die Nacht wird grauenvoll. Die Klimaanlage geht auch während der Fahrt nicht in Betrieb und Lady Aktöbe schnarcht, dass sich die Abteiltür biegt. Als mir endlich die Augen zufallen wollen, rüttelt mich der Schaffner wieder wach. Hinter ihm steht ein vierter Mitreisender. »Falsches Bett! Nach oben!«

Offensichtlich gibt es eine Nummerierung. Entnervt hieve ich meinen Rucksack auf die Pritsche über mir und zwänge mich daneben.

Nach gerade einmal drei Stunden wache ich mit verquollenen Augen auf. Eine fahle Morgensonne wirft ihre Strahlen durch die Abteiltür. Stephanie schläft noch. Ich rutsche von meinem Bett hinunter und suche nach meinen Zigaretten. Zwischen den Waggons kann man rauchen. Männer in Jogginghosen nicken mir zu, einer reicht Feuer. Es ist noch zu früh zum Sprechen.

Vor dem Fenster kündigen erste lehmfarbene Häuser eine Stadt an. Lehmfarbene Dromedare weiden auf lehmfarbenem Boden. Selbst das spärliche Gras ist lehmfarben. Nur ein staubiger, türkisblauer Himmel blickt auf die monochrome Szenerie der Wüste.

In ein bis zwei Stunden sollten wir Türkistan erreichen.

Türkistan

Stephanie **A**n einer Ampel wird plötzlich die Schiebetür des Minibusses aufgerissen. Erst erscheint eine Hand im größer werdenden Spalt und schwenkt einen Becher mit rauchenden Kräutern hin und her, dann ein runzliges Frauengesicht, Beschwörungen murmelnd. Stechender Geruch breitet sich aus. Schnell drückt der Schaffner ein paar Tenge in die Hand der Alten und zieht die Tür wieder zu. Drive-by-Segnung. Vor sich hin schimpfend öffnet der Fahrer das Fenster, damit der Rauch abziehen kann.

Die *marschrutka*, in die wir am Bahnhof von Türkistan eingestiegen sind, nähert sich langsam der Innenstadt. Es ist die kleinste bisher, mit nur acht Plätzen. Neben uns sitzt der Schaffner, auf seinem Schoß zwei Seile. Eines ist am Türöffner der Schiebetür festgemacht, ein Zug daran und ein leichter Schlenker mit der Hand, schon ist die Tür offen. Das andere hängt am Türgriff, ein kurzer Ruck und sie schließt sich wieder. Ohne dass er aufstehen muss. An jeder Haltestelle begeistert mich dieser Mechanismus von Neuem.

Ein Wortschwall auf Kasachisch ergießt sich über uns, gefolgt von einem fragenden Blick des Schaffners. Will er wissen, wo wir raus müssen?

»Esim-Khan-Platz«, sage ich. Ein Schulterzucken ist die Antwort. Chris versucht es mit »Hotel Türkistan?«. Fragende Gesichter auch bei den anderen Passagieren. Niemand versteht uns. Doch dann findet der Schaffner Abhilfe: ein Anruf bei seinem Sohn, der spricht Englisch. Wir unterhalten uns kurz und ich gebe das Handy zurück. »Ah, Essim-Chaaan!« An meiner Aussprache muss ich noch arbeiten, merke ich.

Die Hilfsbereitschaft der Menschen begleitet uns seit unserer Ankunft in Astana. Und sie berührt mich immer wieder.

»Seid vorsichtig, nicht, dass sie euch ausrauben oder bescheißen«, wie oft habe ich diesen Satz vor unserer Abreise in allen nur denkbaren Variationen gehört. Nichts könnte weiter von der Realität entfernt sein. Klappt es mit der Verständigung nicht auf Anhieb, wird immer eine Möglichkeit gefunden, wie es doch geht. Ein Mann trug mir fünfhundert Tenge hinterher, die unbemerkt aus meinem Portemonnaie gerutscht waren. Ein Taxifahrer brachte uns zum richtigen Hostel, obwohl wir ihm die falsche Adresse gesagt hatten. Ohne Umweg. Überhaupt, Taxifahrer. Aus anderen Ländern kenne ich es so: Sie erzählen, es fahre gerade kein Bus. Eigentlich fahre sowieso nie mehr einer. Zumindest nicht in den nächsten hundert bis zweihundert Jahren. Ein Taxi sei die einzige Möglichkeit, überhaupt irgendwo hinzukommen. Hier preisen die Fahrer auch ihre Dienste an. Aber sobald klar ist, dass wir wirklich mit dem Bus fahren wollen, wird eine Fragerunde gestartet, um herauszufinden, welchen wir nehmen müssen. Und auch als wir dieses Mal vor unserem Hotel aus der *marschrutka* steigen, helfen alle mit dem Gepäck.

»Geld, Pass!!!!« Die Rezeptionistin, eine kleine schwarzhaarige
Kasachin, steht zwischen unseren Betten und hält die Hand auf. Wir
kramen das Geforderte aus unseren Rucksäcken, sie eilt davon. Der
Prunk aus der Hotellobby mit Marmorboden, Kristalllüstern und
schweren Ledersofas hat es nicht bis in unser Zimmer geschafft. Zwei
harte Betten, Tapeten, die sich von der Wand lösen, und Möbel in
verschiedenen Stadien des Zerfalls. An der Tür ein Schild mit durch-
gestrichener Zigarette: »ШТРАФ 5000 ТЕНГЕ«. »SCHTRAF«, das
verstehe ich auch ohne Russischkenntnisse. Immerhin ist es sauber
hier und kühl, wir bleiben sowieso nur eine Nacht.

Die Glastüren des Hotels öffnen sich, wir laufen in eine Wand
aus Hitze. Wie ist es in der letzten Stunde nur so heiß geworden? Ein Auto nach dem anderen braust vorbei, der Esim-Khan-
Platz schmort verlassen in der Sonne, ein einsamer Brunnen
speit seine Fontänen in den Himmel. An den Straßenrändern
stehen riesige Plastiktulpen in Vasen, Gebinde aus Kunstblu-
men, Lichterketten, zu Blüten gebogen, die bei Tag wie eine
fremde Schrift wirken. Je karger das Land wird, desto mehr Plastikblumen wachsen aus dem Boden. Hauptsächlich Tulpen in allen nur denkbaren Varianten.

Türkistan wirkt überschaubar. Kaum eines der Häuser hat
mehr als fünf Stockwerke, die meisten sind ein- oder zweige-
schossig. Kleine Quader in Beige- und Pastelltönen, ausgeblichen
von der Sonne. Wir sind endgültig in Zentralasien angekommen.

Die Zeit, als die Stadt noch Yasi hieß und eine Station im Netz der
Seidenstraße war, scheint mir fast greifbar. Im 12. Jahrhundert
ließ sich Hodscha Achmed dort nieder. Der Religionsgelehrte
scharte Schüler um sich und entwickelte den Ort zu einem der
Lehrzentren des Sufismus, einer spirituell-mystischen Richtung
des Islam. Später gab man ihm deshalb den Beinamen Yasawi –
der aus Yasi. Turkvölker von Zentralasien bis ans Mittelmeer ver-

ehrten ihn schon zu Lebzeiten, da er den Islam den einfachen Menschen näherbrachte. Seine Lehren, Gedichte und Predigten verfasste Hodscha Achmed Yasawi nicht in Farsi, der Sprache der Gebildeten, sondern in der Turksprache Tschagataisch, die von Zentralasien bis fast nach Europa verstanden wurde. Er rief seine Anhänger in einfachen Worten zu einem spirituellen Leben in Toleranz und Friedfertigkeit auf. Noch heute pragt seine Bedeutung als Religionsgelehrter Türkistan. Die kasachisch-türkische Universität in der Stadt trägt seinen Namen. Als er 1166 starb, wurde über seinem Grab ein *mazar* errichtet. Während der nächsten Jahrhunderte pilgerten Heerscharen von Gläubigen zu diesem Schrein, spendeten Edelsteine, Gold und andere Kostbarkeiten. Doch mehr als einmal plünderten vorbeiziehende Horden die Gedenkstätte, sie verfiel.

Tamerlan, einer der großen zentralasiatischen Eroberer, pilgerte Ende des 14. Jahrhunderts nach Yasi. Er war entsetzt über den erbarmungswürdigen Zustand des Schreins. Ein solch bedeutender Gelehrter brauche doch eine angemessenere Ruhestätte, befand er. Und gab den Bau einer Grabmoschee in Auftrag, am Ort des *mazar*, nach einem eigenen Entwurf. Bis weit über sein Reich hinaus suchte Tamerlan nach den besten Handwerkern. Die Arbeit ging anfangs zügig voran, vielleicht auch, weil er gefürchtet war. Keiner wollte es sich mit ihm verscherzen. Doch dann starb Tamerlan, die Bauarbeiter zogen weiter. Und bis heute ist ein Teil des Gebäudes unvollendet geblieben.

Die archaische Wucht der Vorderseite der Grabmoschee von Hodscha Achmed Yasawi erschlägt mich, als ich davor stehe. Eine Front aus Lehmziegeln, massiv und roh, eher an eine Festung erinnernd als an einen Sakralbau. Selten zuvor habe ich ein solch beeindruckendes Bauwerk gesehen. In der Mitte, mehr als dreißig Meter hoch und zehn Meter breit, das Eingangsportal. Oben in seinem Spitzbogen drehen Vögel Pirouetten. Dicke Holzstäbe ragen aus den Wänden, Überreste des alten Baugerüsts.

Mit archaischer Wucht erhebt sich das Mausoleum von
Hodscha Achmed Yasawi aus dem Sand

Nur wenige Menschen stehen vor dem Portal. Ich hatte
Massen von Pilgern und Betenden erwartet, zumal heute der
erste Tag des Ramadan ist. Gekommen sind hauptsächlich Touristen. Sie machen Erinnerungsfotos, umrunden das Gebäude,
scheinen genauso gebannt von dessen Erhabenheit wie ich. Bevor wir die Grabmoschee betreten, müssen wir Kopftücher um-
binden. *Abaya* wie in Astana gibt es keine, solange die Arme
bis über die Ellbogen bedeckt sind, ist alles in Ordnung. Chris
legt sich ein Tuch um die Schultern, ich ziehe eine dünne Jacke
über.

Von der Wucht der Eingangsfassade ist in der Haupthalle
nichts mehr zu spüren. Alles atmet Weite und Leichtigkeit. Die
Wände sind weiß verputzt und zur Kuppel hin mit einem feinen
geometrischen Muster überzogen. Ein wenig erinnern sie mich an
das Felsendach einer Grotte. Durch Bogenfenster fallen dünne
Sonnenstrahlen auf den *kazan,* einen riesigen verzierten Kupfer-
kessel in der Mitte des Raumes. Nach dem Freitagsgebet wurde

daraus früher für jeden Gläubigen ein Becher Zuckerwasser ge-
schöpft, zur Erfrischung.

Hier ist es genau anders herum als in Aisha Bibi. Dort hatte ich
viele Touristen erwartet, gerade weil ein Besuch fester Bestandteil fast jeder Hochzeitsfeier in Taraz ist. Aber alle außer Chris und
mir waren gekommen, um zu beten. Der Gesang des Imam drang
immer wieder durch die angelehnte Tür. In der Grabmoschee da
gegen sind es nicht viele, die Andacht suchen. Nur in einem der
Nebenräume sehe ich eine Frau, versunken ins Gebet. Aber vielleicht sind wir auch zu einem ungünstigen Zeitpunkt hier.

Zurück im grellen Sonnenlicht, laufe ich erst mit zusammen-
gekniffenen Augen umher. Doch als wir das Gebäude umrunden,
reiße ich sie auf: Die Wände sind mit wunderschönen Mosaiken
aus dunkelblauen und türkisfarbenen Kacheln bedeckt. Eine him-
melblaue und eine türkisfarbene mit Ornamenten verzierte Kuppel krönen das Dach. Koranverse ziehen sich im oberen Bereich
um drei Seiten des Gebäudes. Das Portal an der Rückseite erinnert
mich an Bilder von den Moscheen und Koranschulen aus Samarkand. Ich kann mich nicht sattsehen an dieser Pracht, die in solch
einem Gegensatz zur rohen Lehmziegelfassade des Eingangs
steht. Dieses Zusammenspiel von Unvollendetem und vollendeter
Kunst macht für mich die Erhabenheit der Grabmoschee Hodscha
Achmed Yasawis aus.

Nicht weit entfernt ist mir ein Blechdach aufgefallen, das in
der Sonne glänzt. Ich möchte hinlaufen, sehen, was sich dort ver-
birgt. Chris zieht ihr Handy aus der Tasche, zoomt und schiebt auf
einer Landkarte herum, weil sie vorher wissen will, was es ist.
Wahrscheinlich liegt es an der Hitze, oder an meiner Ungeduld:
Nach ein paar Minuten reicht es mir. Ich will nicht immer alles vorher wissen. Ich will losziehen und dabei Sachen entdecken. Und
das ist mir in den letzten Tagen entschieden zu kurz gekommen.

»Also, du kannst weiter schauen, ich gehe jetzt los. Wir können
uns ja später wieder hier treffen«, blaffe ich Chris an und mache

Unterwegs auf der Seidenstraße: Kamel in Türkistan

mich auf den Weg. Sie bleibt verdattert sitzen. Ich stapfe die kleine Anhöhe zu dem Blechdach hinauf. Kamele weiden am Wegrand. Als ich oben angekommen bin, tut es mir schon wieder leid, dass ich so aufgebraust bin. Also rufe ich Chris an, entschuldige mich und sage ihr, dass sie unbedingt vorbeikommen müsse. Zehn Minuten später laufen wir über ein Gewirr aus Lehmmauern. Manche sind fast einen Meter breit, es sind verschiedene Räume zu erkennen, Torbögen und Durchgänge. Wer weiß, wer einst hier lebte. Sind es Überreste einer alten Siedlung? Ist es ein ehemaliger Palast? Oder eine Moschee? Vielleicht logierten hier einst Händler, empfingen Karawanen, beladen mit Gewürzen, Tüchern und Gold, unterwegs auf der Seidenstraße. Vielleicht ruhten sich hier auch Pilgergruppen von ihrer beschwerlichen Reise aus. Manchmal, denke ich mir, ist es schön, es nicht genau zu wissen.

Gegen Abend kühlt es ab, auf achtunddreißig statt achtundvierzig Grad. Die Sonne versinkt hinter der Stadt, Lichterketten und Leuchtblumen glimmen auf, der Esim-Khan-Platz verwandelt sich in eine kleine Kirmes. Chris ist im Zimmer geblieben, erschlagen von der Hitze. Langsam laufe ich an den Ständen entlang, die während der letzten Stunden aus dem Boden gewachsen sind. Selbst gemachte Wurfspiele. Bretter, gespickt mit Luftballons oder kleinen Plastikspielzeugen. Türme mit Dosen. Wer hier abräumt, bekommt einen riesigen Teddybären. Vor einem Auto haben drei Jungen Aufstellung genommen. Mit Luftgewehren feuern sie auf Zielscheiben, die von einem geöffneten Kofferraumdeckel hängen. Schaschliks grillen über Kohlewannen. Das beste Geschäft aber machen die Fahrradverleiher. Tandems und sogar kleine Fahrradrikschas finden reißenden Absatz, aber auch auf den normalen Rädern fährt selten einer alleine. Nicht immer im Gleichgewicht, kurven die Radler zwischen den Menschen umher. Wie in Zeitlupe stoßen zwei zusammen, fallen um, lachen, klopfen sich den Staub von den Kleidern und fahren weiter.

An einem Stand arbeitet ein kleiner Junge im Grundschulalter. Mit geübten Bewegungen rückt er seine Ware zurecht. Dazu muss er auf einen Schemel steigen, weil er sonst nicht richtig an die Sachen herankommt. Kommt ein Kunde, legt der Kleine eine Geschäftigkeit und Abgeklärtheit an den Tag, die ich bei einem alten Händler erwarten würde. Es ist nicht das erste Kind, das ich arbeiten sehe. Ich denke an die zwei Jungen, die an einer Raststätte Geld für die Toilette kassierten. Kichernd, aber sehr professionell. Oder das kleine Mädchen, das in Taraz vor unserem Hotel kleine Pasteten, *samsa,* verkaufte. Es war vielleicht sieben Jahre alt, mager und klein in einem gelben Sommerkleidchen. Als ich nicht verstand, was es sagte, warf es mir einen missbilligenden Blick zu. Jeder Handgriff des Mädchens war präzise, als habe es jahrelang nichts anderes gemacht. Einige der Kinder scheinen stolz auf ihre Verantwortung zu sein. Andere wirken fast resigniert. Gehen sie zur Schule? Gerade sind Ferien, daher kann ich es nicht einschätzen. Aber jedes Mal bricht es mir ein wenig das Herz.

Der letzte Eindruck von unserem Hotel ist so merkwürdig wie der erste. Irgendetwas ist mit dem Frühstück schiefgegangen. Keiner weiß, warum, es herrscht allgemeine Ratlosigkeit, aber dann wird, wie immer, eine Lösung gefunden. Die Rezeptionistin schiebt Chris und mich in den Bankettsaal. Die Wände sind mit grünem Satin ausgekleidet, darauf Ornamente aus weißem Holz und Ölbilder mit kasachischen Folkloremotiven in Goldrahmen. Es sieht aus, als habe man die Atmosphäre eines Herrenhauses schaffen wollen, aber auf halbem Weg die Lust verloren. Ein großer Tisch mit gerüschter Leinentischdecke steht in der Mitte des Raumes, von der Decke baumelt ein Kristallüster. Unser Frühstücksgeschirr steht einsam in einer Ecke des riesigen Tisches. Ich muss an Filmszenen denken, in denen sich reiche Leute an einer langen Tafel gegenübersitzen und sich nichts zu sagen haben. Es wird das merkwürdigste Frühstück auf der gesamten Reise.

Chris

Es gibt ein berühmtes Gemälde von Salvador Dalí. Es heißt »Die Beständigkeit der Erinnerung«, aber jeder nennt es »Die weichen Uhren«. Wenn ich an unsere Zeit im baumlosen, heißen Türkistan denke, sehe ich nicht die Stadt. Auch nicht das berühmte Mausoleum. Ich denke an dieses Bild. Ich sehe Formen von etwas Bekanntem, die in der Sonne wie Brei zerfließen.

Wir sitzen am Bahnhof und warten auf unseren Zug nach Schymkent. Es ist noch Vormittag, doch das Thermometer zeigt schon wieder vierundvierzig Grad. Eigentlich kann ich Hitze gut vertragen. Doch die Temperaturen in Türkistan haben selbst mein Hirn zu einer gebrannten Mandel schrumpfen lassen.

Die Luft war wie zäher Gelee, der um unsere Körper waberte, Arme und Beine an Bewegungen hinderte. Jeder Gang fand in Zeitlupe statt, auf den ausgestorbenen Straßen, die Augen beständig zu schmalen Schlitzen zusammengekniffen, Schatten suchend an dürren Straßenlaternen. Die Stadt nur noch Farben, Blassgelb und Ocker, und immer wieder Lehm. Der Himmel, der nie richtig blau wurde, verfärbt vom Wüstensand. So wie die Nationalfarben Kasachstans, gezeichnet in der Flagge. Tageszeiten hatten sich aufgelöst. Ein Morgen fühlte sich an wie ein Mittag und ein Abend auch.

Irgendwo ist hier sicher noch mehr. Irgendwo wird noch Leben sein. Nur uns ist es nicht begegnet.

Ich kann nicht sagen, wie lange wir letztlich hier geblieben sind. Stunden, Tage, Wochen spielen hier, am Ende des Landes, auch keine Rolle mehr. Ich glaube, dass wir noch ein paar Denkmäler gesehen haben, von berühmten *batyry* und *bij* wahrscheinlich, ich glaube, dass wir bröckelnde Bürgersteige auf und ab geklettert sind, dass ein Schild gesagt hat, dass hier ein Theater sei, ein Theater aber nicht zu sehen war. Und jetzt fahren wir einfach weiter.

Wir haben die billigste Klasse gebucht. *Platzkart* heißt das, ein Großraum-Schlafwagen für sechsundfünfzig Personen. Der Zug kommt aus Moskau und ist bis auf den letzten Platz besetzt. Die Hitze steht auch hier. Kinder schlafen in Badehosen, Männer mit nacktem Oberkörper beobachten die Schweißperlen, die zwischen ihren Brusthaaren hinabrinnen. Frauen in flatternden Hosen mit Leopardenmuster tragen Emailleteekannen den Gang entlang, frisches Heißwasser aus dem Samowar holend. Wachsdecken werden über den Klapptischen ausgebreitet, es gibt Kartoffelscheiben mit gekochten Eiern und Mayonnaise. Die oberen Pritschen haben Jugendliche erobert, ihre nackten Füße ragen über das blaue Kunstleder hinaus. Sie spielen Karten.

So rattern wir dahin, vor dem Fenster eine gleichbleibende Landschaft, das Gras ist wieder lehmfarben, der Himmel bleibt trüb. Jemand spielt Musik vom Handy ab, melancholische russische Schlager.

Die Abwechslung ist: mit dem Handtuch um den Hals zur Toilette gehen und den Kopf unter das fließende Wasser halten. Und wieder: zwischen den Waggons rauchen.

Manchmal halten wir an einsamen Landbahnhöfen. »Zwanzig Minuten!«, schallt es jedes Mal durch den Gang. Dann steigen Händler zu, Schmuck, Kleidung oder Eis im Bauchladen. Ein Prediger im traditionellen kasachischen Gewand bietet Segen gegen Geld.

Und irgendwann ist da Schymkent.

Schymkent

Chris **E**in modernes Bahnhofsgebäude empfängt uns.
Auf dem Vorplatz das für den Süden so typische basarartige Treiben in der Nachmittagssonne. Es fühlt sich bekannt an. Busse und
marschrutki mit undurchschaubarer Nummerierung drängen sich
an den Straßenrand. »A wild and lawless place«, hatte unser engli-
scher Reiseführer verkündet – so etwas wie das Texas Kasachstans
sei Schymkent, nicht zuletzt wegen des Drogenhandels. Doch die
Stadt sieht seltsam gesittet, fast bürgerlich aus. Stephanie freut
sich trotzdem, wie schon in Taraz: »Ich mag Schymkent!«
   Wir landen in einem überteuerten, gesichtslosen Hotel. Zum
ersten Mal haben wir zwei Einzelzimmer, etwas anderes ist nicht
mehr frei. Zunächst fühlt sich das merkwürdig an, nach der langen
Zeit auf einmal getrennt zu sein. Doch als die Tür ins Schloss fällt,
werfe ich mich selig aufs Bett. Ein Zimmer ganz für mich allein!

Und dann verteile ich meine Siebensachen um mich herum, als würde ich mich für Wochen einrichten.

Viel zu sehen gibt es in Schymkent nicht. Was an Leben da ist, scheint sich entlang der Tauke Khan abzuspielen, einer einzigen langen Straße und Lebensader der Stadt. Hier gibt es Restaurants, Bars, ein Shoppingcenter namens Mega. Doch biegt man in die Seitenstraßen ab, blickt man auf ausgestorbene Fluchten. Eine Flächenstadt ohne wirkliches Zentrum. Es gibt Parks mit wahllos aufgestellten Skulpturen darin, Stephanie und ich raten, was sie darstellen könnten. Nasenbären, die aus dem Boden wachsen? Wir erkennen zwei Äpfel in Rot und Grün, Pferde mit zwei Beinen und ohne Hals. Aus einer gigantischen Tulpe spritzen Wasserfontänen. Wir gehen in das Mega-Einkaufszentrum, fahren mit den Rolltreppen auf und ab. Im Untergeschoss eine Eisbahn, wir beobachten Kinder auf Schlittschuhen, weil ... ich weiß es nicht, vielleicht, weil sie so surreal anmuten, mit der Wüste vor der Haustür, oder einfach, weil sie sich bewegen.

»Ihr seid nicht von hier. Das sehe ich gleich!« Aus dem Schatten eines Parks, durch den wir spazieren, springt eine Gestalt. Ein hünenhafter Mann, über zwei Meter groß, mit rundem, rotem Gesicht und blonder Igelfrisur, baut sich vor uns auf, als hätte er seit Jahren auf diesen Moment gewartet. »Und wisst ihr, woran ich das gesehen habe? An der Tätowierung.« Er deutet auf Stephanies Arm. »Eine Kasachin würde sich niemals, niemals tätowieren lassen. Hi, ich bin Mike, aus New York, und wer seid ihr?«

Wir stellen uns vor. Mike ist sechsundzwanzig und arbeitet als Geschichtslehrer an einer Schule in Schymkent. Seit drei Jahren lebt er in Kasachstan, ein weiteres liegt noch vor ihm.

»Und danach mache ich, dass ich wegkomme«, sagt er. »Ich weiß zwar noch nicht, wohin, aber auf jeden Fall weg. Ich muss so was von weg hier. Macht's euch was aus, wenn ich euch ein Stück begleite?«

Wir zucken die Schultern. »Warum nicht?«

»Das einzig Gute ist«, fährt Mike fort, während wir durch den Park stapfen, »dass ich mit meinem Aussehen in Kasachstan mittlerweile für einen Russen gehalten werde. Das heißt, dass ich nicht jedes Mal dasselbe Gespräch führen muss: Woher kommst du? Wie alt bist du? Bist du verheiratet? Hast du Kinder? Wo arbeitest du? Was verdienst du? Ihr kennt das bestimmt auch! Immer das Gleiche, nur oberflächlich. Freunde findest du keine. Die Leute sind einzig und allein daran interessiert, Profit aus dir zu schlagen. In meiner Schule zum Beispiel, da hatten wir ein Mädchen, das einen englischen Aufsatz für einen Wettbewerb schreiben sollte. Sie kam zu mir und wollte, dass ich das für sie mache. Ich sagte, ich kann ihn dir gern Korrektur lesen, aber schreiben musst du ihn schon selbst. Da hat sie den Aufsatz bleiben lassen.«

Er schlägt sich mit der flachen Hand vor die Stirn, dass es klatscht. Wir lassen den Park hinter uns und biegen in eine Straße mit kleinen Läden ein.

»Ich sag's euch, die Kasachen haben es einfach nicht drauf. Alles, was sie machen, ist Mist. Schaut euch doch nur mal um. Diese Treppe, das Mosaik fällt schon ab! Und die Stufen sind immer unterschiedlich hoch! Und am schlechtesten sind sie mit Dingen, die sie eigentlich lieben. Zum Beispiel Eis: Die Kasachen lieben Eis! Aber sie wissen nicht, wie man es macht, es schmeckt scheußlich. Überhaupt, das Essen. Habt ihr das probiert? Dieses *beshbarmak?* Also, ich weiß nicht. Und kennt ihr *baursak?* Oh mein Gott! Das ganze Brot ist voll Fett gesaugt. Ich verstehe das nicht, welchen Sinn hat das?«

»Also, ich mochte die *baursaki* wirklich gern!«, unterbreche ich seinen Wortschwall vorsichtig.

»Ist nicht dein Ernst! Achtung, da vorn kommen Soldaten, lasst uns lieber kein Englisch sprechen, damit fordert man nur Kontrollen heraus. Und das muss echt nicht sein. So ... jetzt sind wir dran vorbei. Ich sag euch, das nervt nur. Nicht mal abends passiert hier

was. Es gibt auch nichts, nur ein paar langweilige Clubs mit Chart-
musik, schrecklich!«

Während Mike weiter vor sich hin monologisiert, verfalle ich
in Schweigen. Mein Eindruck von Kasachstan ist ein anderer,
doch kann ich den mit seinem messen? Wir sind ja nur Durchrei-
sende, ein paar Tage hier, ein paar Tage dort. Wie es einem Fremden ergeht, der länger hier lebt, das kann ich nur erahnen. Von Bekannten weiß ich, dass sich viele Expats nach Kontakten zu
Einheimischen sehnen, trotzdem aber meist unter sich bleiben.
Das Fremdsein hat etwas Verbindendes, das oft stärker ist als die
zarten Freundschaftsbande zur einheimischen Bevölkerung.

»Wenn wir hier hinten weiterlaufen, kommen wir zu einem
Denkmal, das an den Deutsch-Sowjetischen Krieg erinnert«, sagt
Mike jetzt. »Wollt ihr es sehen? Ich begleite euch. Es gibt eine Skulp-
tur von einem Kampfjet und die Namen der Opfer sind eingraviert.«

Wir nicken nur noch. Mike stellt uns keine Fragen. Dass wir da
sind, zwei Fremde wie er und Menschen aus dem Westen dazu,
Menschen, die ihn verstehen könnten, das reicht ihm völlig aus.

Das Kriegsdenkmal ist tatsächlich imposant. Zwei gewaltige
Mauern mit eingravierten Namen, der Kampfjet darüber schwebend, flankiert von roten Fahnen. Wir lassen uns in dem spärlichen Schatten nieder, den das Flugzeug auf den Boden wirft.

Ich mache ein paar Fotos. Mike erzählt von seiner Arbeit: ständig sinnlose Meetings, bei denen es um Berichte gehe, die keinen
interessierten. Sowjetstrukturen, die nie aufgebrochen worden
seien. Passiv-aggressive Stimmung. Er sei es leid.

Einen Moment lang blicken wir schweigend auf das Denkmal.
»Schaut euch das nur mal an«, sagt Mike dann, »so viele Menschen.
Man muss sich mal überlegen, wie viele Kasachen damals einfach
in den Krieg geschickt wurden, für die Sowjetunion, für ein Land,
dessen Sprache sie nicht mal konnten. Und heute? Da werde ich
angefeindet, weil ich Russisch spreche und nicht Kasachisch. Früher war das die Sprache der einfachen Leute, die weder lesen noch

Eine MiG auf einem steinernen Sockel erinnert an den
Deutsch-Sowjetischen Krieg

schreiben konnten. Jetzt wird es immer wichtiger, das Russische
wird verdrängt.«

»Das wird auch durch die Regierung befeuert, oder?«, frage ich.
»Nasarbajew setzt doch so sehr auf eine neue, eine eigene kasachische Identität.«

Und Stephanie erzählt von Astana, unserem Besuch im Aussichtsturm Bajterek und der Begeisterung beim Befühlen seines
Handabdrucks.

Mike nickt. »Nur ein einziges Mal habe ich jemanden negativ
über ihn sprechen gehört. Es war ein Taxifahrer. Er sagte, Nasarbajew sei ein Arschloch, weil er Leute aus dem Ausland hole, wo doch
jemand aus Kasachstan den Job besser machen könne. Und ich glaube, das war nicht einmal gegen den Präsidenten gerichtet. Aber man
darf nicht vergessen, was die Leute sehen, wenn sie über die Grenzen
blicken. Tadschikistan hatte eine blutige Revolution, Kirgisistan einen Bürgerkrieg, in Usbekistan lässt ein irrer Diktator Menschen aus
reinem Spaß umbringen. Im Vergleich dazu ist das hier der Himmel.«

Wir bleiben noch ein bisschen sitzen, dann packt Mike seine
Sachen zusammen.

»Ich muss los«, sagt er. »Hey, war nett, mit euch gesprochen zu
haben. Echt, das beste Gespräch, das ich seit Langem hatte.« Und
kurz darauf verliert sich seine zwei Meter große Gestalt auf der
Straße.

Wir bleiben noch zwei Nächte in Schymkent. In dem gesichtslosen Hotel gibt es Ärger mit unserer Wäsche, ein völlig überteuer-
ter Preis wird von uns verlangt. Statt dreihundert Tenge insgesamt
will man dreihundert Tenge pro Wäschestück. Stephanie gelingt
es, das Personal auf ein Fünftel herunterzuhandeln. Doch nach
dem Streit will sie keine weitere Nacht bleiben und so ziehen wir
um in einen netten, abgewohnten Schuppen mit Sechzigerjahre-
Mobiliar, direkt an der Tauke Khan. Die Rezeptionistin ist sicht-
lich verwirrt, dass wir uns ein Zimmer teilen wollen. »In einem
Bett?« Sie scheint uns für ein lesbisches Pärchen zu halten. Nur widerwillig rückt sie einen Schlüssel heraus.

Ich habe längst genug gesehen von Schymkent. Während Stephanie auch am letzten Tag noch einmal loszieht, bleibe ich im
Bett liegen und starre an die Decke.

Szenen fallen mir ein: Wie wir auf dem Basar Badeanzüge entdeckten, die dem von Borat zum Verwechseln ähnlich sahen.

Wie Jugendliche, in Ermangelung eines Flusses, in einem Ge-
wässer im Park badeten, Handtücher auf der Betoneinfassung ausgebreitet, als wäre es ein Strand.

Wie beim Abendessen in einem georgischen Restaurant plötzlich das Tanzbein geschwungen wurde und Frauen in Zehn-Zenti-
meter-Stilettos um uns herum zu Polkarhythmen die Hüften kreisen ließen.

Wie uns ein wildfremder Mann beim Fahrkartenkauf nach Almaty weiterhalf, fast eine Stunde mit uns in einem Reisebüro ver-
brachte, bis wir die Tickets in den Händen hielten.

Wie wir ein kleines Café entdeckten und herrlichen Milchkaf-
fee im Schatten alter Pappeln tranken.

Wie wir uns nach jedem Essen mit der Restaurant-Belegschaft
fotografieren lassen mussten.

Wie wir unsere Taschen im Supermarkt einschließen ließen, es
aber keine Schlüssel gab, und ein junger Mann sagte: »Ich passe
auf! Ich bin der menschliche Schlüssel.«

Man kann nichts sagen gegen Schymkent. Es ist nichts Besonderes, aber es ist auch nicht verkehrt. Man kann hier zwei Tage
bleiben oder zwei Wochen, es gibt sich nichts. Astana war von Modernität geprägt gewesen, Karaghandy von Aufbruch, Balchasch
von Ferienstimmung, Taraz von Hochzeitswahn und Türkistan
von Religiosität. Schymkent ist nichts von alledem. Schymkent ist
nett und nicht mehr. Aber vielleicht bin ich auch einfach müde.

Ich setze mich auf das Fensterbrett des Hotelzimmers und
zünde mir eine Zigarette an. Im Hinterhof rauschen Bäume. Buchen und Eschen drängen sich in der Dämmerung, auf dem as-
phaltierten Boden bricht sich Unkraut Bahn. Entfernt klingt Leben von der Tauke Khan. Die Stühle im Zimmer erinnern mich an
Ikea. Ich puste Kringel in die Luft.

Almaty wird unsere letzte Station in Kasachstan sein. Fast
eine Woche wollen wir in der ehemaligen Hauptstadt verbringen. Es fühlt sich nach Ankommen an. Und ich glaube, das ist etwas Gutes.

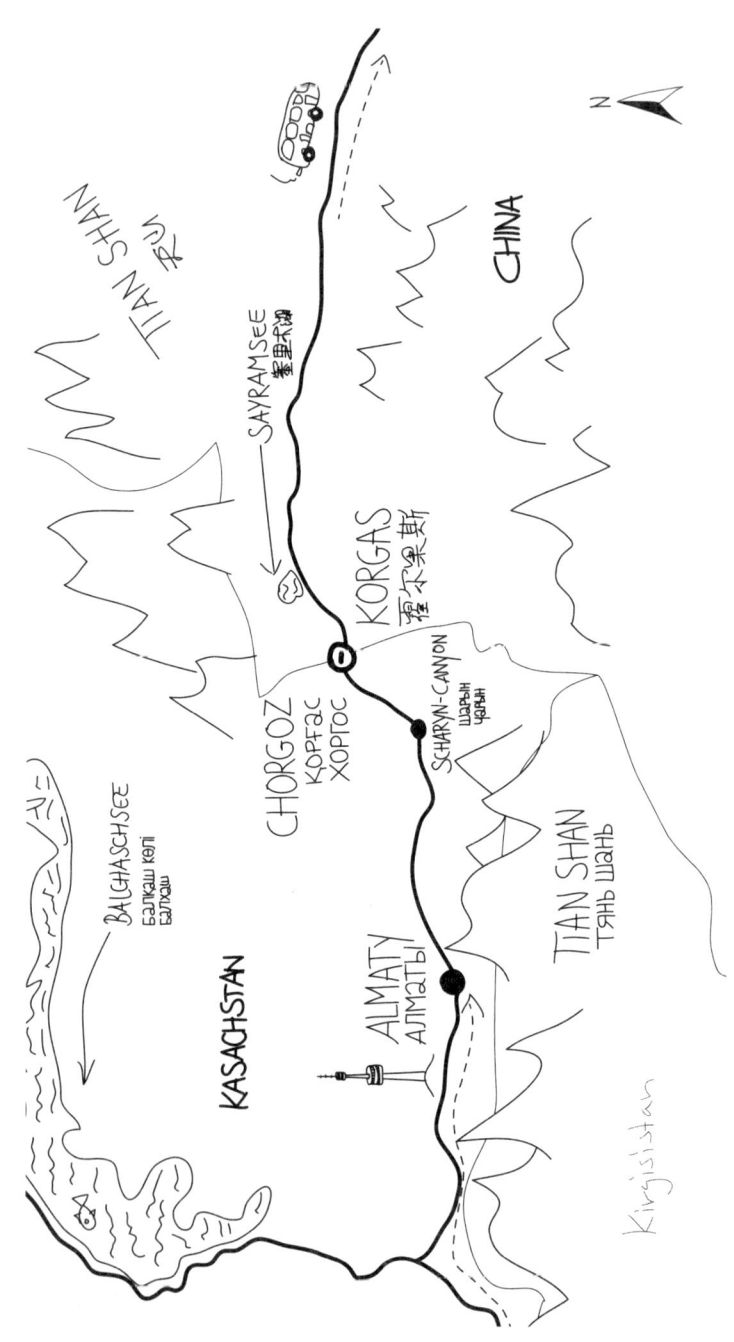

UM
ALMATY

Almaty

Stephanie **W**ährend unserer Fahrt vom Bahnhof Almaty I zum Hostel teile ich Chris' Freude auf das Ankommen zu hundert Prozent. Seit mehr als einer Stunde quälen wir uns durch einen zähen Stau. Nur meterweise geht es voran, im Bus stehen alle zusammengepresst wie die Ölsardinen. Je näher wir der Innenstadt kommen, desto schlimmer wird es. Gefangen im morgendlichen Berufsverkehr.

Mal abgesehen davon, macht Almaty einen freundlichen Eindruck. Es ist sehr grün, Pappeln säumen die Straßen. Moderne Glasbauten wechseln sich ab mit sowjetischen Kästen, dazwischen Plattenbauten und kleine Häuschen. Die karge, heiße Wüstenlandschaft haben wir hinter uns gelassen.

Ein bisschen vermisse ich Südkasachstan: Taraz und den Hochzeitswahn, das mystische Türkistan. Und Schymkent mit seinen

Basaren und überwucherten Hinterhofrestaurants. Das ungeord-
nete Nebeneinander dort von Protz und Zerfall, Schlitzohrigkeit
und Hilfsbereitschaft hat mir gefallen. Kurz vor unserer Abfahrt
sah ich am Bahnhofsgebäude das Logo von McDonald's prangen.
Selbst hier gibt es schon einen, dachte ich, bevor ich merkte, dass
irgendetwas nicht stimmt. Gleiches Logo, anderer Name. Bei Mc-
Donner gibt es keine Big Macs, sondern Döner. Wie kann man
eine solche Stadt nicht mögen?

Nach Almaty sind wir im *lyux*-Abteil gereist, nun kennen wir
jede Wagenklasse der kasachischen Bahn. Verglichen mit den
Fahrten zuvor war es wirklich luxuriös: zwei bequeme Betten, viel
Platz und ein Fenster, das man öffnen konnte. Aber nach zehn
Minuten wurde ich unruhig. Es war so still in unserem Waggon,
zu still. Nur Chris und ich, keine anderen Menschen weit und
breit. Selbst aus den Nachbarabteilen oder dem Gang drangen
keine Geräusche zu uns. Ich vermisste das Leben aus dem *platzkart*-Abteil. Mitreisende, die auf ihren Betten die Zeit mit Kartenspielen, Reden und Essen totschlugen. Verkäufer, die laut rufend
ihre Waren durch die Gänge schleppten. All die kleinen Ereignis-
se, die eine Zugfahrt abwechslungsreich machen, fehlten mir. Jedes Mal, wenn wir an einem Bahnhof hielten, schaute ich etwas
wehmütig auf das Durcheinander auf dem Bahnsteig. Wie sehr
einen doch ein Mehr an Komfort und Luxus von anderen Menschen entfernt.

Endlich hält der Bus an unserer Haltestelle. Ich schiebe meine Gedanken an Schymkent und die Zugfahrt beiseite, wir schnappen
unsere Rucksäcke und steigen aus. Ein paar Meter die Straße hinunter steht ein Hochhaus, seine Fenster blitzen in der Sonne.
Dort, in den obersten Stockwerken, befindet sich unser Hostel. In
der Eingangshalle steht ein massiver Holztisch, hinter dem ein
schläfriger Wächter sitzt. Wir nicken ihm zu und fahren mit dem
Aufzug in den elften Stock.

»Ich checke euch schon mal ein«, sagt Serik, der junge Kasache an der Rezeption. »Aber euer Zimmer ist noch nicht fertig. Trinkt doch draußen erst mal einen Kaffee. In der Küche findet ihr alles. Ich melde mich dann.«

Auf der Dachterrasse stockt mir im ersten Moment kurz der Atem. Vor uns, fast zum Greifen nah, erstrecken sich die schneebedeckten Gipfel des Tian Shan im Licht der Vormittagssonne. Noch ist die Luft klar, jede Kante und jede Falte in den Felsen tritt hervor, so fein und fest umrissen wie auf einem Kupferstich. Direkt am Fuß des Gebirges beginnen die ersten Vororte Almatys. Es scheint, als schmiegte sich die Stadt an die Berge. Ein Netz aus *aryk* durchzieht die Straßen, schmalen Bewässerungsgräben, die neben den Bürgersteigen plätschern. Mithilfe eines Schleusensystems fließt das Wasser aus dem Tian Shan auf immer neuen Wegen und trägt Kühle in die Stadt.

Serik ruft. Unser Zimmer ein Stockwerk tiefer ist fertig. Auch von hier aus können wir die Berge sehen. Mit seinen geöffneten

Fast scheint es, als schmiegte sich Almaty an die
schneebedeckten Gipfel des Tian Shan

Fenstern und einer leichten Brise, die hindurchweht, gleicht es einem Nest im Wipfel eines Baumes. Die Grenze zwischen drinnen und draußen scheint aufgehoben. Unter uns braust der Verkehr vorbei.

Wie viele Städte in Kasachstan wurde auch Almaty mehrmals umbenannt. Quellen aus dem 13. Jahrhundert berichten von Almatu, einer Handelsstation an der Seidenstraße. Ein Jahrhundert später blieben nur Ruinen, die Mongolen waren über die Stadt hinweggefegt und hatten alles zerstört. Als die Russen Mitte des 19. Jahrhunderts erst ein Fort und dann die Stadt Werny gründeten, benutzten sie für den Bau vieler Häuser Überreste des alten Almatu. 1921 erhielt die Stadt einen neuen Namen: Alma-Ata, Vater der Äpfel. Manche sagen, wegen der aromatischen Äpfel, die hier in großen Apfelbaumwäldern gediehen. Zu Sowjetzeiten sollen sie so begehrt gewesen sein, dass sie sogar als Zahlungsmittel verwendet wurden. Heute sind die Wälder des Asiatischen Wildapfels, des Urvaters aller Äpfel, rund um Almaty weitgehend abgeholzt, und der *Malus sieversii* steht als vom Aussterben bedroht auf der Roten Liste.

Andere wiederum sagen, der Name beruhe auf einem Missverständnis. Die Russen hätten die Endung des ursprünglichen Namens Almatu falsch verstanden und so aus der Stadt der Äpfel den Vater der Äpfel gemacht.

Wie dem auch sei, im Dezember 1991 wurde hier die Gemeinschaft Unabhängiger Staaten gegründet. Kasachstan erlangte seine Unabhängigkeit, aus Alma-Ata wurde Almaty, die erste Hauptstadt des jungen Staates. Und obwohl sie nicht einmal zehn Jahre später von Astana abgelöst wurde, ist sie bis heute das kulturelle Zentrum Kasachstans.

Nur zwei Querstraßen von unserem Hostel entfernt liegt eine der neun Haltestellen auf der einzigen Metrolinie der Stadt; genauer

gesagt, der einzigen Metrolinie des Landes. Der Stopp heißt Baikonur. Auch während unserer letzten Tage in Kasachstan werden
wir noch einmal an den Ort erinnert, dessen Besuch uns verwehrt
blieb. Innen ist die Station eine merkwürdig zukunftslose Siebzi-
gerjahre-Version des Weltraumzeitalters: Die Wände sind mit
weißen und blauen Verbundplatten verkleidet, an der Stirnseite
des Bahnsteigs laufen auf einem riesigen Bildschirm Videos von
Raketenstarts, ab und zu unterbrochen von einer Rede des Präsidenten Nursultan Nasarbajew. Baikonur wird zum Ausgangspunkt unserer Streifzüge durch Almaty.

Den ersten Tag verbringen Chris und ich mit Fahrten kreuz
und quer durch die Stadt, langen Fußmärschen und Reiseorgani-
sation. Wir brauchen Fahrkarten für den Nachtbus nach China, in
ein paar Tagen läuft unser Visum für Kasachstan aus. Bis dahin
sollten wir uns auf den Weg gemacht haben. Und wir wollen in
den Scharyn-Canyon, dessen Schönheit sogar Bad Boy Sergej vom
Balchaschsee fast sprachlos zurückließ.

Im weiß-blauen Baikonur sehen wir gerade noch die Rücklichter unseres Zuges, als wir am Bahnsteig ankommen. Nur alle acht
Minuten donnert ein Zug aus einem der Tunnel heran, abwechselnd stadteinwärts oder stadtauswärts. Während wir warten,
starre ich geistesabwesend auf einen kleinen Monitor an der
Wand. Fröhliche Menschen halten Kreditkarten oder Getränke-
dosen in die Kameras, ein Cartoonhäschen hüpft vorbei, Kinder
tanzen durch eine sterilweiße Zukunftswelt. Und ein kasachischer
Polizist verabschiedet sich liebevoll von Frau und Kind, untermalt
von Schlagermusik. Der Bildschirm flackert, wird schwarz-weiß,
grob gerastert, wie von einer Überwachungskamera aufgezeich-
net.

Rock unterbricht die Heile-Welt-Musik. Derselbe Polizist steht
in einer Art Verhörraum. Vor ihm ein Mann, an eine Heizung ge-
kettet. Vergeblich versucht der Gefangene, sich in eine Ecke zu
verkriechen, sich zu schützen. Mit zwei Schritten ist der Polizist

über ihm, zieht einen Stock hervor und fängt an zu prügeln. Bis der Gefangene ein Geständnis unterschreibt.

Schnitt.

Schlager, Farbe und warmes Licht. Die Frau empfängt ihren Mann an der Wohnungstür. Im Flur streicht er seinem Kind über den Kopf.

»Und, wie war es auf der Arbeit«, fragt die Frau.

»Ach, normal.«

»Normal?«, folgt in weißer Schreibmaschinenschrift auf schwarzem Untergrund. »Gewalt ist nicht normal!« Eine Kampagne gegen Folter, eingebettet in die Verheißungen der Konsumwelt. Dieser Spot geht mir nicht mehr aus dem Kopf. Soll er wirklich etwas verändern oder nur den Eindruck erwecken, dass etwas gegen Polizeigewalt unternommen wird? In den letzten Jahren hat sich laut Amnesty International und Human Rights Watch die Menschenrechtslage im Land eher verschlechtert. Findet nun ein Umdenken statt? Bis heute habe ich keine Antwort gefunden und auch keine nähere Information zu dem Spot. In den nächsten Tagen sehe ich ihn immer mal wieder auf einem der Monitore in einer Metrostation. Doch um mich herum scheint ihn keiner richtig wahrzunehmen.

Wilhelm treffen wir während unserer Odyssee durch verschiedene Reiseagenturen. Die Busfahrkarten hatten wir schnell bekommen, aber Fahrer und Guide für den Ausflug in den Scharyn-Canyon zu finden ist schwieriger als gedacht. Auch beim dritten Anbieter erklärt uns ein junger Mann, dass momentan alle Individualtouren in den Canyon gestrichen seien. Anscheinend gibt es eine neue Verordnung, laut der Ausländer nur noch mit einer Sondergenehmigung hineingelassen werden. Ein Gerücht macht die Runde: Letzte Woche sollen Reisende von bewaffneten Soldaten verjagt worden sein – nachdem sie sich geweigert hatten, Schmiergeld zu zahlen. Keiner weiß, warum plötzlich eine Sondergenehmigung erforderlich ist; keiner weiß, wo sie zu beantragen ist; keiner weiß, ob die ganze Geschichte wirklich stimmt. Aber das Risiko, heimgeschickt zu werden, ist den meisten Anbietern einfach zu groß. Chris und ich stehen vor dem Büro an der Gogol-Straße und haben gerade beschlossen, dass wir erst mal im Panfilow-Park die Füße hochlegen und darüber nachdenken, was wir jetzt machen, als Wilhelm uns anspricht. Er überlege, ob er nicht ein Auto mieten und es auf eigene Faust versuchen solle. Wenn wir Lust hätten, bietet er an, könnten wir uns ihm anschließen. In einer Stunde bekomme er Bescheid, ob es klappt.

Seit ein paar Jahren befindet er sich im Ruhestand, zumindest theoretisch. Ruhig im Sessel sitzen ist nicht sein Ding. Er ist der Typ allein reisender einsamer Wolf, der überall auf der Welt zu Hause ist – grauhaarig, mit wettergegerbter Haut und Falten in den Augenwinkeln, die vom Lachen und der Sonne kommen. Noch nie in seinem Leben war Wilhelm sesshaft. Erst arbeitete er als Lkw-Fahrer, dann als Busfahrer. Die Straßen von Europa, Asien und Afrika waren seine Heimat. Unterwegs sammelte er Sprachen.

»Ihr könnt euch aussuchen, was ihr mit mir sprechen wollt.« Erwartungsvoll macht er eine kurze Kunstpause, bevor er sein Angebot herunterrattert: »Italienisch, Deutsch, Englisch, Französisch, Spanisch, Portugiesisch, Russisch, Chinesisch, Serbisch oder Arabisch.«

Eigentlich heißt Wilhelm Guglielmo und kommt aus Italien. Aber der besseren Aussprache wegen hat er seinen Namen gleich eingedeutscht. Wir unterhalten uns auf Deutsch, mit kleinen Abstechern ins Englische, wenn die Verständigung hakt. Da Wilhelm gerade nichts Besseres vorhat, begleitet er uns in den Panfilow-Park.

»Und, was hat euch hierher verschlagen?«, fragt er.

»Wir wollten her, weil Kasachstan so was wie ein weißer Fleck auf der Landkarte ist. Kaum einer weiß etwas darüber. Und natürlich wollten wir die Steppe sehen, die Weite erleben«, antwortet Chris. »In ein paar Tagen geht es dann weiter nach China.«

»Ach, da komme ich gerade her. Ich bin in Shanghai los und dann durch China bis nach Almaty. Wenn es klappt, fahre ich noch nach Kirgisistan, Georgien und in die Türkei. Dann muss ich wieder heim.«

Während wir die Straße entlangschlendern, behauptet Wilhelm, dass er schon fast zweihundert Länder bereist habe, viele sogar mehrmals. Als er seine Aufzählung beendet, sind ein paar Minuten vergangen. Gefallen hat es ihm überall. Sogar in Gegenden, die andere abschrecken, entdeckte er etwas Schönes.

»Dhaka fand ich zum Beispiel toll. Dieses Durcheinander, dieses Chaos! Alle anderen haben es gehasst. Der einzige Kontinent, der mir noch fehlt, ist Südamerika. Aber nächstes Jahr will ich die Panamericana runterfahren. In den Süden Chiles, bis nach Feuerland.«

Chris' Einwurf, dass sie dort vor ein paar Jahren war, scheint er nicht einmal wahrzunehmen. Unser Besuch im Panfilow-Park wird untermalt von Wilhelms Lebensgeschichte. Am Denkmal für die achtundzwanzig Panfilow-Gardesoldaten, die während der Belagerung von Moskau heldenhaft ihr Leben gelassen haben sollen, erzählt er, wie ihn nur wenige Meter von einem Grizzly trennten und er sogar einem Eisbären nahe gekommen sei. Die kantigen Bronzesoldaten auf dem Denkmal stürmen uns entgegen, vor ihnen lodert eine ewige Flamme. Familien laufen an uns vorbei. Und Wilhelm sagt, er habe schon fast alle Tiere der Welt in freier Wildbahn gesehen. Bis auf Tiger, die fehlten ihm noch. Vor der russisch-orthodoxen Christi-Himmelfahrt-Kathedrale, bunt bemalt, mit goldenen Kuppeln und komplett aus Holz gebaut, erfahren wir, dass er nicht nur Kraftfahrer war, sondern auch einen Pilotenschein besitzt. Eine Zeit lang sei er für Singapore Airlines geflogen, erzählt er. Seinen Ausweis trägt er immer noch im Portemonnaie mit sich. Er zieht ihn heraus, und tatsächlich, neben dem Logo von Singapore Airlines prangt sein Foto. Einerseits bin ich mir nicht sicher, ob der Ausweis nicht doch eher von einem der Märkte in Bangkok oder Delhi stammt. Andererseits sind ja die absurdesten Geschichten oft wahr.

»In den letzten Jahren vor meinem Ruhestand habe ich als Privatpilot für eine spanische Prinzessin gearbeitet. Wir sind durch die halbe Welt gejettet.«

»Für eine Prinzessin?« Ungläubig sehe ich ihn an.

»Ja. Aber ich kann nicht sagen, welche. Diskretion, ihr versteht? Ich sage nur so viel: Es war eine de Aragón.«

Nach einer kurzen Pause meint er, dass er sich über sein Leben nicht beschweren könne. Von seiner Rente und seinem Ersparten lebe er gut, könne sich das Reisen leisten und müsse nicht zu Hause versauern.

»Was soll ich sagen? Ich bin schon so was wie ein kleiner Millionär.« Zufrieden strahlt er uns an. Als er sich eine Stunde später verabschiedet und in Richtung Grüner Markt verschwindet, fühle ich mich etwas erschlagen von der Flut an Informationen, die über uns hinweggeschwappt ist. Bevor er geht, gibt Wilhelm uns seine Mailadresse, falls wir mit ihm in den Scharyn-Canyon fahren wollen. Doch ich bin mir nicht sicher, ob ich es einen ganzen Tag mit ihm aushalten würde.

Später im Hostel ruft Chris ein paar Guides an, deren Nummern in unserem Reiseführer stehen. Und sie findet Jermek, der sofort für einen Ausflug in den Canyon zu haben ist. Auch auf die Gefahr hin, dass wir unverrichteter Dinge umkehren müssen. Wir sagen Wilhelm ab und treffen uns abends mit Jermek, um die Details für unseren Trip zu besprechen.

Chris

Es gießt in Strömen, als Jermek uns am nächsten Morgen um sechs Uhr vor dem Hostel abholt. Im Stakkato klatschen die Regentropfen auf seinen Jeep, die Reifen stehen schon jetzt eine Handbreit im Wasser. Von den Bergen hinter der Stadt ist nichts zu sehen. »Das klart schon noch auf«, kommentiert er munter und

streckt seinen Regenschirm über uns. »Ich habe beim Wetter-
dienst angerufen!«

Zweifelnd beäuge ich die grauen Wolkentürme. Im Schutz eines Baumes werfe ich Wasserflaschen und Vesper in den Kofferraum und schlüpfe schnell ins Auto. Hoffentlich behält er recht.

Jermek ist vierundfünzig und hat in Sankt Petersburg Orienta-
listik studiert. Doch mit seinem Streifenpulli, dem braungebrann-
ten Gesicht und seinen vielen Lachfältchen sieht er nicht aus wie
jemand, der allzu viel Zeit in Bibliotheken verbringt – eher wie ein
alternder Zirkusclown. »Und er hier ist Damir.« Er zeigt auf unseren Fahrer. »Er ist Tatar! Aus Kasan, Tatarstan!«

»Morgen«, brummt es aus einer Jeansjacke heraus.

Die Stadt ist um diese Uhrzeit wie ausgestorben. Der Tatar
wirft den Motor an, die Scheiben beschlagen, als wir uns in Bewegung setzen. »Ohh, Mahatma, es muss einfach besser werden«,
stöhnt Jermek. »Wenn es weiter regnet, wird der Boden zu rut-
schig. Ich weiß nicht, ob wir dann überhaupt in den Canyon hin-
unterkönnen.« Durch die regennassen Scheiben beobachte ich,
wie die Stadt hinter uns bleibt.

Der Scharyn-Canyon liegt etwa drei Autostunden nördlich
von Almaty. In Kasachstan heißt es, er sei der drittgrößte Canyon
der Welt. In Wahrheit schafft er es nicht einmal unter die ersten
zwanzig. Aber seiner Schönheit tut das keinen Abbruch: Auf Bildern sieht er aus wie eine Miniatur des berühmten Grand Canyon,
mitsamt steil aufragenden Klippen und bizarr geformten, roten
Sandsteinfelsen. Der Fluss Scharyn hat die Schlucht über Jahrtau-
sende in den Stein gewaschen.

Auf dem Weg passieren wir tatarische und uigurische Dörfer.
Auch die chinesische Grenze rückt näher. Während wir noch gegen unsere Müdigkeit ankämpfen, ist Jermek bereits in Konversa-
tionslaune.

»Hier links seht ihr das Hügelgrab, wo Archäologen 1969 den
Goldenen Mann ausgegraben haben«, sagt er launig und zeigt auf

ein Stück nasse Wiese. Der vermutlich im 5. Jahrhundert vor
Christus verstorbene Sakenfürst ist ein nationales Symbol in Kasachstan. Er wurde mit prächtiger Kleidung und vielen Grabbei-
gaben bestattet. Seine spitze Mütze, Stiefel und Jacke sind mit
Tausenden Goldplättchen verziert. Die Saken galten als legendä-
res Reitervolk, ihre Kultur war hoch entwickelt. Ein Abbild des
Goldenen Mannes kann heute in Astana besichtigt werden. Jermek lässt weitere Anekdoten aus der kasachischen Geschichte
folgen. Keine davon erzählt er bis zum Ende, denn spätestens im
Mittelteil fällt ihm eine neue und dann wieder eine neue ein. Als
wir eine Hochebene und den Eingang zum Nationalpark erreichen, schwirrt mir der Kopf. Jermek strahlt.

Das Wärterhäuschen liegt verlassen da. Obwohl Freitag ist,
scheinen wir die einzigen Besucher zu sein. Kein Wunder – bei
dem Wetter. Jermek und Damir hüllen sich in ihre Jacken und
trotten zum Eingang. Stephanie und ich warten im Auto. Der Regen trommelt unablässig aufs Dach.

Eine Viertelstunde später erscheinen die beiden wieder, in Be-
gleitung zweier Soldaten. Sie nicken und winken, dann können wir
passieren. Offenbar ist die erforderliche Sondergenehmigung also
nur ein Gerücht.

Von nun an geht es steil bergab. Meter um Meter arbeitet sich
Damir vor. »Er fährt Rallyes, müsst ihr wissen«, sagt Jermek. »Oh,
Mahatma! Schaut mal raus, fantastisch!«

Vor uns fällt jetzt der Canyon in die Tiefe. Mit Urgewalt hat
sich das Flusswasser in das rötliche Gestein gefressen und eine
atemberaubende Schneise hinterlassen. Fast ehrfürchtig blicken
wir in den Abgrund hinab. Um die Schlucht herum breitet sich
eine karge Gerölllandschaft aus, nur am Horizont erheben sich
die Toraigyr-Berge. Außer uns ist kein Mensch zu sehen.

Damir fährt noch einige Meter, dann parkt er den Jeep am
Wegrand. Und noch bevor wir unsere Regenjacken übergezogen
haben, ist Jermek bereits aus dem Wagen gesprungen und davon-

Wind und Wasser hinterließen im Scharyn-Canyon kunstvolle Gebilde

geeilt, den Fotoapparat in der Hand.

»Mahatma!«, hören wir ihn nur rufen.

Grinsend folgen wir ihm. Der Starkregen hat sich gelegt und einem feinen Nieseln Platz gemacht. Über schmale Pfade balancieren wir von Felsvorsprung zu Felsvorsprung. Es gibt keine Geländer, keine Warnschilder, keine Befestigungen. Hier entscheidet jeder selbst, wie nah er sich an den Abgrund herantraut. Ein einziges Mal habe ich Zäune gesehen in Kasachstan. Sie dienten dazu, Gräber vor weidendem Vieh zu schützen.

Immer wieder eröffnen sich zu unseren Füßen atemberaubende Ausblicke. An manchen Stellen fallen die Klippen bis zu dreihundert Meter in die Tiefe. Das Alter des Canyons, habe ich gelesen, wird auf über zwölf Millionen Jahre geschätzt. Ganz unten schlängelt sich eine schmale Straße durch die Schlucht und verschwindet in einem Felstunnel.

Die meisten Fotos aber mache ich von Stephanie. Mit ihrem pinkfarbenen Regenponcho, schnell noch in einem Geschäft erstanden, sieht sie in all dem Geröll aus wie ein Kaugummi im Weltall.

Wieder sind wir im Niemandsland angekommen. Das in Kasachstan unmittelbar beginnt, sobald man eine Stadt verlässt. Hier in der Weite, allein mit dem Wind und den nassen Steinen, scheint Almaty wie eine ferne, seltsam künstliche Welt. Ich war zuerst da, scheint das Land zu sagen. Ich gewähre euch einen Platz, solange ihr ihn braucht. Aber am Ende werde ich euch alle überdauern. Einen Moment lang starre ich schweigend in die Tiefe.

Dann kehrt Jermek zu uns zurück. Offensichtlich ist ihm sein Job als Guide wieder eingefallen, denn jetzt nestelt er einen Zettel aus seiner Hosentasche. »Die Schlucht weist eine große Vielfalt an Flora und Fauna auf«, liest er. »Es gibt über tausendfünfhundert Pflanzenarten. Siebzehn davon gelten als nahezu ausgestorben. Weiter zählen wir hier über sechzig Säugetierarten, über hundert Brutvögel und fünfundzwanzig Arten von Reptilien.«

Stolz faltet er das Papier zusammen. Dann zückt er seine Kamera und macht weitere Fotos – von uns.

»Ahh, ganz toll. Toll, toll, fantastisch. Wisst ihr, ich habe mal als Fotograf gearbeitet. Models habe ich fotografiert, für Magazine. Was macht ihr eigentlich beruflich?«

»Stephanie ist Grafikerin und ich bin Journalistin«, antworte ich und klettere von meinem Felsen zu ihm herunter.

»Journalistin! Ich bin auch Journalist. Ich schreibe für ein kasachisches Reisemagazin. Mensch, da führe ich doch nachher noch ein Interview mit euch!«

»Mahatma!«, mache ich.

Wie wir erfahren, ist Jermek nicht nur Fremdenführer, Orientalist, passionierter Historiker, Fotograf und Journalist, sondern außerdem Maler, Lehrer, Werbetexter, Musiker, Klubbetreiber, Konzertveranstalter und Yogalehrer, dazu Vater eines elfjährigen Sohnes, der ebenfalls bereits Stücke komponiert.

Weiter hangeln wir uns an den Klippen entlang. Erst jetzt fällt mir auf, dass sie farbige Streifen haben: Ihr Fuß besteht aus schwarzem Vulkangestein, darüber folgt roter Sandstein. Bedeckt

werden sie von einer Schicht aus grauem Geröll, das der Wind he-
rangetragen hat. Wie Tortenstücke sehen einzelne Vorsprünge
aus. Bei gutem Wetter müssen die Farben fantastisch sein. Aber
auch an einem grauen Tag wie heute verliert der Scharyn-Canyon
nichts von seiner eigenartig fremden Schönheit.

Ich bleibe ein wenig hinter Stephanie und Jermek zurück. Wir
nähern uns einem Teil der Schlucht, der Tal der Burgen genannt
wird. Die Steinformationen sind so ungewöhnlich, dass sie Namen haben. Notre Dame heißt zum Beispiel eine, es gibt auch den
Pinguin, die Ente oder Winnie Puuh. Ich versuche, die Figuren zu
erkennen. Anderen gebe ich selbst Namen: das Bügeleisen, Ar-
nold Schwarzenegger, der halbierte Mops. Schließlich hole ich die
beiden wieder ein.

Jermek schiebt sich die Kapuze aus dem Gesicht. »Ich sage immer, Steine sind wie Menschen. Manche sind weiß wie ihr, andere
gelb wie ich und wieder andere schwarz wie Barack Obama. Hahaha! Ahh, ein wunderbarer Ort. Gleich hier in der Nähe gibt es einen Ashram, in den ich manchmal gehe. Zum Meditieren.«

Nach einer Stunde kehren wir zum Wagen zurück. Damir stellt
seine Musik leiser, als er uns kommen sieht, und wirft den Motor
an. Dann geht es in waghalsigen Manövern weiter in die Schlucht
hinunter. Die Reifen rutschen auf dem Geröll, doch ich kann meine Augen nicht von den Klippen mit ihren Streifen abwenden.
Mächtig türmen sie sich nun rechts und links von uns auf. Von hier
unten wirken sie fast noch imposanter. Die kurvenreiche Piste endet an einem Campingplatz am Ufer des Scharyn, wo einsame weiße Jurten mit Blumenkübeln davor auf Übernachtungsgäste warten. Wir finden einen Picknicktisch direkt am Wasser, geschützt
von einem Holzdach.

»Danken wir Gott für Liebe, Schönheit und Reichtum«, betet
Jermek, als unsere Vesper vor uns steht. Es gibt Brot, Käse, Tomaten, Gurken und Lebkuchen, jeder hat etwas mitgebracht. Neben
ihm schneidet Damir schweigend ein Stück Wurst in Scheiben.

Eine Jurte im Scharyn-Canyon trotzt dem Regen

»Immer gibt es überall so viel Fleisch«, fährt Jermek jetzt fort. »Ich wollte eigentlich vegetarisch leben, zusammen mit meiner Frau. Von Hare Krishnas habe ich gelernt, wie man das kocht.

Aber meiner Frau ist es zu schwergefallen. Jedes Mal, wenn wir auf dem Basar waren, stand sie vor den Fleischwaren und sagte: Aber jetzt schau doch mal ...! Sie hat es dann nicht durchgehalten. Aber ich versuche es schon.«

»Wie habt du und Damir euch eigentlich kennengelernt?«, erkundigt sich Stephanie. Das würde mich allerdings auch interessieren. Die beiden Männer erscheinen mir ungefähr so seelenverwandt wie Schwarzbrot und Wackelpudding.

»Ahh, Mahatma! Wir haben uns schon vor zwanzig Jahren kennengelernt, in unseren Rock'n'Roll-Zeiten! Ich habe damals Konzerte organisiert und in einer Band gespielt und Damir war Roadie. Er ist ein Held! Erst konnten wir nicht so viel miteinander anfangen, aber dann kam die Freundschaft doch. Stimmt's, Damir?«

Der Tatar nickt stumm, während Wurstscheiben in seinen Mund wandern.

»Nur politisch sind wir nicht immer einer Meinung«, fügt Jermek hinzu.

Stephanie und ich nicken wissend. Auf der Fahrt hierher hatten die beiden sich über eine Stunde lang um das Sankt-Georgs-Band gestritten, das Damir an seinem Rückspiegel befestigt hat. Jermek fand, mit dem Symbol drücke Damir seine Unterstützung für Putin in der Ukraine aus.

Ein Kätzchen mit stahlblauen Augen gesellt sich zu uns, Schutz suchend vor dem Regen. Einen Moment lang sehen wir alle dem grünen Fluss nach. Es ist kühl.

Während Jermek in Geschichten von früher schwelgt, nehme ich den Campingplatz genauer in Augenschein. Weiter unten am Flussufer entdecke ich einige seltsam geformte Bäume. Das müssen die Sogdianischen Eschen sein. Das Alter dieser Eschenart wird auf viele Tausend Jahre geschätzt, sie soll sogar die Eiszeit überdauert haben. Es gibt nur noch wenige Exemplare. Und Meerträubel entdecke ich. Vorsichtig pflücke ich ein paar der roten Beeren. Sie schmecken zuckersüß.

Als ich zu den anderen zurückkehre, ist es fast drei Uhr. Langsam, denke ich, müssten wir eigentlich den Heimweg antreten. Doch Jermek hat alle Zeit der Welt. Nachdem wir die Essensreste verpackt und den Tisch aufgeräumt haben, schnappt er sich erneut seine Kamera, um die Landschaft zu fotografieren. Geschickt wie eine Gemse hat er bald die ersten Felsen erklommen und ist nicht mehr zu sehen. Damir hat es sich derweil im Auto gemütlich gemacht.

Stephanie und ich blicken uns ratlos an.

»Gut, dann gehe ich jetzt auch zurück in den Canyon, zum Fotografieren.« Ich zucke die Schultern. Stephanie folgt mir. Doch nach den ersten hundert Metern bleibt sie stehen.

»Ich habe kein gutes Gefühl. Ich würde lieber umkehren, sicher suchen die beiden schon nach uns.«

»Selbst schuld«, kommentiere ich.

»Du kannst ja bleiben, ich gehe zurück.«

»Wie du meinst. Hey, es gibt sowieso nur diesen einen Weg wieder raus«, rufe ich noch, aber da ist Stephanie bereits außer Hörweite.

Und so stehe ich plötzlich allein im Scharyn-Canyon. Es regnet jetzt nicht mehr, stattdessen bläst ein kalter Wind durch die Schlucht. Weiter und weiter schreite ich, mit eigenartiger Ehrfurcht, als ginge ich durch eine Kathedrale. Nur dass nicht Wandgemälde, Kanzel und Altar vor mir aufragen, sondern die Heiligtümer der Natur.

Mit einem Mal bin ich froh, nicht in Gesellschaft zu sein. Diesen Moment völlig allein zu erleben. Nichts sagen, nichts erklären zu müssen. Mich wieder auf mich selbst zu besinnen. Mir selbst – nachzukommen. Ich merke, dass das zu kurz gekommen ist in den letzten Wochen.

Es ist wunderbar, zu zweit zu reisen. Erfahrungen zu teilen, sich auszutauschen. Es ist auch leichter. Wer allein ist, ist verletzlich. Aber gleichzeitig genau deshalb – wacher. Und aufmerksamer. Jetzt, da ich mich umsehe, erscheinen mir die Farben der Felsen leuchtender, der Himmel weiter, der Geruch von Geröll und Gebüsch intensiver.

Vielleicht liegt darin der wahre Grund für meine Müdigkeit und die seltsame Lähmung, die ich seit unserer Abreise aus Türkistan empfinde. Es ist nicht die Hitze. Nicht das Warten. Es sind nicht die Entfernungen oder das ständige Organisieren. Sondern die fehlende Zeit, dem allem nachzukommen.

Vielleicht wird in Almaty Zeit dafür sein. Fünf Tage bleiben uns noch in der Stadt. Und unser kleines Apartment über ihren Dächern ist wunderbar, abgeschieden vom Trubel wie ein kleines Vogelnest, der perfekte Rückzugsort.

Und dann bleibe ich stehen. Krame meine Kamera aus dem Rucksack, lege sie auf den Boden, das Objektiv auf einen Stein gestützt. Stelle den Selbstauslöser ein. Nur ich und sonst nichts sollen auf dem Bild zu sehen sein, umgeben von dieser gewaltigen, menschenverlassenen Schlucht. Damit ich das Gefühl nicht vergesse.

Als ich wieder aufblicke, entdecke ich eine Gestalt. Es ist ein Junge, sehr dünn, vielleicht fünfzehn Jahre alt. Er klettert eine der Felswände empor, und das in atemberaubendem Tempo. Geschickt wählt er seine Schritte, stemmt sich zwischen den Steinen in die Höhe, als hätte er nie etwas anderes getan. Wo ist er hergekommen? Ich kneife die Augen zusammen. Er hat kein Gepäck bei sich.

Als der Junge einen Felsvorsprung auf halber Höhe erreicht hat, entdeckt er mich. Und bleibt stehen.

Plötzlich beginnt mein Herz zu klopfen. Einen Moment, der sich wie eine Ewigkeit anfühlt, fixieren wir uns. Reglos. Wie zwei Wildtiere, die ihr Revier abstecken. Als habe jeder von uns eine Einsamkeit gesucht, die keine Gesellschaft erlaubt. Es gibt kein Winken. Keinen Zuruf. Allein der Wind pfeift durch die einsame Mondlandschaft.

Und dann ist der Augenblick vorbei. Motorengeräusch hallt durch die Schlucht und damit kommt Bewegung in den Jungen.

Eilig klettert er zum Kamm. Der Jeep braust heran, mit Jermek, Damir und Stephanie darin. Noch bevor das Auto vor mir hält, ist der Junge verschwunden.

Zurück am Wärterhäuschen, wartet dort ein anderer Soldat, offenbar die Wachablösung. Er bittet um Fotos mit den Touristen.

Dann versinken wir in unseren Sitzen. Stephanie ist bald eingenickt. Nur Jermeks Energie scheint ungebrochen wie die eines Duracell-Häschens. Erneut verwickelt er Damir in eine politische Diskussion, wieder geht es um Russland und darum, ob das Land als Freund oder Feind zu begreifen sei. Erst nach langen, dabei immer lauter werdenden Diskussionen verfallen beide in mürrisches Schweigen.

»Ach, wir finden einfach keinen gemeinsamen Nenner«, sagt Jermek, schließlich zu uns gewandt. »Wisst ihr, was ich gern machen würde? Eine globale Umweltbewegung starten! Damit die Menschen überall auf der Welt in Freiheit, Wohlstand und Frieden leben können. Ich habe mich auch schon mal mit den Grünen in Deutschland in Verbindung gesetzt, aber da kam keine Antwort. Ich fände es auch gut, wenn es bei uns mehr Demokratie gäbe, wenn westliche Länder die Demokratiebewegung unterstützen würden. Deutschland zum Beispiel, oder? Steinmeier? Was denkt ihr?«

Stephanie und ich nicken schwach. Es war ein langer Tag. Im Moment kreisen meine Gedanken allein um trockene Kleidung und eine heiße Dusche. Und auf der Straße vor unserem Hostel hatte ich einige einladend aussehende Restaurants gesehen. Doch je mehr wir uns der Stadt nähern, desto dichter wird der Verkehr. Damir kommt nur noch stockend vorwärts. Ein paar Mal hält er am Seitenstreifen, um zu rauchen.

»Ich habe mir überlegt, eine Sinfonie für Deutschland zu komponieren«, sinniert Jermek. »Im Ernst, ich finde Angela Merkel toll. Und Deutschland hat sich von einem Land, das faschistisch war, zu einer Nation gewandelt, die ihre Politik nicht durch

Machtdemonstrationen und Krieg durchsetzt. Das finde ich be-
wundernswert. Ich hatte die Idee schon ganz vergessen, aber jetzt
fällt mir das wieder ein. Eine Sinfonie für Deutschland! Dabei
könnte mich doch das Goethe-Institut unterstützen!«

Er lässt sich auf seinen Sitz zurückfallen und summt Tonfolgen
vor sich hin. Damir starrt ausdruckslos auf die Straße.

Zurück in Almaty, hat sich der Regen verzogen. Die Straßen
dampfen und die Hitze kriecht als feuchte Schwüle zurück in die
Stadt. Als wir vor dem Hostel parken, fühle ich mich, als seien wir
nach Wochen zurückgekehrt.

»Hey, was habt ihr denn in den nächsten Tagen noch vor?«,
fragt Jermek. »Wir könnten am Sonntag zusammen in die Berge
fahren. Wie wär's? Ich kenne die Gegend gut, wir fahren oft dorthin, um Yoga zu machen.«

»Mal sehen«, weicht Stephanie aus. »Wir melden uns einfach,
okay?«

Damir hebt die Hand zum Abschiedsgruß. Und als der Jeep
schließlich im Verkehr verschwindet, brauche ich Stephanie nur
anzusehen, um zu wissen, was sie denkt: »Mahatma!«

Stephanie

Es ist heiß, fast hundert Grad Celsius, selbst bei der kleinsten Bewegung brennt die Haut, jeder Atemzug versengt die Nasenlö-
cher. Vor Kurzem hat die Bademeisterin eine gusseiserne Luke in
der Wand geöffnet und zwei Eimer Wasser hineingeschüttet, die
Luft ist feucht und riecht nach Birke.

Nach dem Tag mit Jermek und Damir im Scharyn-Canyon war
ich erschöpft. Geistig und körperlich. Chris ging es ähnlich. Der
Himmel war immer noch wolkenverhangen, ab und zu zogen
Schauer vorbei. Also verbringen wir den Nachmittag in der Banja
Arasan nicht weit vom Panfilow-Park. Fast einen Häuserblock
nimmt das Gebäude ein, in dem sich russische, türkische und fin-
nische Saunas, Restaurants, Kosmetik-, Fitness- und Massagestu-

dios befinden. Mit seinen grünen Kuppeln und der nüchternen
Fassade sieht das Badehaus aus wie eine Kreuzung aus Orient und
real existierendem Sozialismus. Innen ist es ähnlich, Marmor und
Stuck neben Kacheln und Plastik. Direkt hinter dem Eingang werden Männer und Frauen in getrennte Bereiche sortiert.

Die Banja Arasan war eines der ›Geschenke‹ von Dinmucha-
med Kunajew an seine Geburtsstadt. Der Erste Sekretär des Zen-
tralkomitees der Kommunistischen Partei Kasachstans wollte,
dass sich Status und Bedeutung der Hauptstadt der Kasachischen
Sowjetrepublik auch in der Architektur widerspiegeln. Also begann er, das Gesicht der Stadt nach seinen Vorstellungen zu formen. Die alten Holzhäuser in der Innenstadt mussten neuen
Prachtbauten im Stil des sozialistischen Klassizismus weichen.
Breite Boulevards wurden angelegt, Parks und Naherholungsgebiete. Und ein neues Badehaus.

Rhythmisches Klatschen reißt mich aus meiner Trägheit. Auf
der Holzliege in einer Ecke der Sauna liegt eine Frau, die Beine
von einem weißen Tuch bedeckt. In gleichmäßigem Tempo
schlägt eine kräftige Bademeisterin Büschel feuchter Birkenblät-
ter auf ihren Rücken, für eine bessere Durchblutung. Ab und an
entweicht der Frau ein leises Stöhnen, zwischen Schmerz und Ent-
spannung. Auf den anderen Bänken in der russischen *banja* sitzen
Frauen, ins Gespräch vertieft oder alleine für sich. Einige tragen
Filzkappen, um ihren Kopf gegen die direkte Hitze zu schützen.

Irgendwann wird es mir zu heiß. Nach einer Dusche steige ich
vom Waschraum, schmucklos und zweckmäßig, eine breite Treppe hinauf. Unter einer ausladenden Kuppel liegt ein runder Pool.

»Stopp!«, ruft mir eine Bademeisterin zu, als ich im Wasser
treibe, und zeigt auf ein Schild mit Piktogrammen: Schwimmen
ohne Kopfbedeckung ist verboten. Ich klettere aus dem Pool
und finde Chris auf einer der Marmorbänke wieder. Irgendwo
im Labyrinth des Arasan hatten wir uns aus den Augen verloren.
Ein Gewirr aus Gängen führt durch die Tiefen des Badehauses,

mehr als einmal hatte ich mich darin verlaufen. Zwischen den
verschiedenen Bereichen befinden sich immer wieder Ruhezo-
nen, Cafés mit ausladenden Sesseln, Schönheitssalons. Gruppen
von Frauen sitzen herum, reden und lachen miteinander, haben
Essen mitgebracht. Es gefällt mir, dass der Besuch hier ein gesel-
liges Ereignis ist, ein kleiner Ausflug. Sogar Geschäfte sollen oft
in der *banja* angebahnt werden. Vielleicht steigt das Vertrauen,
wenn man nackt miteinander geschwitzt hat?

Der Besuch im Badehaus hat mir die Müdigkeit aus den Knochen getrieben. Als wir nach drei Stunden zurück zur Metrostation laufen, fühle ich mich wie neugeboren.

Auf Reisen interessiert mich immer, wie Kreativität ihren Ausdruck findet, wie die Menschen ihre Umgebung und ihr Leben
interpretieren. In Kasachstan lässt mich die Kunst ratlos zurück.
Und das liegt nicht daran, dass es keine gäbe. Im öffentlichen
Raum stehen Massen von Denkmälern und Statuen: Manche aus
Sowjetzeiten, andere modern und abstrakt, wieder andere, die
an Bastelarbeiten von Kindern erinnern. In Almaty gibt es in der
Fußgängerzone sogar eine Art Open-Air-Galerie. Ölschinken in
goldenen Rahmen hängen an weiß gestrichenen Metallgestel-
len. Die meisten sehen aus, als hätte sich Bob Ross, der malende
Hippie aus dem Nachtprogramm des BR, mit Nomadenkünstlern
zusammengetan. Es sind fast ausschließlich Landschaftsbilder:
Jurten an Flüssen, Jurten in der Steppe, Bergwelten, Wasserfäl-
le, Sonnenauf- und Sonnenuntergänge. Daneben Pferde, Stillleben und Porträts. Eines vereint alles, das Bild aller Bilder: eine
Frau, halb vom Zuschauer abgewandt, deren langes Haar sich in
einen Wasserfall verwandelt, aus dem wilde Pferde springen.

In der Fußgängerzone, dachte ich, werden wahrscheinlich nur
Bilder verkauft, die gut zur Einrichtung oder der Wandfarbe passen. Die dekorativ sein sollen, aber keine tiefere Bedeutung haben, keine kritische Auseinandersetzung mit der Gegenwart be-

Bilder gefällig? Willkommen in der Open-Air-Galerie von Almaty!

inhalten. Ähnlich wie bei uns Bilder aus Einrichtungsläden. Aber nach dem dritten Museumsbesuch war ich ernüchtert. Die Ausstellungsstücke unterschieden sich kaum von den Gemälden aus der Fußgängerzone. Meist waren es Landschaftsbilder, Arbeits- und Alltagsdarstellungen oder Stillleben. Abstrakte Kunstwerke oder Fotografie gab es kaum. Liegt es vielleicht auch daran, dass die bildende Kunst in Kasachstan keine lange Tradition hat? Daran, dass sie hauptsächlich ein Mittel der Propaganda war? Ein einziges Bild ist mir in Erinnerung geblieben, weil es herausstach aus dem sozialistischen Realismus und der romantisierenden Darstellung des Nomadenlebens: Stilisierte Menschen, in dunklen Farben gemalt, wenden dem Betrachter ihre reglosen Gesichter zu, aus denen jede Hoffnung geschwunden zu sein scheint. Es hieß »Starre« oder »Lethargie« und muss in den Neunzigerjahren entstanden sein. Die Zähigkeit der Umbruchszeit, die Unsicherheit und Orientierungslosigkeit, die es ausstrahlt, hauten mich fast um.

Mehr Mut, unbekannte Wege zu betreten, mehr Lust an der Auseinandersetzung und mehr Experimentierfreude entdecken wir in einer kleinen Galerie in der Innenstadt. Sie liegt versteckt in einem runden Glasanbau zwischen leicht heruntergekommenen Hochhäusern. Die Wände im Hof sind mit Graffiti besprüht. Ich drücke auf einen kleinen Klingelknopf neben der Eingangstür. Es dauert einen Moment, bis der Galerist aufmacht. Er ist Mitte fünfzig, groß und dünn, das mittelbraune Haar von grauen Strähnen durchzogen. Im ersten Moment scheint er nicht genau zu wissen, was er mit uns anfangen soll.

»Eigentlich haben wir gerade keine Ausstellung«, sagt er in einem harten kantigen Englisch.

»Oh, dann gehen wir wieder. Kein Problem!«, antworte ich.

»Nein, nein. Kommt rein!« Er führt uns eine kleine Treppe hinauf in sein Büro. Skulpturen aus Bronze, Glas und Edelsteinen stehen auf seinem Schreibtisch, auf den Fensterbrettern und in den Regalen. Sie wirken wie aus der Zeit gefallen, könnten erst gestern entstanden oder in einem alten Grab gefunden worden sein. An den Wänden lehnen Bilder, manche in Zweier- oder Dreierreihen.

»Wir räumen gerade um.«

»Seit wann gibt es Ihre Galerie?«, fragt Chris, während sie sich im Raum umsieht.

»Seit Anfang der Neunzigerjahre. Sie war eine der ersten unabhängigen Galerien in Kasachstan«, erklärt der Galerist, dann folgt eine lange Pause. »Wir finanzieren uns selbst, mithilfe von Sponsoren und Kulturzusammenarbeit mit anderen Ländern. Auch mit dem Goethe-Institut. Vom Staat bekommen wir keine finanzielle Unterstützung. Nur die Räume stellt er uns zur Verfügung. Aber so ist es uns lieber. So können wir selbst entscheiden, welche Künstler wir vertreten wollen, und keiner redet uns rein.«

Wieder folgt eine Pause. Es ist ein zähes Gespräch, das nicht recht in Gang kommt. Wir erzählen von unseren Museumsbesuchen, unserer Ernüchterung nach den Begegnungen mit der Kunst in Kasachstan. Der Galerist verzieht sein Gesicht und sagt, das sei in der Tat ein großes Problem.

»Die Ausbildung an den Kunstschulen hier ist schlecht, sie ist immer noch zu sehr dem sozialistischen Realismus verschrieben. Es gibt wenig Raum für Kreativität und eigene Ideen. Als gut gilt derjenige, der stur einen Stil abarbeitet. Daher bemühen wir uns auch darum, jungen Künstlern Stipendien für ausländische Universitäten zu vermitteln. Sie können dann in Europa oder den USA studieren. Und bekommen neue Impulse für ihre Arbeit.«

Nach einer weiteren Pause fügt er hinzu, dass es auch in Kasachstan Autodidakten gebe, Künstler, die eigene Ausdrucksformen suchten, sich kritisch mit der Kunst und ihrem Land auseinandersetzten. Es seien nicht viele, aber es würden mehr. Mit seiner Galerie wolle er ihnen einen Raum bieten, um ihre Arbeiten auch anderen Menschen zugänglich zu machen. Aber einfach sei es nicht.

»Kommt, ich zeige euch unseren Ausstellungsraum. Ein paar Bilder hängen noch.« Wir folgen ihm die Treppe hinunter in einen weitläufigen Kellerraum. Als er das Licht anmacht, springt mir sofort eine Serie aus Wollfilzbildern ins Auge. Wie verwaschene Schwarz-Weiß-Fotografien sehen sie aus, schemenhaft sind Figuren zu erkennen. Ein Schauer läuft mir den Rücken hinunter, weil sie eine Spannung ausstrahlen, ähnlich den Tatortfotos aus alten Zeitungen. Die anderen Bilder sind abstrakt, kasachische Symbole in einem Wirbel aus Farben. Gegenüber vom Eingang hängt ein Wandteppich, gold-blaue Wogen greifen ineinander, dazwischen Sprenkel von Grün.

»Fast wie die Seele der Kasachischen Steppe«, sagt Chris. Und das erste Mal, seitdem wir hier sind, streift ein Lächeln die Mundwinkel des Galeristen.

Chris

Manchmal möchte ich auf Reisen gern eine Hitliste zusammenstellen – mit den spannendsten Menschen, die mir unterwegs begegnet sind. Unser Monat in Kasachstan neigt sich dem Ende zu, und während ich auf dem Balkon unseres Apartments in Almaty sitze, aus dem zehnten Stock heraus das Antlitz der Berge hinter der Stadt betrachte, fällt mir das wieder ein.

Da war Dana in Astana gewesen, die nach der Ermordung ihrer Tochter den Weg in ein neues Leben suchte. Steppenwolf Jurij. Saniya, dieses zarte Wesen, die sich auf der Baustelle allein gegen eine ganze Männermannschaft behauptete. Der durchgeknallte Hippie Jermek.

Und dann war da Edda.

Edda Schlager ist eine deutsche Journalistin, die seit 2005 in Almaty lebt. Sie schreibt, macht Radiobeiträge für Deutschlandradio und die Deutsche Welle, berichtet nicht nur aus Kasachstan, sondern aus ganz Zentralasien. Ich kannte ihren Namen schon, da hatten wir noch nicht einmal Visa für unsere Reise. Immer wieder hatte ich in den letzten Wochen daran gedacht, wie gern ich sie kennenlernen würde. Doch erst in Almaty fasste ich mir ein Herz und schrieb ihr.

Drei Tage später sitzen wir zusammen im Straßencafé Delia. Mit strubbeligem, blondem Kurzhaarschnitt und riesiger Umhängetasche war Edda leicht zu erkennen, selbst in dem kunterbunten Vielvölkergemisch der Ex-Hauptstadt. Aufgeregt, als stünde ein Vorstellungsgespräch an, reiche ich ihr die Hand. Doch Edda verscheucht den Moment der Verlegenheit in genau zwei Sekunden.

»Ach, entschuldigt, dass ich zu spät bin, ich musste gerade noch telefonieren! Da gab es wieder Probleme, also manchmal denkst du dir wirklich ... Aber das kann ich ja gleich noch erzählen, habt ihr schon bestellt? Das ist hier nämlich etwas kompliziert, man muss erst drinnen ...«

Vielleicht ist es, weil wir aus demselben Beruf kommen, vielleicht ist es, weil das Bekannte in der Fremde doppelt vertraut wirkt, vielleicht ist es auch einfach die Chemie. Aber als der Kaffee schließlich vor uns steht, reden wir, als hätten wir nie etwas anderes getan, unter der schattenspendenden Markise.

»Eigentlich wollte ich überhaupt nie nach Kasachstan«, sagt Edda. »Nach meinem Geografiestudium hatte ich Lust, mein Russisch aufzubessern. In meiner Schulzeit, damals in der DDR, habe ich das nicht geschätzt, da war Englisch spannender. Aber dann, im Lauf der Neunzigerjahre, nach dem Zusammenbruch der Sowjetunion, wurde das wieder interessant. Doch statt in Moskau landete ich – in Almaty! Ich hatte ein Stipendium bekommen und konnte dort ein Praktikum bei der Allgemeinen Deutschen Zeitung machen.«

»... und dann hast du dich in Kasachstan verliebt?«, grinse ich.

Edda lacht. »Überhaupt nicht! Im Gegenteil, ich habe unter Schmerzen hier angefangen. Die Infrastruktur war der Horror, man musste noch mit dem Modem ins Internet, und das Geld hat vorne und hinten nicht gereicht. Ich musste dann auch feststellen, dass ich mit meinem Schulrussisch nicht weit kam. Und zwar im wahrsten Sinne des Wortes: Weil ich dem Busfahrer nicht sagen konnte, wo ich aussteigen musste, bin ich ständig nur gelaufen. Selbst im Winter!

Aber nach dem halben Jahr Praktikum dachte ich mir: Ich bleibe. Ich probiere das jetzt einfach hier! Es gibt kaum deutsche Journalisten in Zentralasien, inzwischen bin ich sogar die einzige. Tja, und dann sind daraus zehn Jahre geworden.«

Auf der Kabanbai Batyra schiebt sich Sonntagsverkehr entlang. Es ist laut, Almatys Straßen sind chronisch verstopft, selbst am Wochenende. Das Café füllt sich langsam.

»Leicht war es trotzdem nie. Ich habe unterschätzt, wie wenig Berichte aus Zentralasien gefragt sind. Dazu musste ich komplett bei null anfangen, ich hatte noch keine Kontakte, keine Ahnung von der Technik. Das habe ich mir alles erst beigebracht. Und dann das Problem mit der Akzeptanz: Wenn auf deiner Visitenkarte ›Freie Journalistin‹ steht, kann kein Mensch etwas damit anfangen.

Und wisst ihr, was mich am meisten frustriert? Wenn hier dann wirklich einmal etwas passiert, dann werden die Journalisten aus dem Ausland herangekarrt. Ich nenne sie: die Einflieger. Manche haben noch nie zuvor einen Fuß in dieses Land gesetzt, aber wissen dann plötzlich alles.«

»Gibt es für dich als westliche Journalistin eigentlich Einschränkungen?«, fragt Stephanie.

Edda zuckt die Schultern. »Ehrlich gesagt, ich weiß gar nicht, wie ich hier zum Beispiel vom Außenministerium wahrgenommen werde. Es kann gut sein, dass mein Telefon abgehört wird. Letztlich ist mein Gradmesser, ob ich weiterhin eine Akkreditierung als Journalistin und damit ein Visum bekomme – und das hat bisher immer geklappt.«

Ich blicke auf Eddas Handy, das auf dem Cafétisch liegt. Hört uns gerade jemand zu? Ich spüre ein mulmiges Gefühl in mir aufkeimen.

»Schreibst du denn auch für einheimische Zeitungen?«, erkundige ich mich.

»Nein«, antwortet Edda. »Die Berichterstattung ist hier auch ganz anders. In Deutschland ist man es gewohnt, dass in einem Artikel verschiedene Seiten zu Wort kommen. Hier gibt es das gar nicht, nicht einmal bei Oppositionsmedien. Man kommt gar nicht auf die Idee, andere Meinungen neben die eigene zu stellen. Ich selbst versuche, sehr ausgeglichen über Kasachstan zu berichten. Wenn man hier lebt, sieht man vieles anders, versteht die Sicht der Leute vor Ort. Und gleichzeitig ist es wichtig, nicht alles zu verteidigen, was hier geschieht. Manchmal fürchte ich fast, dem Stockholm-Syndrom aufzusitzen.«

»Meinst du Nasarbajews Politik?«, frage ich. »Dieses Thema begleitet uns schon seit Astana. Ich frage mich immer noch, wie ein ganzes Land so begeistert von einem Diktator sein kann.«

»In Deutschland wird gern weggeredet, welch unglaubliche Unterstützung Nasarbajew genießt«, antwortet Edda. »Das ist nicht erzwungen oder erpresst. Viele Leute sind dem Präsidenten wirklich freiwillig zugewandt. Den Menschen ist Stabilität wichtig, ein Gefühl der Sicherheit. Und das gibt ihnen Nasarbajew. Der

Wunsch nach einem starken Staatsmann, der die Führung übernimmt, stammt noch aus Sowjetzeiten. Ich sage immer: Demokratie tut auch weh. Jeder Einzelne muss sich anstrengen, sich be-
teiligen. Mit jemandem wie Nasarbajew hat man es leicht. Es kann
immer ein anderer verantwortlich gemacht werden! Das ist natürlich ein anderes Demokratieverständnis als unseres, aber wenn
Kasachstan diesen Weg wählt, ist das legitim. Doch diese Diffe-
renzierungen wollen viele nicht sehen, auch Journalisten nicht.«

Einen Moment lang blicke ich nachdenklich auf die Straße hinaus. Junge Menschen mit brandneuen Smartphones am Ohr flanieren in den freien Tag hinein, halten einen Schwatz vor dem
Café, lachen. Sie sehen unbekümmert aus. Politische Probleme
scheinen weit weg. Oder sie werden einfach woanders diskutiert,
im Internet zum Beispiel, wendig genug, um sich der Staatskon-
trolle zu entziehen.

Stephanie erkundigt sich nach Eddas Projekten. Sie erzählt
von einem Buch, einem Architekturführer über Duschanbe, den
sie schreiben wird. Und von einer ihrer letzten Reportagen: In
Kirgisistan ist die Tradition des Brautraubs wieder aufgelebt. Junge Mädchen werden entführt, von einem Mann, den sie vielleicht
flüchtig kennen, aber anschließend heiraten müssen. Um die Ehre
der Familie nicht zu gefährden, werden die Mädchen von ihren eigenen Eltern zu der Hochzeit gedrängt. Und der Vollzug der Ehe
ist nichts anderes als eine Vergewaltigung. Edda hat mehrere Opfer getroffen und über sie berichtet.

Wie sehr hier Welten aufeinandertreffen, denke ich.

»Von allen Ländern in Zentralasien ist Kasachstan das multi-
kultigste«, sagt Edda jetzt. »Hundertdreißig Nationen leben hier
zusammen. Aber das Kasachische wird immer wichtiger. Es verdrängt das Russische. In den Neunzigerjahren bestand die Bevölkerung noch etwa zu sechzig Prozent aus Russen und zu dreißig
Prozent aus Kasachen. Heute ist das Verhältnis genau umgekehrt.
Es gibt überhaupt nur noch zwei Oblaste ganz im Norden, in de-

nen die Russen in der Mehrheit sind. Das führt natürlich zu Spannungen, auf beiden Seiten.«

Ich denke an die Aufbruchstimmung, die uns vor allem in Astana und Karaghandy begegnet war. »Man spürt, dass das Land im Wandel ist«, sage ich.

Edda nickt. »Das ist aber auch ein Unsicherheitsfaktor. Eigentlich das größte Defizit, das Kasachstan momentan hat. Diese geringe Planbarkeit ist auch für Investoren ein Problem. Denn niemand kann vorhersagen, wie es mit dem Land weitergehen wird. Und Nasarbajew ist ja jetzt auch nicht mehr der Jüngste. Was wird sein, wenn er einmal stirbt?«

»Hast du nie Angst?«, frage ich unvermittelt.

Einen Moment herrscht Stille. Fast tut mir der Satz wieder leid.

Doch Edda lächelt. »Natürlich habe ich die. Und ich hatte auch lange Phasen, in denen es mir nicht gut ging. Manchmal, wenn ich Freunde in Deutschland besuche, junge Familien mit Kindern in ihren Häuschen, dann denke ich: Das hätte ich jetzt auch gern! Aber ich bin dreiundvierzig. Das Thema ist für mich durch. Und es bringt nichts, das Leben anderer zu idealisieren. Mir bleibt eigentlich nur, nach vorn zu schauen. Und das hier ist offensichtlich mein Weg. Da hinein sollte ich meine Kraft legen.«

»Aber ... fühlst du dich dann nicht manchmal einsam?«, frage ich leise.

»Auch das. Aber vielleicht fällt mir das leichter, ich bin als Einzelkämpferin immer zurechtgekommen. Und ich habe gute Freunde. In Deutschland und mittlerweile auch hier. Ich werde bestimmt nicht für immer in Kasachstan bleiben. Aber wenn ich mir heute Berlin vorstelle, die Menschen, die sich morgens mit ihren Coffee-to-go-Bechern in die S-Bahn quetschen, dann denke ich immer: So möchte ich auch nicht leben.«

Es ist Abend geworden, als wir aufbrechen. Die Dunkelheit ist über die Stadt hereingebrochen, doch die Straßen sind hell und

belebt. In einem Supermarkt kaufen wir noch zusammen ein paar
Dinge fürs Abendessen ein. Dann trennen sich unsere Wege. Mit
baumelnden Plastiktüten am Arm winken wir Edda nach. »Wir
bleiben in Kontakt, ja? Schreibt mir von eurer Reise!«

»Das machen wir«, rufe ich zurück.

Ich weiß nicht, ob ich selbst so mutig wäre. Ständig aufs Neue derart viel zu wagen. Für mich ist allein die Reise hierher wie ein
Sprung vom Zehn-Meter-Brett. Edda aber springt jeden Tag.

Ein warmer Wind weht über den Balkon, die Berge haben sich
mittlerweile in Schwarz gehüllt. Unter mir flackern orangefarbene
Stadtlichter bis zum Horizont. Vielleicht sind zehn Jahre in Kasachstan letztlich wie eine nie endende Reise. Einen Schritt vorwärts und noch einer und dann noch einer. Mal fallen sie leicht,
mal sind sie ein großer Kampf.

Am Himmel sind Sterne zu sehen und in den Straßenschluch-
ten rauscht der beständige Verkehr durch die Nacht. »Das machen
wir«, sage ich noch einmal. Nur so laut, dass ich es selbst gerade
noch hören kann.

Stephanie

Schneller als erwartet ist unser letzter Tag in Almaty da. Morgen
geht es weiter nach China. Nach Ürümqi, einer der Partnerstädte
von Almaty. An der Rezeption frage ich Alma, welcher Bus zum
Fernbusbahnhof Sajran fahre.

»Uff, keine Ahnung.« Serik läuft vorbei. »Hey, Serik! Weißt
du, welcher Bus von hier zum Sajran fährt?« »Keine Ahnung. Tut
mir leid. Aber ich schau mal.«

Serik zieht sein Handy hervor und beginnt wild darauf herum-
zuwischen, Alma hackt auf ihrer Computertastatur herum, keiner
von beiden findet etwas im Internet. Die Küchentür geht auf, einer der Dauergäste kommt rein. Auch er wird sofort gefragt,
überlegt kurz und meint, es müsse die Linie 65 sein. Aber um si-

cherzugehen, zieht auch er sein Handy heraus und fängt an zu suchen. Alma greift zum Telefon und ruft bei der Infostelle für die
marschrutki an. Die können aber auch nicht weiterhelfen.

Ich stehe inmitten des Wirbels aus Betriebsamkeit und es ist
mir unangenehm, so viele Menschen wegen solch einer kleinen
Frage einzuspannen.

»Ist schon okay«, sage ich, »wir können auch ein Taxi nehmen.
Oder wir schauen einfach an der Bushaltestelle.«

Keiner reagiert, die Suche nach der Antwort ist wie ein Zug in
voller Fahrt, keine Chance, sie jetzt noch aufzuhalten. Auch die
kasachische Putzfrau wird kurzerhand eingespannt. Nach eini-
gem Diskutieren einigen sich alle, dass es Bus 63 sein muss. Er
fährt direkt an der Metrostation Baikonur ab. Ich bedanke mich
für die Mühe und gehe zurück ins Zimmer. Als Chris und ich später auschecken und unsere Rucksäcke an der Rezeption zwischen-
lagern, sagt Alma: »Übrigens, die Linie 63 fährt nicht zum Busbahnhof, ihr müsst die 19 nehmen.«

Und ich kann mir ein kleines Grinsen nicht verkneifen.

Der Koktöbe ist eine der letzten Erhebungen des Tian Shan, bevor
das Gebirge in der Ebene sanft ausläuft. Auf dem Grünen Hügel
über der Stadt thront ein Fernsehturm. Um ihn herum hat sich ein
kleiner Vergnügungspark angesiedelt. Karussells drehen sich im
Kreis, vor einem Souvenirstand probieren zwei Mädchen Ohrringe
und Armreife an, Kinder auf Elektroautos kurven über einen kleinen Platz, und zwischen den Bäumen hängt ein Hochseilgarten.
Immer wieder weht der Duft von gegrilltem Schaschlik vorbei.

Die Aussichtsplattform am Fuß des Fernsehturms ist so etwas
wie das Auge eines Sturmes inmitten des Besucherwirbels. Nur
eine kleine Gruppe Ausflügler schießt Selfies vor der Stadtkulisse.
Ansonsten sind wir allein.

»Ist dir das aufgefallen?«, frage ich Chris. »Bis auf Türkistan gab
es in jeder Stadt, in der wir bisher waren, einen Vergnügungspark.«

»Stimmt, jetzt, wo du es sagst. Und Reiterstandbilder.«

»Vergiss nicht die Denkmäler für den Großen Vaterländischen Krieg mit ihren ewigen Flammen.«

»Und natürlich die Zirkusgebäude!« Chris schließt die Aufzählung triumphierend ab. Die Tulpen, die überall herumstehen, sei es als Skulpturen oder Lichtinstallationen, fallen mir in dem Moment leider nicht ein.

Nach ein paar Minuten stürzt sich Chris wieder ins Getümmel. Ich bleibe sitzen und schaue auf die schneebedeckten Gipfel, die sich nicht weit entfernt in die Höhe schrauben. Ungefähr dort, wo sich die Dostyk-Allee zwischen ihnen verliert, muss auch der Weg zum Naturschutzgebiet Kok Zhajlau beginnen, der Grünen Sommerweide. Saniya wollte mit uns dort hinfahren, aber dann kam ihr in letzter Minute die Arbeit dazwischen. Im Sommer ist ein Ausflug auf die Hochalm zwischen den Gipfeln des Tian Shan wie ein Miniurlaub für die hitzegeplagten Städter. Dort oben ist es ruhig, kühl, die Luft ist klar und der Blick auf Almaty soll atemberaubend sein. Doch längst haben Immobilienentwickler und Investoren ein Auge darauf geworfen. Wenn es nach ihnen geht, entsteht auf der Kok Zhajlau ein neues Luxusskiresort. Exklusive Feriendörfer, Hotels, Liftanlagen und kilometerlange Pisten. Sobald die Pläne 2011 bekannt wurden, formierte sich eine kleine, aber schlagkräftige Bürgerbewegung. Kampflos wollten sich die Almatiner ihr Wochenendrefugium nicht wegnehmen lassen. Zu oft hatten sie erlebt, dass ohne Rücksicht auf Naturschutz Wälder und Wiesen am Fuß des Tian Shan mit Nobelvillen zugepflastert wurden. Dass Luftschneisen versperrt wurden und der Smog die Stadt an manchen Tagen fest im Griff hat. Dass Tierarten, jahrhundertelang heimisch in den Bergen, plötzlich vom Aussterben bedroht waren, weil ihre Lebensräume verschwanden. Jermek hatte davon erzählt, als wir durch den Scharyn-Canyon liefen. Er gehört zu der Aktivistengruppe. Hilft, Unterschriften zu sammeln, Treffen und Demonstrationen zu organisieren. Aber auch er war sich nicht sicher, ob sie das Bauvorhaben letztendlich würden stoppen können.

Das Gespräch mit Jermek war einer der Momente, in dem das Sowohl-als-auch, das mich seit unserer Landung in Astana begleitete, wieder einmal zum Vorschein kam: Kasachstan ist einerseits ein autoritär regierter Staat, in dem die Opposition auf verlorenem Posten kämpft. Kasachstan ist aber auch ein Staat, in dem die Bevölkerung sich ihr Recht auf Einspruch nicht nehmen lässt, gegen unliebsame Entscheidungen protestiert und Beteiligung einfordert. Schlussendlich bleibt mir nichts übrig, als dies nebeneinander stehen zu lassen.

Ähnlich geht es mir mit dem Vielvölkerstaat, auf den viele Kasachstaner zu Recht stolz sind, und der Rückbesinnung auf das Kasachische. Wann ich genau anfing, mir darüber Gedanken zu machen, weiß ich nicht mehr. Vielleicht schon im Süden, der mir von der Bevölkerung her homogener erschien. Auf jeden Fall aber in Almaty, wo mir plötzlich auffiel, dass sich die kulturelle Vielfalt des Landes kaum in der Werbung widerspiegelt. Auf vielen Plakaten waren Menschen mit zentralasiatischen Gesichtszügen zu sehen, nur selten fanden sich europäische oder asiatische dazwischen. In einem Spot über das Programm »Kasachstan 2050«, der in der Metro lief, wurde eine kasachische Familie gezeigt, die in einer futuristischen Welt die Segnungen der Moderne genießt.

Es ist verständlich, dass der junge Staat eine kasachische Identität aufbauen möchte, nachdem diese jahrzehntelang unterdrückt worden ist. Aber ich frage mich doch, welche Auswirkungen dies in zwanzig oder dreißig Jahren auf das Zusammenleben der Volksgruppen haben wird. Ob es dann noch so viele verschiedene Nationalitäten geben wird. Und ob es nicht mehr bringen würde, auf eine kasachstanische Identität zu setzen, die alle miteinbezieht.

Noch vor vier Wochen war Kasachstan für mich wie ein Blatt Papier, auf dem erste schemenhafte Skizzen zu erkennen waren. Jetzt, da es sich mit Bildern gefüllt hat, habe ich den Eindruck, dass die leeren Stellen viel deutlicher hervortreten. All die neuen Fragen, die sich aus unseren Erlebnissen und Begegnungen ergeben haben. Irgendwann, denke ich mir, werde ich wiederkommen müssen, um auch diese Lücken zu füllen. Und vielleicht erfahre ich dann auch, warum es überall so viele Notare gibt.

Chris

Die letzte Nacht in Kasachstan verbringen wir in einer heruntergekommenen Absteige am Busbahnhof. Die Rezeptionistin blickt gelangweilt von einem Teller Suppe auf, als wir unsere Rucksäcke vor ihr fallen lassen. Sie erinnert mich an eine dicke Kröte, die schon lange keine Fliege mehr gefangen hat. Nur widerwillig lässt sie den Löffel sinken und beäugt unsere Pässe durch ihre Brillengläser. Schwere Perlenketten hängen an ihrem Hals, und als sie uns die Papiere zum Ausfüllen herüberreicht, baumeln sie gefährlich dicht über dem Suppenteller. »Das Zimmer ist den Gang runter!«

Der Busbahnhof ist ein klobiger Betonkasten aus Sowjetzeiten, unter dessen wuchtigem Dach sich eine Handvoll winziger Imbissbuden und unser Hotel drücken. In unserem Zimmer stehen drei schmale Liegen ohne Matratzen, aus den Stühlen quillt das Polster und an den Wänden hat sich Schimmel gesammelt. Eine flackernde Lampe baumelt von der Decke herab.

»Herrlich«, sage ich. »Fast so schön wie im Gefängnis. Schau mal, sogar Gitter an den Fenstern!«

»Ist ja nur für eine Nacht«, antwortet Stephanie.

Ich prüfe die Schlafmatten auf Bettwanzenspuren.

Es gibt nichts zu tun an diesem letzten Abend in Kasachstan. Der See neben dem Busbahnhof entpuppt sich als stinkende Müllkippe. Flaschen, Pappkartons und Konservendosen verwischen

Absteige im Busbahnhof

seine Ufer. Dahinter erheben sich Plattenbauten. Die schneebedeckten Gipfel der kirgisischen Berge stehen stumm. Aus einem angrenzenden Bordell erklingt Musik.

Eigentlich hatten wir längst etwas essen gehen wollen. Doch Stephanie mag sich nicht von ihrem Handy trennen.

»Der Akku ist noch nicht vollständig aufgeladen. Das müssen wir noch abwarten.«

»Wieso, der kann doch später weiterladen?«

»Nein, das tut ihm nicht gut! Dadurch geht er kaputt.«

»Wie, und jetzt müssen wir hier hungrig sitzen und auf deinen Akku warten?«

»Du hast auch deine Macken, und das ist eine von meinen. Da musst du jetzt durch.«

Und so kaufe ich mir allein eine Flasche Schymkentskoje und setze mich mit dem Bier auf die breite Hintertreppe des Bahnhofsgebäudes. In der Dunkelheit flackert ein Feuerzeug auf, und ich zucke zusammen.

»Guten Abend!«

Aus dem Schatten heraus schält sich eine Gestalt. Ein Mann, Ende vierzig vielleicht, gesellt sich zu mir. Misstrauisch blicke ich ihn an. Mit seiner Hornbrille und dem frisch gebügelten Hemd sieht er allerdings nicht gerade aus wie ein gefährlicher Halunke, eher wie ein einsamer Buchhändler, der sich freut, dass endlich ein Kunde seinen Laden betritt.

»Sind Sie gerade angekommen?«, erkundigt er sich in perfektem Englisch.

»Nein, das ist mein letzter Tag in Kasachstan. Morgen fahre ich weiter nach China.«

»Nach China! Da war ich auch schon viele Male. Das ist nichts für mich, sage ich Ihnen. Haben Sie was dagegen, wenn ich mich zu Ihnen setze?«

Eigentlich habe ich keine Lust auf ein weiteres Gespräch. Ich habe das Gefühl, mich in den letzten Wochen ohne Pause unterhalten zu haben. Oder unterhalten worden zu sein. Als hätten die Menschen in Kasachstan, ob Einheimische oder Zugezogene, ein immenses Mitteilungsbedürfnis. Endlich kommt jemand vorbei, der sich für dieses vergessene Land interessiert! Doch aus irgendeinem Grund bleibe ich sitzen. Ich spüre, es ist nicht aus Höflichkeit allein.

»China. So viele Menschen! Wie viele sind es jetzt, anderthalb Milliarden?« Der Hornbrillenmann zieht an seiner Zigarette und lehnt sich auf der Treppe zurück. »In Kasachstan haben viele Leute Angst vor China.«

»Warum das?«, frage ich, jetzt doch ein wenig interessiert.

»Sie glauben, dass China sich Kasachstan eines Tages einverleiben wird. Weil sie Platz brauchen, für ihre vielen Menschen. Schon jetzt wimmelt es hier nur so von Chinesen. Sie bauen unsere Straßen, unsere Häuser, sie machen alles. Und sie sind gut darin! Viel besser als wir. Es gibt nichts, was sie nicht können. Wir haben keine Chance gegen sie. Schauen Sie mal.« Er zeigt mir seinen Arm. »Sehen Sie diese Uhr? Sieht aus wie eine echte Patek Philippe, nicht wahr? Ich habe sie mir für hundert Dollar in China gekauft. Es ist eine unglaublich gute Kopie. Ich habe sie einem befreundeten Uhrmacher gezeigt. Er sagt, nur ein absoluter Topspezialist könne den Unterschied zum Original erkennen. So gut sind die Chinesen.«

»Ich heiße übrigens Temir«, stellt er sich vor. Er habe beruflich in Almaty zu tun gehabt und sei jetzt auf dem Heimweg nach Schymkent. Eigentlich stamme er aus Aktöbe. »Das vermisse ich keinen Meter, das können Sie mir glauben. Die Stadt ist nur schön, wenn man darauf steht, den ganzen Tag Sand zwischen den Zähnen zu haben!« Er lacht kehlig. Längst ist er mit seiner Familie in Schymkent heimisch. Dort hat er eine gute Stelle als Russischlehrer gefunden. »Was hast du denn gesehen von Kasachstan, auf deiner Reise?«

Und dann sprudelt es plötzlich aus mir heraus. Ich erzähle von Astanas futuristischer Architektur und wie seltsam hohl sie mir vorgekommen war. Vom magischen Geruch in der Steppe. Ich erzähle vom Balchaschsee, der als Meer herhalten muss, weil das wahre Meer Tausende Kilometer entfernt liegt. Davon, wie ich die kasachische Gastfreundschaft als überwältigend und gleichzeitig erdrückend empfunden habe. Und schließlich vom Süden, in dem die Hitze meine Erinnerung zu Brei hatte zerfließen lassen.

Temir nickt und lächelt. Ich merke, wie mir auch das gefehlt hat. Erzählen. Nicht nur selbst hinterherkommen, sondern all die vielen Geschichten weitertragen zu können. Ein Monat in Kasachstan ging zu Ende. Was würde bleiben? Nur die Mitbringsel, die wir für Freunde und Familie erstanden hatten? Oder war es mehr?

»Was hältst du von unserem Bier?« Temir zeigt auf meine Flasche. »Schmeckt einem das überhaupt, wenn man aus Deutschland kommt?«

»Doch, ist ganz lecker«, nicke ich.

Temir grinst. Auch er ist in Erzähllaune. »Die Schymkent-Brauerei gehört einem der reichsten Männer Kasachstans. Dabei hat er ganz klein angefangen. Zu Sowjetzeiten hat er als Ingenieur in der Brauerei gearbeitet. Damals war sie noch in Staatsbesitz. Doch dann, nach dem Zusammenbruch des Kommunismus, hat er einfach die richtigen Leute geschmiert und sich das Ding unter den Nagel gerissen.« Jetzt, verkündet Temir verschwörerisch, lebe der Mann in ständiger Angst, erschossen zu werden. Fünfzehn Bodyguards würden ihn, seine sieben Frauen und seine Kinder beschützen. Nie sähe man ihn auf der Straße.

»Das ist doch kein Leben. Diese Reichen hier jetzt in Kasachstan!« Er schüttelt den Kopf. »Das ist alles völlig verrückt. Neulich war ich bei einer Hochzeit zu Gast, auf der die berühmtesten russischen Sänger geladen waren. Total irre. Du musst nur genug Geld haben, dann kommt auch Jennifer Lopez zu deinem Fest. Und die Geschenke, das kannst du dir nicht vorstellen! Ein Apartment in Dubai, ein Apartment in Almaty, so was wurde da verschenkt.«

Seit der Jahrtausendwende boomt die Wirtschaft in Kasachstan. Das Land besitzt Öl, Gas, Kohle, Uran, Gold und andere Bo-

denschätze, an deren Export sich gut verdienen lässt. So war auch
die Zahl der Vermögenden in die Höhe geschossen. 2006 listete
das US-Magazin Forbes erstmals drei Milliardäre in Kasachstan.
Heute sind es sogar mehr als in den Vereinigten Arabischen Emi-
raten. Luxusautos und vergoldete iPhone-Sondereditionen, so
war aus Berichten zu erfahren, gingen in Oligarchenfamilien mittlerweile weg wie warme Semmeln. Hersteller produzierten Son-
dermodelle, inklusive eingraviertem Bajterek, dem Wahrzeichen
der neuen Hauptstadt. Im Land der weiten Steppe war eine neue
Klasse entstanden, die Liga der Superreichen. Jetzt, als Temir es
erwähnt, fällt mir auf, wie viele schicke Autos uns auf den Straßen
unterwegs begegnet waren. Die klapprigen alten Ladas, mit denen
ich gerechnet hatte, waren zumindest in den Städten Mangelware
gewesen.

Ich denke daran, wie sehr mich Kasachstan in den letzten Wochen überrascht hat. Ich hatte viel Unfreiheit erwartet, in einem
mehrheitlich muslimisch geprägten Land, regiert von einem post-
sozialistischen Despoten. Doch das Gegenteil war der Fall. Niemand hatte sich uns gegenüber gescheut, seine Meinung zu sagen.
Der Islam, der uns begegnete, wurde modern gelebt. Die Menschen waren aufgeschlossen, neugierig, diskussionsfreudig, tolerant. Nie wurden wir belästigt.

Temir lehnt sich auf der Treppe zurück und zieht weitere Zigaretten aus seiner Tasche hervor. Ich nehme einen Schluck Bier.
»Vielleicht sollte ich anfangen zu beten«, sagt er in die Nacht hinein. »Ob das hilft? Wahrscheinlich nicht. Ich glaube sowieso
nicht an Gott. Ich weiß zu viel, ich bin einfach zu gut ausgebildet.
Da tut man sich mit Religion schwer.«

Mir kommen Zamira und ihre Befürchtungen in den Sinn.
»Habt ihr hier manchmal Angst vor islamistischen Strömungen?«,
frage ich.

»Ach, ich weiß nicht. Vielleicht, ja. Das wird die Zukunft zeigen. Aber ich sage dir, Bildung ist der Schlüssel. All diese jungen

Leute, diese religiösen Fanatiker, glauben doch nur deshalb an das, was man ihnen erzählt, weil ihnen Bildung fehlt. Man sagt ihnen: Wenn du einen Märtyrertod stirbst, kommst du ins Paradies, deiner Familie wird es für immer an nichts mangeln. Und davon sind die dann überzeugt. Klar, weil sie es nicht besser wissen. Ganz ehrlich: Ich verstehe nicht, warum man überhaupt Religionen braucht, oder Kirchen. Wenn ich beten möchte, kann ich das doch immer und überall tun. Das muss von innen kommen! Ich lasse mir doch nicht vorschreiben, wie ich mit Gott sprechen soll.«

Ich nicke nachdenklich. Mehr noch als darüber, was Temir sagt, wundere ich mich, wie er es sagt. Er spricht nicht mit mir, als seien wir uns eben erst begegnet, sondern als ob wir uns seit vielen Jahren kennen würden. Wie es immer war, egal wo wir auftauchten. Es ist ein beliebiger Abend in Kasachstan, ich sitze mit einer dunklen Gestalt am Busbahnhof und es ist, als träfe ich einen alten Freund. Vielleicht ist es das Bier, aber ich denke den kitschigen Satz: Das Land, das so finster ausgesehen hatte, ist auf seine Weise voll Licht. Es war – in seiner ganz eigenen Form – frei. Und ich spüre, dass ich damit etwas gefunden habe, was ich, vielleicht ohne es zu wissen, gesucht hatte.

Morgen werden wir die Grenze nach China überqueren. Der Tag wird unser Bergfest sein, wie man beim Film sagt: Wir hatten offiziell Reisehalbzeit. Eigentlich sollten wir feiern. Einen Sekt aufmachen, irgendwo im Niemandsland zwischen den zwei Ländern. Doch ich spüre, dass mir danach nicht zumute ist. Weil ich mich gesättigt fühle, voller Eindrücke, die ihren Raum brauchen. Weil ich jetzt auch gut nach Hause fahren könnte. Weil ich gar nicht weiß, wie ich mich in diesem Moment auf ein neues Land einlassen kann. Ich habe mich immer gefragt, wie andere Menschen um die Welt reisen können, alle paar Wochen ein neues Land – wo packen die das hin? Ist langes Herumfahren nicht eine Art Bulimie-Reisen? Das eine raus, das nächste rein? Schnell die Liste abhaken?

Ich habe das nie gekonnt. Jetzt, an diesem letzten Abend in Almaty, habe ich keine Ahnung, wie ich mich auf China vorbereiten könnte, ohne Kasachstan völlig zu verdrängen. Es geht einfach nicht.

Vor Temir und mir liegt der See aus Müll im Mondschein. Auch er ist in Schweigen verfallen, ich weiß nicht, was ihm im Kopf herumgeht.

»Ich sollte mich aufmachen«, sage ich leise in die Stille hinein. »Morgen um sieben fährt der Bus.«

»Alles klar«, sagt er nur, »es hat mich gefreut!«

Und er hat den Satz noch nicht beendet, da ist er schon in die Nacht verschwunden. So schnell, wie er gekommen war.

Über die Grenze nach China

Chris **D**er Überlandbus von Almaty nach Ürümqi ist, man kann es nicht anders sagen: fantastisch. An den Fensterseiten sind Stockbetten aufgereiht, behaglich gepolstert mit dicken Matratzen, weichen Kissen und Decken, auf denen »Gucci« und »Coco Chanel« gedruckt steht. Jedes Kopfteil ist leicht erhöht, darunter finden die Füße des Hintermanns Platz. Im Mittelgang hat man einen Perserteppich ausgerollt, der am Ende in ein Matratzenlager für Familien mit Kleinkindern mündet. Nach und nach schieben sich unsere Mitreisenden hinein, die Schuhe in der Hand, jeder sucht nach seiner Koje. Große Worte macht niemand an diesem Morgen. Ich kann kaum die Augen offenhalten. Der letzte Abend mit Schymkentskoje steckt mir noch in den Knochen. Sobald der Rucksack verstaut ist, rolle ich mich unter der Decke zusammen. Und während sich die Räder unter uns langsam in Bewegung setzen, falle ich in einen tiefen, traumlosen Schlaf.

Als ich aufwache, liegt Almaty bereits weit hinter uns. Vor dem Fenster zieht karges, braunes Land vorüber. Saxaulsträucher, Tamarisken und knorrige Büsche verteilen sich lose im Geröll, zwischendurch sandige Abschnitte, darüber ein strahlend blauer, fast wolkenloser Himmel. Wir fahren. Die Piste ist holprig, immer wieder krachen wir über Schlaglöcher. Manchmal gelangen wir an einen Verkehrskreisel. Betonskulpturen stehen in der Mitte, Säulen mit Kugeln darauf und etwas, das mich an einen gigantischen Zirkel erinnert. Kleine Zentren im Fadenkreuz der Straßen, die die weite Steppe zerteilen.

Im Bus haben sich Grüppchen gebildet, die sich gedämpft unterhalten. Stephanie über mir spricht mit ihrem Bettnachbarn. Einen Moment überlege ich, mich zu ihnen zu setzen. Doch irgendetwas in mir findet nicht die Kraft. Ein Monat Kasachstan liegt hinter uns, jetzt wartet ein neues Land. Ich möchte innehalten. Eine Pause machen. Ich möchte nur: hier liegen, aus dem Fenster sehen, Musik hören. Sechsundzwanzig Stunden. So lange dauert die Fahrt nach China. Ich denke an das Foto, das ich im Scharyn-Canyon gemacht habe.

Stephanie

Die ersten Worte, die wir im Bus hören, sind: »Entschuldigung, ihr wisst das bestimmt nicht, aber ihr müsst die Schuhe ausziehen.« Ein Kasache, vielleicht Mitte dreißig, schaut vom Nachbarbett herunter. Er hat ein rundes offenes Gesicht, seine kurzen, schwarz glänzenden Haare sind exakt geschnitten, als hätte der Friseur mit Lineal und Winkelmesser gearbeitet. Verlegen schieben wir unsere Schuhe unter das Bett. Kurz bevor wir Kasachstan verlassen, doch noch ein letztes Fettnäpfchen. Hätte ich mir denken können, dass es in einem Bus mit Teppich ähnlich ist wie in einer Wohnung: vor dem Eingang Schuhe aus!

Ich richte mich ein, verstaue meinen Kram im Fußraum und strecke mich aus. Chris im Bett unter mir ist schon eingeschlafen,

Stockbetten im Überlandbus von Almaty nach Ürümqi

halb vergraben unter Decke und Kissen. Abgesehen von einem allein reisenden älteren Mann, der ab und zu einen Schluck aus seinem Flachmann nimmt, sind wir die einzigen europäisch aussehenden Passagiere.

»So, und ihr wollt also nach China?«, kommt es von meinem Bettnachbarn. Er heißt Halil und fährt nach Ürümqi, um seine Ehefrau abzuholen. »Sie hat die letzten vier Jahre dort studiert und vor ein paar Tagen ihren Abschluss gemacht. Die Unis in China sind einfach besser als die in Kasachstan.«

»Finde ich ja nett, dass du sie abholst.«

Er grinst. »Also, ehrlich gesagt blieb mir nichts anderes übrig. In kasachischen Familien haben die Frauen die Hosen an. Und

wenn meine Frau sagt, sie möchte abgeholt werden, dann möchte sie abgeholt werden. Hätte ich gesagt, dass ich nicht komme,
wären ihr immer wieder neue Gründe eingefallen, warum sie
mich braucht. Zu viel Gepäck, zu wenig Zeit, nervige Behörden-
gänge … Also diskutiere ich erst gar nicht lange rum.« Ich muss
lachen.

Während der letzten vier Jahre ist Halil zum Experten für die
Strecke Almaty–Ürümqi geworden. Alle paar Monate einmal hin,
einmal zurück, mittlerweile kennt er jeden Stein und jede Kurve.
»Aber damit ist jetzt Schluss! Ich freue mich schon, wenn wir endlich wieder zusammenleben. Seit fünf Jahren sind wir verheiratet,
aber die meiste Zeit waren wir getrennt.« Gedankenverloren
dreht er an seinem Ehering. Vier Jahre sind schon eine verdammt
lange Zeit.

Ab und zu weicht der Bus unvermittelt riesigen Schlaglöchern
aus. Auf meiner oberen Koje rolle ich hin und her und hoffe, dass
es mich nicht runterhaut. Allmählich verfliegt die morgendliche
Lethargie. Die kasachische Familie auf den unteren Betten neben
Chris hat es sich auf dem Teppich im Gang gemütlich gemacht.
Die Mutter verteilt *samsa* und Gebäck an Mann, Kind, Oma und
Opa, alle reden durcheinander. Neben mir richtet sich eine Frau
ihr vom Schlaf zerknautschtes Haar und trägt neuen Lippenstift
auf. Insgeheim bewundere ich sie dafür, dass sie bei dem Geschaukel nicht daneben malt.

Auf einmal breitet sich Unruhe aus im Bus. Schräg gegenüber
wühlt ein Mann in einer Plastiktüte, andere ziehen schon mal ihre
Schuhe unter den Betten hervor und nehmen ihre Taschen. Alle
wissen, was kommt: Pinkelpause und Frühstück!

Der Bus hält vor einer windschiefen Holzbaracke. Etwas orientierungslos stolpern wir ins grelle Morgenlicht. Vor dem Toilettenhäuschen bildet sich sofort eine Schlange. Chris stellt sich an,
ich laufe zwischen den Fahrzeugen rum. Mehrere Lastwagen, bis
über die Belastungsgrenze bepackt, warten mit laufendem Mo-

tor auf ihre Fahrer. Brote, Gebäck, Früchte und Getränke türmen sich in der Auslage kleiner Verkaufsstände. Ich würde mir gerne noch Proviant für die Fahrt kaufen, aber die Sachen sehen alle nicht mehr frisch aus. Und ein verdorbener Magen ist so ziemlich das Letzte, was ich während der nächsten zwanzig Stunden brauche. Die Raststätte auf der anderen Straßenseite sieht einladender aus als unsere. Vielleicht gibt es dort was für unterwegs. Gerade als ich über die Straße gehen will, hupt der Busfahrer. Es geht weiter.

Halil und ich nehmen unseren Gesprächsfaden wieder auf. Mit der Offenheit von Reisenden, die wissen, dass sie nur eine kurze Zeit miteinander verbringen. Ich erzähle von unserer Reise durch Kasachstan und von meinem Jahr in Peking.

»Peking! Da habe ich studiert. An der Fremdsprachen-Universität. Das war 'ne krasse Zeit«, ruft er, seine Augen leuchten bei der Erinnerung daran.

»Warum warst du denn in Peking an der Uni?«, frage ich.

»Habe ich vorhin nicht erzählt, dass ich in China geboren wurde?« Ich schüttle den Kopf.

»Ach so – ja, ich komme eigentlich aus Yining, nicht weit hinter der Grenze. Da wohnen ziemlich viele Kasachen.« Er zieht eine Augenbraue hoch. »Oder Angehörige der kasachischen Minderheit, wie es offiziell heißt. Nach Almaty bin ich erst vor sechs Jahren gezogen. Und habe dann gleich die kasachische Staatsbürgerschaft angenommen. Heute wäre das nicht mehr so leicht.«

Halil ist ein *oralman,* ein Heimgekehrter. So werden Kasachen genannt, die im Ausland geboren wurden und nach der Unabhängigkeit ins Land ihrer Vorväter zurückgekehrt sind. Während der vergangenen Jahrhunderte waren kasachische Nomaden dem Steppenwind in die Nachbarländer gefolgt: nach China, Russland, in die anderen zentralasiatischen Staaten, die Mongolei und sogar bis in den Iran. Ab den frühen Neunzigerjahren begann die Regierung Kasachstans damit, unter ihnen um eine Rückkehr zu werben. Seit der

Unabhängigkeit war die Bevölkerung des jungen Staates im Re-
kordtempo geschrumpft, um zehn Prozent innerhalb der ersten
zehn Jahre. Schon für einen etablierten Staat wäre das schwer zu
verkraften gewesen. Für einen Staat im Entstehen aber hätte es ein
vernichtender Schlag sein können.

Anfangs folgten nicht viele dem Aufruf. Aber als ab Mitte des
ersten Jahrzehnts des neuen Jahrtausends in Kasachstan große
Ölvorkommen entdeckt wurden, die Wohlstand und Chancen für
alle versprachen, strömten die *oralman* herbei. Doch nicht alle kamen in der neuen Heimat zurecht. Viele der Rückkehrer hatten
Schwierigkeiten mit der Kultur, die sich weit mehr als erwartet
von ihrer eigenen unterschied. Sie fanden keine Arbeit, da sie
kein Russisch sprachen, konnten nicht recht Wurzeln schlagen.
Nach und nach wurden die Bedingungen für eine Zuwanderung
der Auslandskasachen verschärft. Ein bisschen erinnert es mich an
die Russlanddeutschen, die in den Neunzigerjahren nach Deutschland kamen. Auch sie hatten oft Schwierigkeiten, sich zurechtzu-
finden, mussten mit Sprache und Kultur kämpfen und hatten es
auf dem Arbeitsmarkt schwer. Und auch bei uns verschärfte der
Staat nach einigen Jahren die Voraussetzungen für eine Rückkehr. Ich muss an die Schüler im Deutschkurs in Karaghandy denken. An ihre Hoffnung auf ein Leben in Deutschland, wenn sie
nur schnell genug die Sprache lernen.

»Die erste Zeit in Almaty war richtig hart«, erzählt Halil. »Ich
konnte kein Russisch, aber das ist immer noch die Hauptsprache
in allen Bereichen. Dass ich Kasachisch, Chinesisch und Englisch
spreche, war nicht viel wert. Und vor allem hatte ich keine Con-
nections. Darüber läuft hier aber alles. Ein guter Job, eine gute
Wohnung … «

»Aber gilt das nicht überall? In Bayern heißt das Spezlwirt-
schaft.«

»Stimmt schon. Aber bei Kasachen hangen solche Sachen auch
davon ab, zu welcher der *jüz,* der drei Horden, man gehört. Und

zu welchem Clan. Das macht es uns *oralman* schwer. Wir passen nicht so ohne Weiteres in dieses System. Weil wir im Ausland aufgewachsen sind, fehlen uns die Verbindungen, die durch Clantreffen, Hochzeiten und so entstehen.« Halil biss sich durch, lernte Russisch und fand einen Job bei einer Firma, die Hochzeitsvideos produziert. Krisensicher in einer Gesellschaft, in der zu Hochzeitsfeiern mindestens zweihundert Gäste kommen. Wie in Taraz, der heimlichen Hauptstadt des Hochzeitswahnsinns.

»Und zu welcher Horde gehörst du?«

»Zur Großen Horde. Jeder Kasache kennt seinen Stammbaum bis in die siebte Generation. Wenn ein Mann und eine Frau sich kennenlernen und dann merken, dass sie über weniger als sieben Generationen miteinander verwandt sind, dürfen sie nichts miteinander anfangen.«

Überrascht schaue ich Halil an. »Wie funktioniert das denn? Spricht man sofort über die Familiengeschichte, wenn man jemanden kennenlernt?«

Halil nickt. »Bei meiner Frau und mir war das auch so. Ansonsten wäre es ja vergebliche Liebesmüh. Uns Kasachen ist Familie, Tradition und alles, was dazugehört, halt sehr wichtig.« Dann fügt er hinzu, dass es heute einige nicht mehr so eng sähen. Und trotzdem heirateten.

Während wir uns unterhalten, merke ich immer wieder, dass Halils Bettnachbar uns beobachtet. Er ist jünger als wir, vielleicht Ende zwanzig, ganz in Schwarz gekleidet, mit einem dichten Bart. Bestimmt einer der Wahabiten, von denen Zamira erzählt hat, denke ich – und ärgere mich im selben Moment über meine Vorurteile.

Mittagspause. Nach dem Essen suchen Chris, Halil und ich im Schatten eines Baumes Schutz vor der Hitze. Rauchen, reden und warten darauf, dass es endlich weitergeht.

»Es ist nicht mehr weit bis zur Grenze«, meint Halil.

»Stimmt! Vielleicht noch eine halbe Stunde oder so«, sagt eine Stimme hinter uns, Halils bärtiger Bettnachbar.

Er heißt Azamat und fährt aus dem gleichen Grund wie Halil nach Ürümqi.

»Aber warum«, fragt Chris, »brauchen wir dann noch fast zwanzig Stunden bis Ürümqi? Es sind doch nur knapp siebenhundert Kilometer.«

»Na ja, an der Grenze ist oft die Hölle los«, sagt Azamat. »Und die Busfahrer müssen zwischen Grenze und Ürümqi mindestens drei Stunden Pause machen.«

Das sind meiner Rechnung nach zwar immer noch keine zwanzig Stunden, aber wer weiß schon, was unterwegs noch alles passiert. Es ist lange her, dass ich auf dem Landweg in einer Grenzkontrolle war, Schengen sei Dank. Kurz meldet sich meine alte Visumsangst. Was machen wir, wenn uns die Einreise nach China verweigert wird? Schnell schiebe ich den Gedanken dahin zurück, wo er herkam. Wir haben unsere Visa, die Lage in Xinjiang war in den letzten Monaten ruhig, und außerdem bringt es nichts, wenn ich mich jetzt verrückt mache.

Eine halbe Stunde, nachdem wir wieder losgefahren sind, halten wir vor einem Stacheldrahtzaun. Chris und ich stellen uns in eine Reihe, die sich im Schatten des Busses gebildet hat. Ein Grenzsoldat wirft einen kurzen Blick auf jeden Pass. Nur den von Azamat untersucht er etwas gründlicher. Und winkt dann alle ungeduldig zurück in den Bus. Dort ist es unerwartet kahl. Der Fahrer hat den Teppich im hinteren Teil der Busses aufgerollt und den Gebetsteppich neben der Tür abgehängt. »Das machen die immer«, sagt Halil, »damit die Grenzer ihre Schuhe nicht ausziehen müssen.«

Nach der ersten Kontrolle geht es kilometerweit durch einen öden Grenzstreifen. Kleine staubige Bäume und Büsche trotzen der Trockenheit. Endlich tauchen die ersten Häuser von Chorgoz auf, dem Grenzort auf kasachischer Seite. Wir halten vor dem Zollgebäude: Alle aussteigen, Gepäck mitnehmen!

»Hey, das auch! Das komplette Gepäck, habe ich gesagt!« Der Fahrer hält unsere Tüten mit Essen hoch. Hinter dem Eingang wartet die nächste Passkontrolle. Eine Gruppe von Grenzbeamten in leicht zerknitterten Uniformen sitzt an einem Röntgengerät, das seine besten Zeiten schon hinter sich hat.

»Wo kommt ihr denn her? Deutschland, ah! BMW!«, ruft uns einer entgegen und kratzt sich unter seiner steifen überdimensionierten Schirmmütze den Kopf. »Vor ein paar Tagen kamen schon welche wie ihr hier durch. Mit Rucksäcken und so. Aber zwei Männer.« Er lacht, blättert kurz durch die Pässe, macht noch ein paar Scherze und winkt uns weiter.

An drei Schaltern in der Abfertigungshalle haben sich kleine Schlangen gebildet. Von der Decke bröckelt der Putz, die Wände könnten einen neuen Anstrich gebrauchen. Leises Gemurmel, angespanntes Warten, die internationale Atmosphäre von Behörden und Ämtern. Azamat wird sofort zur Seite gewinkt und in eine Art Gefängniszelle eskortiert. Die massive Metalltür schließt sich mit einem satten Knall.

»Hast du das gerade gesehen?«, fragt Chris mich.

»Ja«, sage ich, »wie in einem schlechten Film. Hoffentlich kommt er da heil wieder raus.«

Die Wartenden vor uns rücken langsam weiter.

Am Schalter sitzt ein Beamter, der die Demonstration von Staatsmacht perfekt beherrscht: Blick in den Pass. Durchblättern. Blick auf mich. Starren auf den Computer. Erneuter Blick in den Pass. Ein wenig tippen. Stirn in Falten ziehen. Leise mit dem Kollegen reden, der bei ihm im Kabuff sitzt. Zeit schinden. Stempel in den Pass, der Nächste bitte!

Auf der anderen Seite wartet schon Halil, irgendwann kommt auch Chris. Nur Azamat sitzt immer noch in der Zelle.

»Weiter geht's.« Der Busfahrer winkt uns in Richtung Ausgang. »Schnell! Wir haben nicht ewig Zeit!«

Aber Azamat fehlt noch, wir werden ja wohl nicht ohne ihn

fahren. Als der Fahrer den Motor anlässt, steigt er endlich in den Bus. Ich bin erleichtert, dass sie ihn nicht dort behalten haben.

Weiter geht es durchs Niemandsland. Mehr Geröll, Staub, Schlaglöcher und Stacheldraht.

»Sind wir schon in China oder noch in Kasachstan?«, fragt das Mädchen neben uns seine Mutter unvermittelt auf Chinesisch. Als diese erklärt, wir seien irgendwo dazwischen, ist das Mädchen verwirrt. »Aber welche Sprache soll ich dann sprechen? Kasachisch oder Chinesisch?«

Das Zollgebäude in Korgas, wie die Grenzstadt auf chinesischer Seite heißt, scheint gerade erst gebaut worden zu sein. Ein moderner Fremdkörper im Geröll des Grenzstreifens. Wieder heißt es Rucksäcke schultern, alles mitnehmen, Pass- und Gepäckkontrolle. Und auch diesmal wird Azamat von einem Grenzbeamten weggeführt!

Später beim Essen erklärt er, er habe sich an diese Art von Kontrollen gewöhnt.

Hinter der Grenze: der erste Blick auf Korgas

»Es ist jedes Mal so, wenn ich nach Ürümqi fahre. Einmal in
Kasachstan, einmal in China. Einmal auf der Hin- und einmal auf
der Rückfahrt. Es nervt mich echt. Aber es gibt halt viele gefährliche junge Männer, die aussehen wie ich. Also ist es schon okay,
wenn sie so streng kontrollieren.« Er zuckt die Schultern.

Die Kontrollen der Chinesen sind effizient, sachlich, ohne
Scherze oder Gespräche zwischen den Grenzbeamten. Ich spreche
das erste Mal seit Längerem wieder Chinesisch, und mich durch-
strömt Erleichterung, als ich merke, dass es immer noch funktioniert. Das Nicht-Verstehen und Nicht-verstanden-Werden der
letzten Wochen fällt mit einem Mal von mir ab. Bis zu diesem
Zeitpunkt war mir kaum bewusst gewesen, wie sehr mich diese
Sprachlosigkeit gestört hatte. Als wir aus dem Zollgebäude kommen, stehen wir einen Augenblick lang orientierungslos herum.
Wo ist unser Bus? Wo sind unsere Mitreisenden? Dann zeigt einer
der Zöllner in Richtung eines kleinen Tores in einem Gitterzaun.
Ein paar Schritte noch und wir sind in China.

Chris

Hinter der Grenze reihen sich bunte Verkaufsstände aneinander. Tücher, Hüte, Schmuck, Brot und Obst stapeln sich unter einer Kolon-
ne schattiger Zeltdächer. »Tenge wechseln? Tenge wechseln?« Fliegende Händler suchen nach einem schnellen Geschäft mit
Reisenden, die das Falschgeld nicht erkennen. Das chinesische Zah-
lungssystem ist für Touristen schwer zu durchschauen. Offiziell
heißt das Geld Renminbi, Volkswährung, und die Währungseinheit
Yuan, auch *kuai* genannt. Das bedeutet Stück. Ein *kuai,* umgerechnet
etwa fünfzehn Cent, besteht aus zehn Jiao, das heißt Ecke, die auch
mao genannt werden, das heißt Haar. Und ein Jiao sind zehn Fen, das
bedeutet Teilchen. Mao Zedong ist auf keiner *mao*-Note abgebildet,
dafür auf allen anderen Scheinen. Fasziniert betrachte ich das Geld.

Noch bis 1994 durften Ausländer überhaupt keine Renminbi
besitzen. Ihnen war eine Ersatzwährung vorbehalten, die Foreign

Exchange Certificates, kurz FEC genannt. Dieses ›Ausländergeld‹ entsprach dem Wert der Yuan-Noten, musste aber erst teuer bei der Bank of China gekauft werden – eine Idee des damaligen Machthabers Deng Xiaoping. Nach Maos Tod hatte er sich Reformen und die Stärkung der chinesischen Wirtschaft auf die Fahnen geschrieben. 1979 wurden die ersten FEC gedruckt. Nur ausgesuchte Hotels und Geschäfte durften sie annehmen. Ausländer mussten die Dinge ihres täglichen Bedarfs zu völlig überhöhten Preisen in sogenannten Freundschaftsläden kaufen. Gleichzeitig hatten die Freundschaftsläden aber auch ein Repertoire westlicher Konsumgüter im Angebot, nach denen wiederum chinesische Kunden gierten. Schnell blühte also ein lebendiger Schwarzmarkt, ungeachtet dessen, dass der Besitz der jeweils anderen Währung lange Gefängnisstrafen nach sich zog. Yuan und FEC wechselten in den Straßen chinesischer Städte fröhlich ihre Besitzer. Als die Polizei den Überblick verlor, wurde das Ausländergeld wieder abgeschafft.

Wir hocken uns mit den Rucksäcken an den Straßenrand und warten auf unseren Bus, der noch in den Grenzkontrollen feststeckt. Ich komme aus dem Staunen nicht mehr heraus. Keine Schlaglöcher, keine bröckeligen Fassaden. Die Straßen sind blitzblank gefegt und von verspielten goldenen Laternen umsäumt, daneben liegen gepflegte Grünanlagen. Werbetafeln leuchten, als seien sie gestern erst aus dem Druck gekommen. Selbst die Stromleitungen sehen aus wie Partygirlanden. Nach der einsamen Steppe Kasachstans wirkt China auf mich wie ein Kindergeburtstag. Willkommen in Phantasialand! Ein Mädchen aus unserem Bus darf sich ein Spielzeug aussuchen. Sie wählt eine riesige, ferngesteuerte schwarze Spinne.

Dann geht es weiter, die Straße windet sich in das Borochoro-Gebirge hinauf, einen Ausläufer des Tian Shan. Vor dem Fenster wird es grün, Fichten klammern sich an steile Felsen, die von den Seiten dicht an uns heranrücken. Kühe weiden auf Almwiesen.

Immer wieder gruppieren sich weiße Jurten auf den Hängen. Hier,
in der Grenzregion zwischen Kasachstan und China, leben noch
immer viele Kasachen nomadisch. »Achtung, schaut mal!«, ruft
Halil von seinem Bett herunter. Eine gewaltige Schrägseilbrücke
baut sich vor uns auf. Über hundert Meter lange Pfeiler halten die
Straße in schwindelerregender Höhe, darüber breiten sich Stahl-
seile wie Fächer aus. »Früher«, sagt Halil, »dauerte diese Strecke
durch die Berge viele Stunden. Jetzt, mit der Brücke und der neu-
en Schnellstraße, geht es so schnell! Wartet, bis wir darüberfah-
ren. Der Blick!«

Serpentine um Serpentine legen wir zurück, bis wir in der
Dämmerung eine Hochebene erreichen. Eine letzte Kurve noch,
ich will mich gerade unter die Decke zurückverziehen, da stockt
uns der Atem. Vor uns breitet sich ein Märchenland aus. Ein See,
hell glänzend und spiegelglatt, der rosafarbene Abendhimmel wie
ein Gemälde darin, umrahmt von satten Wiesen und schneebedeckten Bergen. Pferde grasen am Ufer, ein einsamer Reiter zwischen ihnen. Es ist der Sayramsee. Ich glaube, in meinem ganzen
Leben habe ich selten etwas so Malerisches gesehen. Und ich bin
nicht die Einzige: Mit einem Mal kommt Leben in den Bus, alle
drängen sich vor die Scheiben, um ein gutes Foto zu ergattern, bevor die Sonne untergegangen ist. Gefährlich beugen wir uns nach
links.

Das kasachische Wort *sayram* bedeutet Segen. Der Bergsee
liegt abgeschieden auf zweitausend Metern Höhe und wird allein
von Schmelzwasser gespeist. »Beziehungsweise von Tränen«, kor-
rigiert Halil. Denn natürlich gibt es wieder eine Legende über die
Entstehung des Sees, die, wie könnte es anders sein, von einem unglücklichen Liebespaar handelt, das erst im Tod wiedervereint wurde. »Und die Tränen ihrer Trauer formten den See«, schließt Halil.

Den Sayramsee, er sieht uns verschwörerisch an, umgebe eine
mystische Aura. Mehrfach sei versucht worden, seine Tiefe zu ver-
messen, doch bei jedem Versuch fielen die technischen Instru-

mente aus. Auch kein Flugzeug dürfe darüber fliegen. Das Bermu-
dadreieck von Xinjiang.

Irgendwann muss ich wieder eingeschlafen sein. Als ich aufwache,
ist es stockfinster. Der Bus steht. Durch die geöffnete Tür weht
warme Luft herein. Der Straßenlärm scheint fern, nur aus einigen
Betten sind gleichmäßige Atemzüge zu hören. Wo sind wir hier?
Wie viel Uhr ist es? Und wo ist der Fahrer? Mit einem Mal bin ich
hellwach. Ich schlage die Decke zurück, taste nach meinem Handy. Kurz vor zwei. Leise schlüpfe ich in meine Schuhe und schleiche zum Ausgang.

Und dann traue ich meinen Augen nicht. Im Schein des Voll-
monds breitet sich ein gewaltiger Platz vor mir aus. Er ist größer
als ein Fußballfeld. Eine Fahnenstange steht verwaist in seiner
Mitte, ein Stahlkranz baumelt an der Spitze. Dahinter ziehen sich
Geröllfelder ins Nirgendwo. Kein Mensch ist zu sehen. Der Platz
wirkt fremd und weltfern, fast apokalyptisch in seiner Einöde, als
hätte uns ein Wurmloch auf einen unbekannten Planeten katapul-
tiert. Mein Herz klopft ein bisschen. Einen Moment zögere ich.
Dann springe ich aus dem Bus und gehe los.

Der Fahrer liegt zusammengerollt auf dem Boden. Ich erschre-
cke kurz, als ich ihn sehe. Doch dann entdecke ich die zusammen-
geknüllte Jacke unter seinem Kopf. Ein Handy erhellt sein Gesicht,
blauer Schein in der Dunkelheit. Hinter unserem Bus parkt ein
zweiter, dahinter ein dritter. Vor jedem liegt ein Fahrer. Sie schlafen.
Ich schleiche mich an ihnen vorbei, laufe quer über den Platz. An
seinem Ende kann ich jetzt Umrisse ausmachen, ein Rasthaus wahrscheinlich, tagsüber. Jetzt aber gibt es auf dem Platz nichts. Nacht-
wind bläst mir ins Gesicht und zerrt an meinen Haaren. In der Ferne streichen Lichtkegel von Lastwagen auf der Autobahn vorüber.
Der Mond wirft einen Schatten um meine Füße.

Ich ziehe mein Handy aus der Tasche und schalte das GPS ein.
Es dauert, bis das Gerät eine Verbindung findet. Wir stehen an der
Autobahn Lianyungang–Korgas, die China einmal ganz durch-

quert. Sie ist über viertausendzweihundert Kilometer lang, vom
Grenzübergang im Westen bis zum Gelben Meer im Osten. Ich
will das Handy schon wieder ausschalten, da fällt mir etwas anderes auf. Wir sind weiter weg vom Ozean als an jedem anderen
Punkt unserer Reise. Wir sind sogar fast so weit davon entfernt,
wie man es überhaupt nur sein kann: Der eurasische Pol der Unzu-
gänglichkeit, so heißt er wirklich, liegt nur etwa zweihundertfünfzig Kilometer entfernt, nördlich von uns in der Wüste. Kein anderer Ort auf unserem Planeten ist derart weit entfernt vom Meer.
Der einsame Platz mit seiner Fahnenstange gehört zu den abgele-
gensten Orten der Erde.

Ja, ich war müde gewesen, nach den Wochen in Kasachstan.
Als ob meine Speicher voll wären, kein Platz mehr für neue Daten.
So viele Menschen, so viele Eindrücke. Jetzt plötzlich, an diesem
einsamen Ort in den Bergen und mitten in der Nacht, scheint all
das wie weggewischt. Ich weiß nicht, was es ist, aber in diesem
Moment, allein im Nichts, fühle ich mich wie neugeboren. Als
hätte ich niemals zuvor klarer gesehen. So geht es, das Reisen! Es
ist, als hätte ich mich daran erinnert. Auf einmal ist es wieder da.
Der Stahlkranz auf der Fahnenstange klimpert im Wind. Das
Schwarz ist ein gutes Schwarz, denke ich, und ich, wir, mitten darin. Plötzlich fühle ich mich stark und mutig. Und so glücklich,
dass ich die ganze Welt umarmen könnte.

Jetzt, denke ich, kann China kommen. Und ich glaube, auf dem
Weg zurück zum Bus habe ich ein klein wenig getanzt.

Stephanie
Im Halbschlaf bekomme ich mit, dass wir angehalten haben. Denke kurz, dass ich mal rausgehen sollte, und wache erst auf, als wir
längst wieder unterwegs sind und die Morgensonne alles in klares Licht taucht. Eine karge Landschaft in verschiedenen Beige-,
Rost- und Sandtönen hat Wälder und Berge abgelöst. Weit hinten am Horizont lassen sie sich noch erahnen. Ab und zu erhebt

sich sanft ein Hügel, um dann wieder im Boden zu versinken. Kleine Städte liegen an der Strecke, umgeben von Feldern, dem trockenen Boden durch intensive Bewässerung abgerungen. Einiges haben sich Sand und Geröll schon wieder zurückerobert. Ein Netz aus Strommasten und Überlandleitungen zerteilt die Weite in kleine Stücke.

Langsam erwacht der Bus zum Leben. Azamat lässt Wasser aus einer Flasche über seine Hände laufen und wäscht sein Gesicht. Dann kniet er sich auf das Bett, zum Morgengebet. Er ist so bei sich, dass er nichts um sich herum mitbekommt. Auch Halil hat sich aus seinem Laken gewickelt. Er schaut zu Azamat. »Irgendwie bewundere ich ja die Gläubigen. Ich bin auch Muslim. Aber ich rauche und trinke. Später, wenn ich alt bin, will ich mich strenger an den Islam halten. Aber jetzt bin ich noch nicht so weit. Während des Studiums habe ich gesoffen wie ein Loch. Da habe ich manches gemacht, worauf ich nicht stolz bin. Ich finde es schon gut, dass die jungen Leute heute mehr glauben und weniger feiern.«

»Hmm«, meine ich, »da bin ich mir nicht so sicher. Die Jugend ist doch auch eine Zeit zum Ausprobieren, oder?«

»Bei uns Kasachen ist das mit dem Trinken echt schlimm. Es artet oft in Prügeleien aus. Da ist ein wenig mehr Vernunft schon nicht schlecht.«

Je näher wir Ürümqi kommen, desto ruhiger wird es im Bus. Die Gespräche verstummen. Gedankenverloren sitzt jeder für sich. Ich schaue aus dem Fenster, im Kopf schon bei dem, was in der Stadt auf uns wartet. Doch davor liegt noch ein Kontrollposten, das Stadttor des modernen China. Der Busfahrer sammelt alle Pässe ein und händigt den ganzen Stapel einem Beamten in einem kleinen Häuschen aus. Neben uns stauen sich Autos vor fünf Terminals. Leute stehen herum, rauchen, reden. Und warten, bis sich jeder Mitfahrer mit seinem Personalausweis registriert hat. Erst dann dürfen sie die Mautstation passieren.

Ohne Personalausweis geht in China nichts. Auf dem Chip sind alle Informationen gespeichert: außer Name und Adresse unter anderem Religionszugehörigkeit, ethnische Zugehörigkeit, Verlauf der Berufstätigkeit, Bildungsstatus, Vorstrafenregister, Krankenversicherung oder die Telefonnummer des Vermieters. Er ist natürlich maschinenlesbar und muss beispielsweise beim Kauf von Fahrkarten und Mobilfunknummern vorgelegt werden. Bei dem Gedanken an diesen informationstechnisch gläsernen Menschen, der kaum mehr Bereiche hat, die verborgen bleiben, wird mir angst und bange. In China aber macht sich kaum jemand Gedanken darüber. Die meisten finden es eher praktisch, dass alle Informationen an einem Platz sind.

Mein erster Eindruck von Ürümqi ist anders als gedacht. Nach all dem, was ich zuvor gehört und gelesen hatte, erwartete ich, in eine Stadt im Belagerungszustand zu kommen. Ähnlich wie ich es Mitte der Neunzigerjahre in Belfast gesehen hatte. Mit Hubschraubern, die über den Häusern kreisen, und Straßensperren. Aber alles scheint ruhig, fast ein wenig verschlafen. Es sind lange nicht so viele Menschen unterwegs wie in den Städten im Osten Chinas. Selbst der Verkehr kommt mir weniger chaotisch vor. Ürümqi ist überraschend grün. Bäume am Straßenrand werfen Schatten, hier und da blitzt zwischen den Häusern ein kleiner Park hervor. Nicht lange, nachdem wir uns am Busbahnhof von Halil und Azamat verabschiedet haben, kommen wir an unserem Hostel an. Hinter dem Rezeptionstresen sitzt eine junge Hipster-Chinesin, die eine große schwarze Hornbrille ohne Gläser trägt. Und neben ihr ein Polizeibeamter mit schusssicherer Weste.

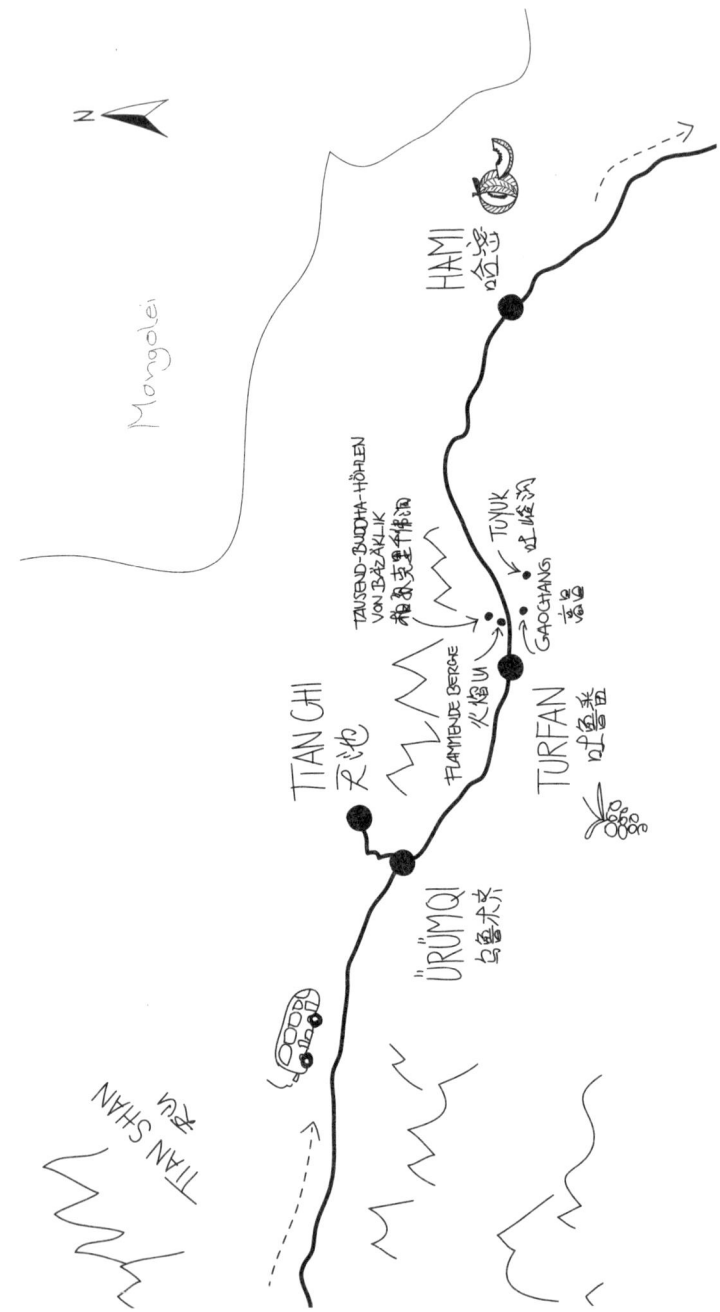

XINJIANG

Ürümqi

Stephanie **R**eglos stehen drei Soldaten in der Hitze auf dem Parkplatz vor dem Einkaufszentrum. Einer auf dem Schützenstand eines weißen Radpanzers, zwei rechts und links davor unter Sonnenschirmen. Sie sind jung, tragen Tarnuniform mit schusssicheren Westen, Helmen und Maschinenpistolen. Die Bewegungslosigkeit täuscht jedoch, aufmerksam beobachten sie jede Regung in ihrer unmittelbaren Umgebung. Um sie herum nimmt das Leben seinen gewohnten Gang. Autos und Busse rauschen hupend über die achtspurige Straße, die am Einkaufszentrum vorbeiführt. Menschen eilen hin und her. Ein Straßenhändler preist seine Handyhüllen an.

Eine Sekunde lang glaube ich, eine Kunstinstallation vor mir zu haben. Das Ensemble aus Soldaten und Panzer wirkt wie eine der Skulpturen, die in Kasachstan oft an den Denkmälern für den

Großen Vaterländischen Krieg standen. Dann fällt mir wieder ein, dass wir in Ürümqi sind, der Hauptstadt des Uigurischen Autonomen Gebiets Xinjiang. Dass die Soldaten keine Statuen sind, sondern innerhalb von Sekunden einsatzbereit, sollte die Situation es erfordern.

Wie am 5. Juli 2009, als eine Welle der Gewalt die Stadt uberrollte. Etwas mehr als eine Woche zuvor hatte eine Gruppe Chinesen in der südchinesischen Provinz Guangdong uigurische Wanderarbeiter getötet, nachdem im Internet Gerüchte zirkuliert hatten, dass eine Chinesin von Uiguren vergewaltigt worden wäre. Später sollte sich herausstellen, dass alles frei erfunden war, doch da war es schon zu spät. Die Verhaftung der Mörder ließ auf sich warten, die Behörden hüllten sich in Schweigen, nichts passierte. Trauer, Wut und Unverständnis in der uigurischen Bevölkerung stiegen, bis sie sich am Nachmittag des 5. Juli Bahn brachen. Mehr als tausend Menschen versammelten sich zu einer angemeldeten Demonstration auf dem Renmin-Platz, dem Volksplatz. Anfangs waren die Proteste noch friedlich. Doch dann versuchte die Polizei, die Versammlung aufzulösen, trieb die Protestierenden in Richtung Süden der Stadt. Eine Spirale der Gewalt setzte sich in Gang: Steine flogen, Tränengas wurde eingesetzt, Warnschüsse hallten durch die Luft. Bis in die Nacht hinein bekämpften sich Demonstranten und Polizei. Gruppen von aufgebrachten Uiguren griffen wahllos Han-Chinesen an, zerrten sie aus ihren Autos, schlugen sie zusammen, steckten Fahrzeuge und sogar Häuser in Brand.

Am nächsten Morgen stand Ürümqi faktisch unter Kriegsrecht, Panzerfahrzeuge patrouillierten durch die Straßen, Einheiten der *wujing*, der bewaffneten Polizei, durchkämmten die uigurischen Viertel und nahmen Verdächtige fest. Truppen der Volksbefreiungsarmee wurden in die Stadt verlegt. Einige Tage danach übten aufgebrachte Han-Chinesen Vergeltung an jedem

Uiguren, der ihren Weg kreuzte. Noch fast ein Jahr danach gab es eine Kommunikationssperre, das Internet war nicht mehr zugänglich, SMS funktionierten nicht und Telefongespräche waren nur eingeschränkt möglich. Selbst heute sind Internet und Mobilfunknetz strenger zensiert als in anderen Teilen des Landes.

Seit den Unruhen ist die Stadt tief gespalten, zweigeteilt in einen chinesischen Teil im Norden und einen uigurischen im Süden. Und immer wieder kommt es zu Anschlägen, zuletzt im Frühjahr 2014. Mit einer massiven Militär-, Polizei- und Wachschutzpräsenz versucht die chinesische Regierung der Situation Herr zu werden – und den anderen Bevölkerungsgruppen, allen voran den Han-Chinesen, ein Gefühl von Schutz und Sicherheit zu vermitteln.

In den ersten Stunden in Ürümqi kämpfen wir mit den ständigen Sicherheitskontrollen. Wir haben noch die Bewegungsfreiheit aus Kasachstan im Kopf, sind nicht vorbereitet darauf, ein ums andere Mal gebremst zu werden. Auch wenn wir vorher einiges über die Situation in Xinjiang gehört und gelesen hatten, theoretisches Wissen und praktische Erfahrung klaffen weit auseinander.

»Halt! Kommen Sie mal rüber und machen Sie Ihren Rucksack auf!«, befiehlt ein Wachmann. Gerade sind wir durch das kleine Tor im Nordteil der roten Mauer getreten, die den Renmin-Park umgibt, den Volkspark. Er soll die grüne Lunge der Stadt sein, mit vielen Bäumen, die Schatten spenden. Wir wollten kurz die Füße hochlegen, nachdem wir den halben Tag durch die Stadt gelaufen waren, um Bustickets, Telefonkarten und Lebensmittel zu besorgen. Doch statt auf einer Wiese im Schatten zu liegen, stehen wir nun in einem dunklen Durchgang. Wie fast überall in China wird auch hier das Gepäck eines jeden Besuchers durchleuchtet. Das Sicherheitspersonal am Eingang des Parks aber sieht martialischer aus, als ich es sonst kenne: ausdruckslose Mienen, schwarze Stahlhelme, kugelsichere Westen, bis an die Zähne bewaffnet.

Besucher werden mit knappen Gesten und Worten in Richtung
der Röntgenmaschine gewiesen.

»Sie haben ein Messer dabei. Das können Sie hier nicht mit
reinnehmen.« Stimmt, ich hatte vergessen, dass ich mein kleines
Schweizer Messer dabeihabe. Und bei Messern sind die Vorschriften eindeutig: Egal wie groß, sie sind gefährliche Waffen. Ich
habe die Wahl: Entweder ich lasse es zurück und bekomme es
auch beim Verlassen des Parks nicht wieder, oder ich darf nicht
rein. Unser Besuch im Renmin-Park ist vorbei, bevor er begonnen
hat.

Auch im Einkaufszentrum: Kontrolle! Getränke abgeben,
sonst kein Zutritt! Am Eingang zum BRT-Schnellbus: Kontrolle!
Drei ungeöffnete Wasserflaschen wandern in den Mülleimer. Am
Geldautomat: Kontrolle! Tasche und Rucksack öffnen und ein
schneller Check mit dem Metalldetektor. In der Filiale von China
Mobile: Kontrolle! Sicherheitsschleuse und ein kurzer Blick ins
Gepäck.

Bald höre ich auf, die Sicherheitskontrollen zu zählen. Während unserer Zeit in Xinjiang werden sie zu einer steten Beglei-
tung. Die Regeln erschließen sich mir bis zum Schluss nicht. Mal
darf man Flüssigkeiten mitnehmen, mal nicht. Mal sind ein kleines Taschenmesser oder ein Nagelknipser eine Waffe, mal nicht.
Mal ist chinesisches Anti-Mückenspray eine gefährliche Chemika-
lie, mal nicht. Die Kontrollen nerven. Wie aber müssen es erst die
Menschen empfinden, die das jeden Tag mitmachen müssen?
Hört man irgendwann auf, sich darüber Gedanken zu machen?
Oder schürt es den Willen zum Widerstand?

Nach unserem gescheiterten Parkbesuch laufen wir ziellos
durch Ürümqi. Rechts Hochhäuser, links Hochhäuser. Breite mehr-
spurige Straßen, Blumenrabatten mit Bäumen in Form von Teddybären und Mickey Mouse. Eine kleine Moschee behauptet ihren
Platz zwischen zwei grauen Wohnhäusern. Am Straßenrand stehen fliegende Händler mit ihren Lastenrädern. Von der Ladeflä-

Ein steinerner Löwe wacht über die Straßen von Ürümqi

che herab verkaufen sie Aprikosen, Melonen und Trauben. »Ich habe Hunger«, sagt Chris. Vor einem lang gezogenen Gebäude, dessen Erdgeschoss mit kleinen Läden vollgestopft ist, halten wir an. Ich zeige auf ein rundes Neonschild im Hochparterre.

»Da gibt es Nudelsuppe. Lust drauf?« Chris nickt.

Wir steigen eine Treppe hinauf, an deren Kanten der Beton abbröckelt.

Die Suppe brennt auf der Zunge, eine wohlige Wärme breitet sich in meinem Körper aus.

»Na, geht es oder ist sie zu scharf?«, fragt Zhou. »Ihr seid die ersten Ausländer, die bei mir im Laden sind, da weiß ich nicht genau, ob ihr scharf essen könnt oder nicht.« Zhou führt die kleine Suppenküche gemeinsam mit ihrem Mann. Sie ist klein und dünn, vielleicht Mitte zwanzig, hat die Haare mit einer Spange zu einem Pferdeschwanz zurückgebunden und lächelt uns an. Auf dem Arm hält sie ihren kleinen Sohn, der gerade ein halbes Jahr alt ist. Aus dem Schlitz in seiner Hose blitzt ab und zu der nackte Po hervor. Wie viele chinesische Babys trägt er statt Windeln

›Schnellscheißerhosen‹, deren Schritt von vorne bis hinten offen
ist. Wir nicken, versichern ihr, dass die Suppe unseren Ausländer-
mägen gut bekomme.

Die kleine Garküche wirkt eher wie ein Café. An den Wänden
kleben Wandtattoos mit Ranken, dazwischen hängen gerahmte
Fotografien, auf den Tischen stehen kleine Vasen mit Plastikblumen.

»Unser Restaurant gibt es noch nicht so lange, wir haben erst
vor Kurzem aufgemacht.« Zhou sieht uns stolz an. Es scheint gut
zu laufen. Während wir uns unterhalten, kommen immer wieder
neue Gäste herein. Ein Mann am Nachbartisch nutzt die Gelegenheit, eine Salve von Fragen auf uns abzufeuern: »Wo kommt ihr
her? Was verdient ihr? Wie hoch sind die Mieten? Was kostet ein
BMW? Seid ihr verheiratet?« und »Wie findet ihr China, ist es besser oder schlechter als Deutschland?« Zufrieden mit unseren Antworten, wendet er sich wieder der Suppe zu, seine Neugier ist ge-
stillt.

»Wir mussten uns sehr umgewöhnen, als wir hergekommen
sind. Im Winter ist es bitterkalt. Und alles ist so karg, ganz anders
als daheim. Aber wir wollen ein besseres Leben, auch für unseren
Sohn. Also bleibt uns nichts anderes übrig – *mei banfa*«, sagt
Zhou und benutzt die Redewendung, die Chinesen für Situationen verwenden, in die man sich fügen muss. Ihr Hochchinesisch
ist zuweilen schwer zu verstehen, es ist durchsetzt mit Ausdrücken aus dem Dialekt ihrer Heimat. Vor ein paar Jahren ist sie mit
ihrem Mann aus einem kleinen Dorf in Guizhou nach Ürümqi gekommen. Die Provinz im Süden gilt als die ärmste Chinas. Es ist
dort so gebirgig, dass es laut einem alten Spruch »Keine drei Fuß
flachen Landes« gibt. Das erschwert die Ansiedlung von Industrie,
die meisten Menschen leben immer noch von der Landwirtschaft.

Nach der Ankunft in Ürümqi haben Zhou und ihr Mann ge-
schuftet bis zum Umfallen. Irgendwann konnten sie es sich endlich leisten, ihre kleine Suppenküche zu eröffnen. Nun stehen bei-

de jeden Tag von morgens bis abends im Laden: Sie nimmt die
Bestellungen auf und unterhält sich mit den Gästen, ihr Mann
kocht die scharf-würzigen Suppen, für die Guizhou bekannt ist.
Selbst wenn sie wollten, bliebe kaum Zeit, ihr neues Zuhause besser kennenzulernen. So wissen weder Zhou noch ihr Mann viel
über die Uiguren, sprechen auch ihre Sprache nicht. Sie leben und
arbeiten im Norden von Ürümqi, dem chinesischen Teil der Stadt.
Hier gibt es kaum Berührungspunkte. Gäste und Köche sind
hauptsächlich Han-Chinesen. In den uigurisch geprägten Teil südlich der Renmin Lu kommen sie nur selten. So wie sich auch die
Uiguren nur selten in den Norden der Stadt verirren.

»Na ja, wenigstens fahren wir alle zwei Jahre zum Frühlings-
fest heim. Öfter können wir uns das leider nicht leisten.« Ein weh-
mütiges Lächeln streift Zhous Mundwinkel. Die Heimreise ist lang
und beschwerlich. Schon Wochen bevor es losgeht, stürzen sie
und ihr Mann sich in den Kampf um billige Zugtickets. Auf der
Reise müssen sie mehrere Male ihr Gepäck schultern, sich durch
vollgestopfte Bahnhöfe in einen weiteren Zug drängeln, wo sie
dann wieder in einem überfüllten Hartsitzabteil landen. Kommen
sie nach zwei Tagen in der Provinzhauptstadt Guiyang an, ist die
Reise noch lange nicht vorbei. Weiter geht es mit dem Bus, stun-
denlang über holperige, schlecht ausgebaute Straßen, bis sie endlich wieder zu Hause sind.

Nach den Feiertagen fällt beiden die Rückreise jedes Mal
schwer. Gerade noch haben alle zusammen *jiaozi* gegessen, kleine mit Fleisch oder Gemüse gefüllte Teigtaschen, das traditionelle Neujahrsgericht. Die Schlussmelodie der Neujahrsgala auf CCTV
ist noch nicht lange verklungen. Verwandte und Freunde waren
da, haben den neuesten Klatsch und Tratsch mitgebracht. Und
hongbao, rote Umschläge gefüllt mit Geld. Noch immer hallt das
Knallen der Feuerwerkskörper durch das Dorf. Zhou und ihr
Mann aber müssen wieder los. In Guizhou gibt es einfach zu wenig Arbeitsplätze.

»Selbst mit einem eigenen Laden wäre es schwierig. Die Menschen dort haben kaum Geld, das sie ausgeben können. Also bleiben wir erst mal in Ürümqi. Aber irgendwann gehen wir bestimmt zurück«, sagt Zhou voller Hoffnung. Als wir uns
aufmachen, winkt sie uns aus der offenen Tür hinterher, auf dem
Arm ihren kleinen Sohn.

Chris

An diesem Abend fahren wir in den Süden der Stadt. Es ist unser
vorletzter Tag in Ürümqi. Für morgen haben wir einen Ausflug an
den Tian Chi geplant, den Himmelssee, dann werden wir weiterziehen, etwa zweihundert Kilometer nach Süden, nach Turfan.
Der Taxifahrer gibt Gas, froh, dem dichten Verkehr auf der Youhao
Nanlu entronnen zu sein. Es ist acht Uhr, Feierabend, und noch
immer taghell draußen. In Ürümqi herrscht offiziell Pekingzeit,
obwohl die Stadt zwei Zeitzonen von Chinas Ostküste entfernt
liegt. Warmer Wind weht durch die geöffneten Fenster und zerzaust meine Haare, die noch vom Duschen nass sind. »So, dann
sagt mal«, Batur dreht sich vom Beifahrersitz zu uns um, »was wisst
ihr über die Uiguren?«

Ich hatte Batur erst an diesem Mittag über Couchsurfing angeschrieben. Früher hatte ich mich nicht getraut. Wer konnte wissen, ob Chinas Staatsmacht nicht auch dieses Internetportal
überwacht, so wie andere soziale Netzwerke? Vielleicht hätten
uns Verabredungen mit Uiguren Probleme bei der Einreise be-
schert, und die hatte ich nicht riskieren wollen. Jetzt aber, nach
den ersten Tagen in Ürümqi, brannte ich darauf, ihre Seite zu hören. Zu erfahren, wie es ihnen ging, wie sie lebten – unter der ständigen Kontrolle. Batur hatte nur eine Stunde später geantwortet:
»Treffen wir uns! Heute Abend?« Jetzt sehe ich ihn an, durch das
Gitter hindurch, das die Rückbank von den Vordersitzen trennt.
Es sieht aus, als säße er im Gefängnis. Und wie könnte ich seine
Frage beantworten? Was ich über die Uiguren gehört hatte, war:

Rebellen. Radikale. Dass manche von einem eigenen Staat träumten, einem Ostturkestan. Dass das Auswärtige Amt vor Anschlägen warnte. Deshalb die Sicherheitsvorkehrungen, deshalb all die Kontrollen und Soldaten. »Meiden Sie Menschenansammlungen und belebte Plätze«, hatte es geheißen. Mir war wirklich mulmig gewesen vor der Reise durch Xinjiang.

Doch als wir zusammen im Auto sitzen, kommen mir all die Warnungen seltsam absurd vor. Batur strahlt uns an, fährt sich durchs Haar, in seinem offenen jugendlichen Gesicht steht ehrliche Neugier und die Vorfreude auf den gemeinsamen Abend mit uns. Er ist sechsundzwanzig, arbeitet als Lehrer in Ürümqi und sieht ungefähr so gefährlich aus wie ein Plüschteddy. Er wartet meine Antwort nicht ab. »Ich werde euch alles erzählen«, verspricht er. Die Abendsonne leuchtet im Rückspiegel.

Die Uiguren sind eine von insgesamt fünfundfünfzig anerkannten Minderheiten in China. Sie selbst sehen sich als Abkömmlinge der Alt-Uiguren, die zwischen dem 8. und 9. Jahrhundert große Macht besaßen. Neun Clans herrschten damals über ein Großreich auf dem Gebiet der heutigen Mongolei: Sie lösten sich von ihrer nomadischen Vergangenheit, bauten Städte und trieben Handel, bis schließlich ein Aufstand gegen den Herrscherclan, Bürgerkriege und eine Hungersnot dem Khanat ein Ende machten. Die Clans wurden von den Kirgisen vertrieben, viele flüchteten nach Osten, ins heutige Xinjiang. Doch ob eine direkte Verbindung zwischen den modernen Uiguren und den legendären mittelalterlichen Stämmen besteht, ist unter Historikern umstritten. Denn nach dem 15. Jahrhundert verschwand der Begriff aus den historischen Aufzeichnungen, und erst seit etwa achtzig Jahren bezeichnet sich die uigurischsprachige Minderheit in China selbst wieder so.

Heute leben etwa acht Millionen Uiguren in Xinjiang, das entspricht der Gesamtbevölkerung der Schweiz. Sie pflegen ihre Traditionen, bewahren ihre uigurische Sprache, die wie Kasachisch mit Türkisch verwandt ist, und ihren muslimischen Glauben. Ihre kulturelle Unabhängigkeit und Religionsfreiheit sind in der Verfassung verankert. Offiziell genießt Xinjiang Autonomie innerhalb des Großreichs.

Doch die Realität, die uns in den letzten Tagen begegnet ist, sieht anders aus. Das friedliche Miteinander der Kulturen, das sich China gern auf die Fahnen schreibt, schien mir in Ürümqi allenfalls ein ungeliebtes Nebeneinander zu sein.

»Es stimmt, vieles ist anders geworden in den letzten Jahren«, sagt Batur und blickt aus dem Fenster auf die vorbeiziehenden Häuserfassaden. »Als ich klein war, saßen Uiguren und Chinesen noch gemeinsam an einem Tisch. Heute ist so was unvorstellbar. Schaut doch nur mal raus. Seht ihr, wie sich das Stadtbild verändert hat, seit wir losgefahren sind? Dieser Teil von Ürümqi ist komplett uigurisch geprägt. Hier leben überhaupt keine Chinesen mehr. Es ist, als gäbe es zwei getrennte Städte in einer.«

Das Taxi hält an einem kleinen amerikanischen Café. Wir klettern aus dem Wagen, Batur drückt dem Fahrer einige Scheine in die Hand und wirft seine Tasche über die Schulter. »Kommt«, sagt er. Wir suchen uns einen Platz am Fenster. Das Café ist gemütlich eingerichtet, Holzregale mit Büchern und Vasen an den Wänden, weiches Licht, Polstermöbel und ein Kickertisch. Es sieht aus wie die uigurische Version von Starbucks.

»Bestellt ruhig schon was«, sagt Batur, »ich warte noch.«

Wir winken ab. »Quatsch, wir warten mit dir!«

Als der Kellner das Zeichen zum Fastenbrechen gibt, bestellen wir zusammen Americano, Cupcakes und New Yorker Käsekuchen.

»Warum ist die Situation so schwierig geworden?«, möchte ich wissen, als der Kaffee vor uns steht. »Ich meine, was war der Auslöser? Wenn Uiguren und Chinesen doch jahrelang friedlich miteinander gelebt haben?«

Batur rührt in seiner Tasse, sieht dem Milchschaum zu, der sich langsam braun verfärbt. Schließlich sagt er: »Das begann nach dem 11. September 2001. Auf einmal wurden Uiguren auf der Straße schief angesehen. Jeder galt jetzt als potenzieller Terrorist. Und die chinesische Regierung hatte einen guten Vorwand, um die Leute, die ihr schon immer ein Dorn im Auge waren, besser verfolgen zu können. Richtig schlimm wurde es, als 2008 die Olympischen Spiele nach Peking kamen. Da wollte China natürlich gut dastehen. Und wir bekamen immer neue Probleme.«

»Zum Beispiel?«, fragt Stephanie.

»Es gab einfach mehr Einschränkungen«, sagt Batur. »Als Uigure kannst du dich oft nicht mehr frei bewegen. Ein Freund von mir ist in Ürümqi geboren, hat aber mittlerweile einen *hukou,* einen offiziellen Wohnsitzstempel, für Khotan. Wenn der jetzt hier seine Eltern besuchen will, braucht er eine Sondergenehmigung, die er extra beantragen muss. Das ist so absurd. Das ist seine Heimatstadt! Und jetzt muss er plötzlich Beamten erklären, warum er da hinwill. Auch auf den Straßen werden wir ständig kontrolliert. Im Zentrum gehen wir überhaupt nicht mehr aus, abends«, fügt er hinzu. »Es macht einfach keinen Spaß mehr.«

Draußen ist es mittlerweile dunkel geworden. Im Schein der Laternen ist die Straße zum Leben erwacht. Jetzt füllt sich auch das Café, immer mehr junge Leute bevölkern die Tische. Die Mädchen tragen bedruckte Kopftücher, auf den Tischen stehen farbenfrohe Smoothies und Eisbecher. Gelächter im Raum. Batur achtet nicht darauf.

»Reisen ist für die meisten Uiguren sehr schwierig«, fährt er fort. »Wenn du als Chinese einen Reisepass beantragen willst, bezahlst du vielleicht zweihundert Yuan und nach zwei bis drei Wochen hast du ihn in der Tasche. Mein Freund Mehmut hat zwei Jahre auf seine Papiere gewartet. Immer wurde ihm gesagt, dass dieses oder jenes Dokument fehle, und wenn er es dann endlich brachte, hieß es, jetzt seien andere Unterlagen veraltet. Am Ende hat ihn sein Pass vierzehntausend Yuan gekostet. Ich zum Beispiel habe deshalb überhaupt keinen Reisepass.«

»Das heißt, du warst nie weg? Wo hast du denn so gut Englisch gelernt?«, staune ich. Batur spricht fließend und fast akzentfrei.

»Ach, einfach hier«, winkt er ab und blickt nachdenklich auf die Straße hinaus. »Ürümqi hat sich sehr verändert. Inzwischen sind nur noch etwa dreißig Prozent der Einwohner Uiguren. Früher waren es sehr viel mehr.« Und er erzählt, warum das so ist: Um den Einfluss der Uiguren zu verringern, lockte die Regierung immer mehr Han-Chinesen mit wirtschaftlichen Anreizen nach Xinjiang. Sie eröffneten hier Geschäfte, profitierten vom Aufschwung der Region. Ich denke an Zhou und ihr kleines Lokal. Nach und nach wurden die Uiguren aus dem öffentlichen Leben verdrängt. Viele finden in den chinesischen Firmen keine Arbeit mehr. Ämter und wichtige Posten werden von Han-Chinesen bekleidet. Es gibt Versammlungsverbote, viele öffentliche Plätze sind mittlerweile gesperrt. Immer wieder landen Uiguren im Gefängnis, auch Hinrichtungen sind nicht selten. »Und die Zugezogenen interessieren sich auch nicht für uns«, sagt Batur. »Früher haben viele Chinesen in Xinjiang noch Uigurisch gesprochen und die Sitten und Gebräuche respektiert. Wer jetzt neu kommt, macht sich gar nicht erst die Mühe. Selbst viele uigurische Kinder lernen die Sprache nicht mehr richtig. Als ich klein war, fand der Unterricht in vielen Grundschulen auf Uigurisch statt. Erst in der weiterführenden Schule kam Chinesisch dazu. Heute werden Kinder aus uigurischen Dörfern in chinesische Internate geschickt. Dort verbringen sie mehr Zeit als zu Hause und dadurch entfremden sie sich von ihren Familien.«

Aus seiner Tasche zieht Batur ein Notizbuch hervor. »Seht mal her«, sagt er. »Das ist unsere Schrift.«

»Aber ist das nicht das arabische Alphabet?« Stephanie und ich blicken erstaunt auf seine Aufzeichnungen.

»Nur zum Teil«, antwortet Batur, jetzt ganz Lehrer. »Die Schrift basiert auf dem Arabischen. Wir haben aber auch noch eigene Zeichen.« Vor der Islamisierung im 13. Jahrhundert hatten die Uiguren sogar ein komplett eigenes Alphabet. Es ist noch in Überresten vorhanden, in der mongolischen Schrift, die daraus entstanden ist.

»Schade, dass kaum noch Austausch zwischen der chinesischen und der uigurischen Kultur stattfindet«, bedauere ich.

Batur nickt. »Diese strikte Teilung ist nicht gut. So wächst das Misstrauen auf beiden Seiten. Die Chinesen hören im Fernsehen ständig, wie gefährlich wir seien und dass sie immer auf der Hut sein müssten. Und auf uigurischer Seite wächst der Ärger über die dauernden Einschränkungen. Das schaukelt sich hoch. Und wisst ihr, was dann passiert?«, seufzt er. »Dann kommen irgendwelche radikalen Prediger aus Pakistan oder Afghanistan und stacheln die Menschen auf. Sie sagen: Warum lasst ihr euch das gefallen? So lasst ihr mit euch umgehen? Wehrt euch doch! Und dann ... Na ja. Ihr habt ja davon gehört.«

Wir sitzen am Tisch und schweigen. Ich kann den Frust der Uiguren verstehen. Wie muss es sich anfühlen, in der eigenen Heimatstadt immer mehr zum Fremden zu werden? Seine Kultur zwischen den Fingern zerrinnen zu sehen? Auch ich würde mich wehren wollen. Aber geholfen ist niemandem damit. Jeder Gewaltakt zieht neue Repressalien nach sich. Klar, eine Lösung kann nur im Dialog bestehen. Doch der Tisch, an dem beide Parteien einmal gemeinsam saßen, existiert nicht mehr.

»Im Moment ist es besonders schlimm«, sagt Batur in die Stille hinein. »Es ist Ramadan, das ist eine sensible Zeit. Aber ich begreife den Islam als friedliche Religion. Diese fundamentalistischen Strömungen sind mir völlig zuwider. Wir werden eine friedliche Lösung finden!«

»Glaubst du denn, dass es eine Lösung geben wird?«, frage ich.

»Aber ja!« Und da ist es wieder, das jugendliche Gesicht, sein Strahlen, die Zuversicht. »Natürlich wird es besser werden. So wie jetzt, so kann es ja nicht bleiben.«

Jugendliche im Hongshan-Park beobachten den Sonnenuntergang

Ich denke noch an unser Gespräch, als ich am nächsten Abend hoch
oben über der Stadt sitze, im Hongshan-Park. Ganz oben gibt es
eine Aussichtsplattform, von der man auf Ürümqi herunterblicken
kann. Die Sonne versinkt in Chinas äußerstem Westen und über-
zieht die brandneuen Hochhäuser mit goldenem Glanz. Stephanie
ist im Hostel geblieben. Jugendliche suchen sich Sitzplätze und reichen Selfie-Sticks herum. Bald aber verfallen auch sie in Schweigen.
Ihre Gesichter leuchten orange im Abendlicht. Ich rauche eine Zigarette. Das Kontrollhäuschen am Parkeingang war leer gewesen.
     Unter uns donnert der Tuwuda Expressway, die sechsspurige
Autobahn, doch der Verkehrslärm verhallt hier oben im Park. Die

Aussichtsplattform schwebt über der Stadt wie eine Insel des Friedens. Batur und sein fröhlicher, ehrlicher Optimismus. Zhou und ihr Traum von einem besseren Leben. Haben sie nicht mehr gemeinsam, als sie glauben? Für einen Moment herrscht völlige Stille in Ürümqi.

China ist so anders als Kasachstan, denke ich. Nach der Weite, der völligen Freiheit kommt mir hier alles sehr geregelt vor. Wir sind erst zwei Tage in diesem Land und schon vermisse ich Kasachstans Schlaglöcher in den Straßen, das Unvollkommene, die Offenheit für jede Entwicklung. China, so scheint mir, hat einen Plan, dem alle zu folgen haben. Da ist kein Platz für Ausreißer, für Andersdenkende. Ich dachte, die Reise auf dem Landweg würde ein fließender Übergang sein, von einem Land ins andere. Jetzt stelle ich fest: Das funktioniert nicht. Kasachstan und China sind so verschieden wie Tag und Nacht. Kasachstan ist ein Land, das seine Identität noch sucht, das noch offen ist für viele Richtungen. China blickt auf eine jahrtausendealte Kultur zurück, begreift sich selbst als Nabel der Welt, als Reich der Mitte. Hier, so wirkt es, gibt es nicht dieses Suchen. Hier gibt es nur fertige Antworten, formuliert von einem staatlichen Identitätsprogramm.

Mit einem Mal überkommt mich eine merkwürdige Traurigkeit. Und es dauert eine Weile, bis ich spüre, woher sie rührt. Es ist das Gefühl, Menschen beim Scheitern zuzusehen. Ob Zhou oder Batur: Sie bemühen sich so, sind voller Hoffnung und Zuversicht. Doch ob ihr Leben wirklich eines Tages ein besseres sein wird, liegt nicht in ihrer Hand. Manchmal hilft alles Mühen nichts, wenn das Leben eine andere Geschichte schreiben will.

Als die Dunkelheit hereinbricht, mache ich mich auf den Rückweg zum Hostel. Ich sehne mich nach einem guten Essen in einem der vielen kleinen Restaurants, die überall in der Stadt zu finden sind. Scharf angebratener Brokkoli mit Sesam und Reis, danach ist mir jetzt. Händler packen ihre Sachen zusammen, der Hongshan-

Park liegt verlassen da. Von irgendwoher schallt Musik: »Fields of Gold« von Sting.

Und auf der Straße unten formieren sich die Soldaten mit Sichtschutz und Schlagknüppeln für ihren Nachteinsatz.

Tian Chi

» X *Stephanie* injiang yaxshi! Xinjiang yaxshi! Xinjiang ist gut! Xinjiang ist gut!«, ruft die Reiseleiterin auf Uigurisch und alle im Bus rufen es ihr nach. Gleich nach der Abfahrt hat sie mit ihrem Animationsprogramm begonnen. Die Lautstärke ihres Mikrofons ist ohrenbetäubend. Immer, wenn ich denke, dass es nicht schlimmer werden kann, schwingt sie sich zu neuen Höhen auf. Chris hat längst ihre Kopfhörer aufgesetzt, um dem Lärm wenigstens ein bisschen zu entkommen. Wir sind auf dem Weg zum Tian Chi, dem Himmelssee. Jeder, der uns davon erzählt hatte, war begeistert. Er soll einer der schönsten Seen Chinas sein. Ein Kleinod hoch oben in den Bergen des Tian Shan. Ich stelle ihn mir ähnlich wie den Sayramsee vor, nur noch beeindruckender. Nach den letzten Tagen in der Stadt wollen wir Erholung, Natur, Leere. Die Fahrt mit dem Bus eines chinesischen Reisebüros schien gestern noch eine gute Idee zu sein, zumal die Fahrkarten nicht allzu teuer waren. Die Lektion in chinesischem Tourismus gibt es heute gratis dazu.

Morgens um neun Uhr vor dem Nordtor des Renmin-Parks, Busse in allen Farben und Größen stehen am Straßenrand. Davor Fahrer, die laut ihre Ziele ausrufen: »Tian Chi, Tian Chi, Tian Chi!«, »Kanas! Kanas!« Touristen laufen durcheinander, schon gewappnet gegen die Kraft der Sonne: mit großen bunten Hüten oder Mützen, transparenten neonfarbenen Jacken mit Sonnenschutz, gemusterten Tüchern oder Masken, die vors Gesicht gezogen werden, und Ärmeln zum Überstreifen. Ihren Reiseproviant schleppen sie in Tüten und Taschen mit. Zwei westlich aussehende Männer mit praktischen Wanderrucksäcken, T-Shirts und kurzen Hosen bahnen sich ihren Weg durch die Menge. Reiseleiter versuchen Ordnung in das Chaos zu bringen. »Hey, wo wollt ihr zwei denn hin?«, ruft uns eine Frau mit roter Schirmmütze zu.

»Zum Tian Chi, aber wir haben schon Karten.«

»Zeig mal her ... Ach nee, ihr gehört nicht zu uns.« Sie winkt uns gleichgültig zur Seite und wendet sich dem Nächsten zu.

Auf dem Parkplatz finden sich nach und nach unsere Mitreisenden ein: zwei Familien mit je einer Tochter im Grundschulalter, beide in bunten Kleidchen und mit Blumenkränzen im Haar, mehrere junge Paare, Gruppen von Arbeitskollegen und Freunden, drei ältere Ehepaare. Chris und ich sind die einzigen Nichtchinesen, wir werden von den anderen mehr oder minder unauffällig beobachtet und beobachten zurück. Um zehn nach neun ist unser Bus immer noch nicht da. Langsam kommt Unruhe auf. Der Platz vor dem Renmin-Park hat sich fast geleert. Alle anderen Touristen sind schon auf dem Weg, nur wir sitzen noch hier. »Es dauert noch ein wenig, der Bus kommt erst um neun Uhr dreißig«, sagt schließlich eine junge Mitarbeiterin des Reiseunternehmens, als die Irritation in Unmut umzuschlagen droht. Also nutzen wir die Zeit für eine letzte Toilettenpause im Hotel gegenüber.

»Wir haben hier keine öffentlichen Toiletten«, will uns die Rezeptionistin abwimmeln. Doch ein grauhaariger Mann aus Peking
hat Mitleid. »So ein Quatsch! Kommt mal schnell mit, ihr könnt
die Toilette in meinem Bad benutzen.« Er schiebt uns in den Aufzug, begleitet uns zu seinem Zimmer und wartet vor der Tür. Es ist
eine etwas absurde Situation. Noch absurder wird es, als plötzlich
die Mitarbeiterin des Reisebüros den Flur heruntergerannt
kommt und uns zur Eile drängt. Der Bus ist nun wider Erwarten
doch schon da. Sie zieht uns hinter sich her, durch die Gänge des
Hotels und über den Platz. Wir drängeln uns im Bus zu den letzten freien Sitzen.

Die Reiseleiterin hat eine asymmetrische Kurzhaarfrisur, ihre
resolute Art lässt auf jahrelange Berufserfahrung schließen. Sie
macht den Eindruck, als würde sie mit allem fertig, als gäbe es
nichts, was sie nicht schon erlebt hätte. Anfangs unterbricht sie
ihren Vortrag immer wieder, denn auf dem Weg durch Ürümqi
werden noch Fahrgäste eingesammelt. Als der letzte Sitz besetzt
ist, rückt sie ihr Mikrofon zurecht und dreht noch ein wenig am
Lautstärkeknopf. Jetzt wird jedes einzelne Angebot des Reisebüros vorgestellt, das Programm für den Besuch am Tian Chi und die
Rahmenbedingungen: »Wir warten maximal fünfzehn Minuten
auf Nachzügler! Wenn Sie dann nicht da sind, fahren wir los!
Dann müssen Sie selber gucken, wie Sie wieder nach Ürümqi
kommen! Aber es gibt ja genügend Taxis! Falls Sie Fragen und
Probleme haben, hier ist meine Telefonnummer!« Der Lautsprecher verstummt, endlich Ruhe nach dem Endlosmonolog. Die Reiseleiterin läuft durch den Bus, sammelt ausstehendes Geld ein
und überredet andere, doch noch ein-, zweihundert Yuan für Essen und Entertainment springen zu lassen. Uns ignoriert sie, wir
scheinen nicht zu existieren.

Kaum haben wir die Stadtgrenze hinter uns gelassen, springt
der Lautsprecher wieder an. Mit einer allgemeinen Einführung
über Xinjiang und das Leben seiner nationalen Minderheiten, be-

sonders der Uiguren und Kasachen. Verzerrter als zuvor geht es weiter.

»Es gibt drei Unterschiede zwischen Uiguren und Kasachen, wer weiß, welche das sind?«

Ein junger Mann mit Brille neben uns ruft: »Kasachen sind Nomaden und Uiguren sesshafte Händler.«

»Richtig!«, bekräftigt die Reiseleiterin. »Der zweite Unterschied: Sie sprechen nicht die gleiche Sprache. Aber fast.« Und drittens, erläutert sie, gehörten die Uiguren zu den Turkvölkern und die Kasachen seien Asiaten. Dass beide Volksgruppen Muslime sind, sei aber sowieso viel wichtiger.

Dann hebt die Reiseleiterin ihren Arm, den Ellbogen angewinkelt, dreht die Hand einmal nach links und einmal nach rechts und schnipst dabei mit den Fingern. »Diese Handbewegungen machen uigurische Frauen bei ihren traditionellen Tänzen. Und Sie üben das jetzt mal! Damit Sie vorbereitet sind, falls Sie von einer Uigurin zum Tanz aufgefordert werden sollten, vor allem die Männer!« Ausgelassenes Gelächter. Unsere Nachbarin knufft ihren Mann in die Seite. »Also, dann legen Sie mal los!«, kommandiert die Reiseleiterin. Jeder im Bus hebt die Arme, schnipst mit den Fingern, lässt die Hände kreisen. Wir sind auf einer chinesischen Kaffeefahrt gelandet.

Ein vertrauter Unmut steigt in mir auf über die Mischung aus Unterhaltung und Stereotypen, sobald es um die nationalen Minderheiten geht. Einerseits betont die chinesische Regierung immer wieder, dass China ein Vielvölkerstaat sei, in dem alle harmonisch zusammenlebten. Andererseits habe ich den Eindruck, dass die Minderheiten selten ernst genommen oder als den Han-Chinesen gleichwertig betrachtet werden. Ziehen sie ihre farbenfrohen Kostüme an, singen und tanzen sie, ist alles in Ordnung. Auftritte von Minderheiten-Tanzgruppen im Fernsehen, bei Großveranstaltungen oder auf Firmenfeiern sind sehr beliebt. Ein wenig Exotik aus dem eigenen Land. Auch ihre Sprachen und

Bräuche, ihre Volkskunst und Religionen dürfen sie pflegen, solange es sie nicht in Konflikt mit dem Staat bringt. Aber sobald sie
Forderungen äußern, nach größerer Autonomie, besserer Bildung oder mehr Teilhabe, schlägt das Wohlwollen schnell um. Ich
bin froh, dass Batur nicht mit uns im Bus sitzt.

»In den Zeitungen lesen Sie ja immer wieder, dass Xinjiang so unsicher und gefährlich wäre. Und dass man als Han-Chinese am besten nicht hinfahren sollte. Sie sind ja nun hier, haben Sie etwa das
Gefühl, Sie seien nicht sicher?«, fragt die Reiseleiterin in die Runde.

»Nein!«, rufen alle.

»Genau! Und das liegt daran, dass hier für Sicherheit gesorgt
wird. Denn Xinjiang ist gut!« Dann rufen alle zusammen: »*Xinjiang yaxshi! Xinjiang yaxshi!* Xinjiang ist gut! Xinjiang ist gut!«

Draußen vor dem Busfenster zieht die Geröllwüste vorüber. Langsam erheben sich die ersten Hügel, Gebüsche und Bäume kommen dazu. Irgendwann halten wir auf einem Parkplatz. Unzählige Busse und Autos stehen herum, Menschenmassen drängen in
Richtung eines modernen Besucherzentrums. Chris und ich laufen
ihnen hinterher, kaufen Eintrittskarten und freuen uns, der Reisegruppe entronnen zu sein. Endlich alleine unterwegs! Ohne Dau-
erbeschallung!

An der Haltestelle der Shuttlebusse zum Tian Chi steht die Reiseleiterin und winkt uns zu einem Bus, in dem bereits der Rest der
Gruppe sitzt. Auf einer Landstraße geht es Richtung Berge. Lang
kann es nicht mehr dauern, bis wir endlich die Natur genießen
können. Plötzlich biegt der Bus ab und hält auf einem Parkplatz.
Kein See weit und breit. Dafür ein ›Erlebnisbereich‹, in dem man
das Leben der Kasachen kennenlernen kann, aufbereitet für chinesische Touristen.

»Aber wir wollen nicht auf Kamelen reiten. Und Jurten kennen
wir auch schon. Wir wollen zum See. Warum können wir
nicht im Bus bleiben und weiterfahren?«, frage ich den Fahrer.

»Ich fahre nicht hoch. Hinten bei der Haltestelle geht es weiter.«
Die Tür schließt mit einem Zischen, der Bus fährt weg. Wir
drängen uns durch die Touristengruppen in Richtung der nächsten Shuttlebusse. Immerhin können wir jetzt alleine, ohne ›unsere‹ Gruppe, weiterfahren.

An der Haltestelle klopft uns die Reiseleiterin auf die Schulter
und führt uns zum Bus. In Serpentinen windet sich die Straße
bergan. Mal rechts, mal links davon rauscht ein Gebirgsbach. Bald
müssten wir ankommen. Plötzlich biegt der Bus ab und hält auf
einem Parkplatz. Immer noch kein See. Dafür wieder ein ›Erlebnisbereich‹, nur diesmal mit Uiguren. Wir sparen uns die Diskussion mit dem Busfahrer, eilen gleich weiter zur nächsten Bushaltestelle – und landen wieder im Bus mit unserer Reisegruppe. Es
gibt einfach kein Entkommen. Wie beim Märchen vom Hasen und
dem Igel ist die Reiseleiterin immer schon da. Ich überlege ernsthaft, ob sie sich vielleicht beamen kann.

Auf der kurvenreichen Straße steuert der Bus immer wieder
auf Bergwände zu, denen er im letzten Moment ausweicht. Tür-
kisfarben leuchtet ein kleiner See am Straßenrand. Die Hügel
werden schroffer, die Schluchten fallen scheinbar ins Bodenlose.
Auf einem der zerklüfteten Gipfel thront einsam eine Pagode aus
Holz. Zwischen die Kiefernwälder hat sich der ein oder andere
Mobilfunkmast geschummelt, als Baum verkleidet – nur erkennbar daran, dass er die anderen Bäume weit überragt.

Am letzten Parkplatz gelingt uns endlich die Flucht, nach
mehrfacher Ermahnung, dass wir uns pünktlich um fünfzehn Uhr
Pekingzeit wieder treffen. Nur noch ein kurzes Stück die Straße
hinauf und wir sind am See.

Ein älterer kasachischer Mann mit einer Art Cowboyhut aus
Leder auf dem Kopf stellt sich uns in den Weg. »Hallo, ich bin
Rashit. Aus dem Lonely Planet. Wollt ihr was essen? Meine Jurte
steht da hinten auf dem Berg. Ich kann euch mitnehmen«, sagt er
in perfektem Englisch.

»Oh, danke, wir waren gerade in Kasachstan. Wir wollen hier ein bisschen wandern. Und uns die Landschaft anschauen.«

»Na ja, wenn ihr doch noch vorbeikommen wollt, seid ihr natürlich herzlich willkommen«, verabschiedet er sich und wendet sich den nächsten Touristen zu.

Wir drängen weiter, vorbei an den anderen Besuchern zum Ufer. Endlich, der ersehnte Blick auf das Juwel unter den chinesischen Seen! »Das sieht ja aus wie bei uns am Königssee!«, entfährt es uns fast gleichzeitig. Ein langer grünblauer Gebirgssee erstreckt sich vor uns. Weit hinten, auf der gegenüberliegenden Seite, ragen statt der Alpen die schneebedeckten Gipfel des Tian Shan empor. Nur ein kleiner Tempel links auf einem Hügel zeigt, dass wir in China sind. »Und dafür sind wir nun hierhergefahren«, seufzt Chris. Ratlos schaue ich mich um. »Da brauchen wir ja noch nicht mal Fotos zu machen.« In den nächsten zwei Stunden suchen wir vergeblich nach einem ruhigen Plätzchen, selbst in den entlegensten Ecken tummeln sich die Besucher. Neben einem großen

Menschen, die auf Berge starren: eine Touristengruppe am Tian Chi

Findling, auf den mit roter Farbe die Zeichen für Tian Chi kalligra-
fiert sind, werden Gruppenfotos in wechselnder Besetzung gemacht. Mädchen mit Selfie-Stangen werfen sich vor der Bergku-
lisse in Pose. Auf dem Weg am Seeufer stehen Kleiderstangen,
bunte uigurische Trachten wehen im Wind. Für ein paar Yuan
kann man sich darin fotografieren lassen. Ausflugsboote gleiten
über das Wasser. Über allem schwebt chinesische Popmusik, die
aus kleinen Plastikbaumstümpfen klingt.

Leicht amüsiert muss ich an das Skigebiet Yabuli denken, in
dem ich vor ein paar Jahren auf Dienstreise war. Dort hingen Lautsprecher an den Stützpfeilern der Sessellifte, aus denen die neuesten Charthits über die Pisten wummerten. Am Huang Shan, einem
der heiligen Berge Chinas, untermalte traditionelle Flötenmusik
den Lärm der Besuchermassen, die sich die Wege hinaufschoben.
Und in öffentlichen Verkehrsmitteln und Parks lassen viele ihr Tran-
sistorradio laufen oder hören auf dem Handy laut Musik. Zu viel
Ruhe ist nicht gut. Nicht umsonst ist der chinesische Begriff für eine
ausgelassene Stimmung *renao* – heiß und laut. Und auf Ausflügen,
für die man im Zweifel viel Geld ausgegeben hat, kann es nie heiß
und laut genug sein. Mit unserer Vorstellung von Ruhe und Einsamkeit in der Natur sind Chris und ich hier ziemlich alleine.

Um kurz vor drei am Parkplatz ist von unserer Gruppe nichts
zu sehen. Ich rufe die Reiseleiterin an. »Ja, wir sind schon unten.
Die meisten hatten keine Lust mehr. Da habe ich alle angerufen
und wir sind schon mal los. Setzt euch einfach in den Bus und
kommt schnell zum Besucherzentrum. Wir wollen los.« Die Fahrt
zurück zieht sich. Ich sehe auf die Uhr, meine Nervosität steigt mit
jeder Minute. Kein Besucherzentrum weit und breit. Kurve um
Kurve schrauben wir uns ins Tal, schon mehr als eine Viertelstunde zu spät. Hoffentlich sind sie nicht schon ohne uns gefahren.

Als der Bus endlich mit einem letzten Schnaufen am Besucherzentrum zum Stehen kommt, rasen wir durch den Ausgang in
Richtung Parkplatz.

Am Ufer des Tian Chi kann man sich in traditionellen Gewändern
fotografieren lassen

»Hey, ihr hättet euch nicht so beeilen brauchen!«, ruft es hinter uns. Noch im Lauf drehe ich mich um, die Reiseleiterin sitzt
entspannt hinter einem der Souvenirstände, die Hände im Na-

cken, die Füße auf einer Pappkiste. »Ein paar sind noch oben, auf die müssen wir warten, dann geht es weiter.«

Ich weiß im ersten Moment nicht, ob ich lachen oder laut schreien soll. Dann suche ich mir einen Platz im Schatten und schaue den Verkäufern bei der Arbeit zu. Chris schlendert an den Ständen entlang, auf der Suche nach einer bleibenden Erinnerung an unseren Ausflug.

Nachdem die Letzten eingetrudelt sind, fahren wir los. Aber nicht zurück nach Ürümqi. Denn jetzt beginnt der Teil der Reise, der für die meisten Chinesen zu einem gelungenen Ausflug gehört. Der Teil, den ich verdrängt hatte: essen und einkaufen. In genau dieser Reihenfolge. Der Bus hält vor einem flachen Steinbau. Bunte Wimpelketten und rote Lampions mit goldenen Schriftzeichen hängen über einem Innenhof. Auf runden Glastischen stehen schon verschiedene Gerichte, alle stürzen sich auf das Essen. Wir sitzen mit einem chinesischen Ehepaar abseits bei einer Tasse Tee und warten, bis die anderen fertig sind. Ein älterer Herr mit geflochtenem Cowboyhut dreht sich immer wieder zu uns um. »Kommt schon, esst auch was! Ihr müsst doch hungrig sein«, ruft er. Nachdem wir ihm mehrere Male erklärt haben, dass wir schon am See gegessen haben und nicht hungrig sind, lässt er es gut sein. Unvermittelt erklärt die Reiseleiterin das Mittagessen für beendet. Da wir zu spät aufgebrochen seien, müsse die verlorene Zeit wieder reingeholt werden. Auf ihr Zeichen hin stehen alle auf und laufen zum Bus. Halbleere Teller bleiben zurück. Die Lammspieße über dem Feuer muss jemand anders essen.

Der Bus rumpelt über eine kleine Landstraße, die auf beiden Seiten mit zerrupften Bäumen bewachsen ist, bis er vor einem eingeschossigen grauen Häuschen stehen bleibt. Vor dem Eingang verteilen zwei junge Chinesinnen in schwarzen Kostümen Zettel. »Den *laowai,* den Ausländerinnen, braucht ihr keinen zu geben«, weist die Reiseleiterin beide an. Wir müssen draußen bleiben, für das Unterhaltungsprogramm haben wir nicht be-

zahlt. Mit ein paar Leuten aus unserer Reisegruppe warten wir
vor dem Haus im Schatten. Der ältere Herr mit Cowboyhut, der
uns zum Essen animieren wollte, gesellt sich zu uns. Er ist klein,
hat ein rundes Gesicht, sein Bauch wölbt sich über den Hosen-
bund.

»Woher kommt ihr? Aus Deutschland! Aha, interessant. BMW!
Bayern München!« Er selbst ist aus Xi'an und reist mit seiner Frau
durch China, einen Monat lang. Vor Xinjiang waren sie in Tibet.
»Jetzt, wo wir beide pensioniert sind und Zeit haben, können wir
uns auch unser Land anschauen«, sagt er. »Was, ihr wollt nach
Turfan? Da ist es mir zu heiß. Ich bin jetzt Mitte siebzig, da vertra-
ge ich so hohe Temperaturen nicht mehr. Außerdem gibt es da
nicht so viel Interessantes zu sehen, nur alte Steine. Wir besichti-
gen in den nächsten Tagen noch Ürümqi und gehen einkaufen.«

Die Hitze scheint dem Herrn mit Cowboyhut aber selbst hier
zugesetzt zu haben. Während der Fahrt auf der Autobahn nach
Ürümqi fängt er an, laut zu pöbeln.

»Ich habe viel mehr bezahlt als alle anderen, ich will sofort zweihundert Yuan zurück! Ich lasse mich doch von Ihnen nicht übers Ohr
hauen!«, ruft er aufgebracht, nachdem die Reiseleiterin wegen des
verkürzten Mittagessens jedem einen kleinen Geldbetrag zurückge-
geben hat – auch ihm. Seine Frau versucht, ihn zu beschwichtigen.
Die Reiseleiterin will ihm erklären, dass alles seine Richtigkeit hat.
Unsere Sitznachbarn lehnen sich nach vorne, um besser mitzube-
kommen, worum der Streit geht. Aber der Herr mit Cowboyhut hat
sich in Rage geredet und ist schon lange nicht mehr zu bändigen. Er
beleidigt die Reiseleiterin mit solch groben Schimpfwörtern, dass
vor uns jemand entsetzt aufstöhnt. Sie brüllt zurück. Mitten in der
Schreiorgie holt der Herr mit Cowboyhut unvermittelt aus, verpasst
der Reiseleiterin eine klatschende Ohrfeige und stößt sie in Richtung
Frontscheibe.

»Das gibt's doch nicht!« Entsetzt schauen Chris und ich uns an.
Ein Aufschrei der Entrüstung geht durch den Bus. Und es passiert

etwas, das ich in China bei öffentlichen Auseinandersetzungen so gut wie nie erlebt habe: Ein Mann springt auf und eilt den Gang herunter.

»Jetzt reicht es aber, sind Sie verrückt? Hören Sie sofort auf damit!«, ruft er und baut sich vor dem Randalierer auf. Ein anderer hilft der Reiseleiterin beim Aufstehen. Sie streicht sich die Haare aus dem Gesicht und ist drauf und dran, ihrem Angreifer ebenfalls eine zu verpassen. »Genau, was sollen denn die Ausländer denken?«, kommt es von einer Frau zwei Reihen vor uns. Alle drehen sich zu uns um. Wir schauen zurück, sprachlos darüber, was sich gerade abspielt. Und peinlich berührt, plötzlich im Zentrum der Aufmerksamkeit zu stehen.

Der Zwischenruf der Frau hat die Situation schlagartig entspannt. Die Reiseleiterin sinkt zurück auf ihren Platz. Der Herr mit Cowboyhut ruft zwar noch laut: »Ich habe doch keine Angst vor euch! Holt doch die Polizei! Die sollen ruhig kommen!«, als der Busfahrer mit dem Sicherheitsdienst telefoniert. Dann grummelt er nur noch vor sich hin, bis wir neben dem Eingang des nächsten Shoppingcenters anhalten. Dort verschwindet er mit seiner Frau.

Abends sitzen wir in einem Restaurant, nicht weit vom Hostel entfernt, vor uns einen Teller mit *hongshao qiezi* – Auberginen in einer süßlichen Soße –, einen Teller mit gebratenen Eiern und Paprika und einen Tontopf, in dem *mapo doufu,* leicht scharfer Tofu nach Art der alten Frau Ma, vor sich hin dampft. Mit jedem Bissen erholen wir uns ein wenig mehr von unserer ersten Begegnung mit dem Tourismus chinesischer Prägung. Und beschließen, dass es Zeit ist, Ürümqi hinter uns zu lassen.

Turfan

Chris **»B**raucht ihr ein Taxi? Wollt ihr eine Tour? Ich fahre euch in die Umgebung!« Kaum dass wir aus dem Halbdunkel des Busbahnhofs in die gleißende Sonne von Turfan treten, werden wir belagert. Ein Wortschwall ergießt sich über uns, während wir uns mühsam durch den Pulk einen Weg Richtung Straße bahnen. Ein Mann mit Karohemd und sonnengebräunter Haut lässt nicht locker. »Was wollt ihr sehen? Ich habe Superangebote! Habt ihr schon Pläne? Ich mache es euch billiger! Wo müsst ihr hin?«

»Nein danke, wirklich nicht«, versuche ich ihn abzuwimmeln. »Wir brauchen einen Bus«, erklärt ihm Stephanie, »Bus Nummer 5, wissen Sie, wo der abfährt?«

Ich verdrehe die Augen. Warum spricht sie überhaupt mit dem Kerl? So werden wir ihn doch nie los.

»Nein, nein, hier müsst ihr lang.« Er bleibt hartnäckig. »Dort hinten ist ein Hotel!«

Noch bis zur Bushaltestelle, wo wir die Rucksäcke in den Staub am Straßenrand sinken lassen, folgt er uns auf seinem Moped.

»Alles!«, seufze ich, »alles! Nur keine Tour mehr.«

Der Ausflug zum Himmelssee hängt mir noch immer unangenehm nach. In Kasachstan waren wir kaum anderen Reisenden begegnet. Manchmal konnte man glauben, dass wir das ganze große Land für uns allein hätten. Doch seit wir die chinesische Grenze überquert haben, fühle ich mich wie auf ein Touristenförderband gesetzt. Das ganze Land scheint darauf ausgerichtet, Menschenmengen von einem Ort zum anderen zu transportieren. Noch bevor ich mich umsehen kann, heißt es: »Hier entlang! Nicht stehen bleiben! Jetzt rechts halten! Und nach links schauen!« Sightseeing im Gleichschritt, eine Choreografie für die Massen.

Auch der Bus, mit dem wir gerade von Ürümqi nach Turfan gefahren waren, hatte nichts mit den gemütlichen kasachischen Klapperkisten gemein. Außen strahlend weiß lackiert wie ein Spaceshuttle, innen in etwa so heimelig wie eine Legebatterie, dank Klimaanlage auf eine Temperatur um den Gefrierpunkt gekühlt. Pfeilschnell war er durch die Mondlandschaft aus schwarzem Geröll gejagt, die sich hinter Ürümqi ausbreitet. An einem Berghang war in grellen Schriftzeichen zu lesen: »Hier beginnt eine neue Zukunft.«

Turfan ist der heißeste Ort Chinas. Der Boden glüht und die Luft flimmert, als wir uns vor dem Busbahnhof an den Straßenrand setzen. Es sind siebenundvierzig Grad. Heute ist Freitag und für das Wochenende wird eine neue Hitzewelle angesagt. Die fünfte in diesem Jahr. Sechsundfünfzig Grad, hatte das chinesische Staatsfernsehen verkündet. Weil die Turfansenke einhundertvierundfünfzig Meter unter dem Meeresspiegel liegt, der dritttiefste Ort

Alte und neue Städte glühen in der Mittagssonne von Turfan

der Erde, gleichzeitig aber von hohen Gebirgszügen umgeben ist, staut sich die Hitze hier wie in einem Kessel.

Frauen mit bunten Kopftüchern, Männer in weißen Kaftanen und bestickten Gebetskappen bevölkern die Stadt. An wackligen Straßenständen wird *nang,* das uigurische, gesalzene Fladenbrot, und Gegrilltes verkauft. Trotz der Hitze, trotz Ramadan herrscht Geschäftigkeit. Entlang der Gehwege ducken sich einstöckige Ziegelhäuser mit Flachdach, davor verteilen sich Hocker, Metallbetten mit ausgeleierten Matratzen und abgewetzte Lederstühle im Schatten. Bus 5 kommt, der uigurische Fahrer rätselt angesichts der chinesischen Adresse, nach der wir fragen. Mitreisende werden um Hilfe gebeten und Telefone gezückt. Als wir schließlich richtig aussteigen, feiern fünf Leute den gemeinsamen Erfolg.

Eigentlich ist Turfan eine Oase. Schmelzwasser aus dem Tian Shan, das über ein uraltes unterirdisches Kanalsystem in die Senke geleitet wird, lässt den Boden fruchtbar werden. Das Kanalsystem gilt als eines der größten Bauwerke im antiken Asien. So konnte und kann selbst in dieser unwirtlichen Senke Wein angebaut wer-

den. Im ganzen Land ist Turfan für seine süßen, kernlosen Trauben
berühmt. Dunkelgrün ranken sich die Reben nicht nur auf weiten
Feldern um die Stadt herum, sondern auch über die Innenhöfe der
Häuser, spenden Schatten in den kleinen, ungeteerten Gässchen.
Nach der Ernte werden die Trauben drei Wochen lang in luftigen
Scheunen aus Lehmziegeln aufgebahrt, bis sie zu Rosinen getrock-
net sind. Aus fünfzig Tonnen Trauben werden dann fünf Tonnen
Rosinen. Schon auf dem Weg in die Stadt waren uns die zahllosen
Lager aufgefallen.

Unser Hostel ist um einen kleinen Garten herum angelegt.
Der Innenhof, gerahmt von weiß verputzten Wänden, die Fens-
ter- und Türrahmen in Türkis und mit kleinen Ornamenten verziert, wirkt fast wie ein andalusischer Patio. Ventilatoren drehen
unermüdlich ihre Runden über bunt gewebten Tischdecken, und
auf dem Boden spielt der Golden Retriever Ha Dou, Lachende
Bohne, mit einem zugelaufenen Straßenhund. Ich fühle mich sofort wohl. Zum ersten Mal, seit wir in Astana aufgebrochen sind,
treffen wir auf andere Backpacker. Und erstaunlich viele von ihnen sind Chinesen.

Es ist schön, abends beieinanderzusitzen, wie eine große Familie in der Ferne. Eine Flasche Turfanwein macht die Runde und
über den Tisch fliegen Sätze in vielen Sprachen: Chinesisch, Englisch, Deutsch, Französisch. Eine gemeinsame Sprache finden wir
nicht, doch wann immer ein Wort auf der Strecke bleibt, helfen
die Nachbarn aus. »Wir fahren die Reiseroute aus einem Buch
nach«, sagt Kirsten aus Deutschland. »Es heißt ›Großer-Tiger und
Christian‹, kennt ihr es?« Sie ist mit ihrem Vater unterwegs. An-
toine und Caroline aus Frankreich diskutieren, welche Kleidung
in Xinjiang angemessen ist (»... lange Ärmel, völlig klar!«), Nicola
aus Hongkong erzählt von den Protesten im letzten Jahr (»... man
verliert das Vertrauen in die Regierung ...«), Matt aus London wird
von einem Vater-Tochter-Gespann aus Hangzhou für sein Chinesisch gelobt (»... Echt, in nur einem Jahr in Shanghai gelernt?«).

Davey King, diesen Namen hat er sich selbst gegeben, aus Xi'an
möchte über die Geschichte Europas nach dem Römischen Reich
diskutieren. Rob aus Australien hat sich eine Auszeit genommen,
um über die Trennung von seiner Freundin hinwegzukommen.
Marten aus Holland raucht und schweigt.

Lee erzählt uns von seiner Reise durch das südliche Xinjiang.
Zuletzt war er in Kashgar. »Das ist sehr gefährlich«, sagt er, »man
wird beklaut und beschissen! Passt bloß auf!«

»Wirklich?«, wundert sich Stephanie. »Ich dachte, Ausländern
gegenüber wäre das nicht so.«

»Doch! Ich komme aus Taiwan, ich bin auch Ausländer! Und zu
mir waren sie sehr unfreundlich.«

Davey King pflichtet ihm bei. »Die Uiguren sind wirklich un-
dankbar. Die Regierung meint es so gut mit ihnen, und was machen sie? Terroranschläge.«

Wir sprechen und lachen noch bis spät in die Nacht. Die
Aschenbecher füllen sich, niemanden zieht es ins Bett. Zum Schlafen ist es ohnehin zu heiß. Grillen zirpen in der Dunkelheit. Ich
freue mich auf die nächsten Tage in Turfan. Jeder ist in diesem Innenhof willkommen, jeder darf sich dazugesellen, einklinken in
die Runde. Der Zufall hat uns zusammengebracht, hat das ersetzt,
was vielen von uns fehlt: Eltern, Geschwister, Freunde. Ein Gefühl
von Heimat, wenn auch nur für einen Moment. Schon morgen
werden viele weitergezogen sein. Ich aber könnte gerade für immer hier bleiben.

Stephanie

Die Luft ist dunstig, mühsam kämpfen sich die ersten Sonnenstrahlen hindurch. Kleine Häufchen aus Blättern haben sich in
den Ecken des Innenhofs gesammelt, die Weinranken im Dachge-
stänge sehen zerzaust aus. Alles ist von einer dünnen Sandschicht
bedeckt. In der Nacht kam ein starker Wind auf, er pfiff durch die
Gassen und Straßen der Nachbarschaft, trug Sand und Staub aus

der Wüste mit sich. Im Schutz des Zimmers war ich froh, nicht
draußen sein zu müssen. Erst kurz vor Sonnenaufgang ließ er
langsam nach.

Morgens um acht Uhr Xinjiangzeit trinken Nicola, Chris und ich
Tee im Innenhof, als sich Gordon zu uns setzt. Der junge Chinese
kommt aus Shenyang im Nordosten Chinas, er ist Ende zwanzig,
groß und zurückhaltend. Vor zwei Monaten hat er seinen Job ge-
kündigt, seitdem reist er durchs Land. Vielleicht ein halbes Jahr
lang, vielleicht auch länger, er weiß es noch nicht genau. In Europa oder den USA wäre das nichts Besonderes, in China aber ist es
ein ziemlich neues Phänomen. Noch vor ein paar Jahren wäre
Gordon ein Exot gewesen. Ein komischer Kauz, mit dem irgendetwas nicht stimmen kann. Selbst junge Leute reisten lieber in organisierten Gruppen. Allein schien es den meisten zu gefährlich und
vielleicht auch ein wenig zu einsam. Selbst als ich vor einigen Jahren in Südchina unterwegs war, habe ich selten chinesische Backpacker getroffen. Die Hostels waren fest in ›Westlerhand‹. Doch
hier in Turfan hat sich dieses Verhältnis fast umgekehrt. Es scheint,
als hätten die jüngeren Chinesen ihre Lust auf Abenteuer entdeckt.

Das Tor geht auf, ein stämmiger Uigure steckt seinen Kopf
durch den Spalt. Umut holt uns zu einer Tour durch die Umgebung ab. Sein klappriger Hyundai wartet schon mit laufendem
Motor vor dem Haus. Bevor wir einsteigen, legt Nicola noch ihr
Anti-Sonne-Outfit an. Sie rollt ihre Hosenbeine runter, zieht dünne Ärmel aus Nylon über, darüber eine dünne, blaue Sonnenja-
cke, um den Hals ein Tuch, das sie später über ihr Gesicht ziehen
wird. Ihren braunen Schlapphut legt sie erst mal auf ihren Schoß.
Auch Gordon kramt eine Jacke mit langen Ärmeln aus seinem
Rucksack.

In vielen Ländern Südost- und Ostasiens ist weiße Haut das
Schönheitsideal. Sie gilt als elegant, als Zeichen von Gesundheit

und Wohlstand. So sieht man im Sommer oft komplett vermummte Frauen auf den Straßen oder Fahrradfahrerinnen mit Sonnenschirmen in der Hand. Während meiner Zeit in Peking war es schwer, eine Hautcreme zu finden, die keine Weißmacher enthielt. Als ich mich darüber beschwerte, sagte eine chinesische Freundin mit lakonischem Schulterzucken: »Lieber fett und weiß als dünn und braun.« Ich wusste in dem Moment nicht, ob ich lachen oder entsetzt sein sollte.

Bevor wir die Stadt verlassen, muss Umut tanken. Die Tankstelle ist von einem hohen Gitterzaun umgeben. Durch ein kleines Tor mit Kontrollposten hat nur der Fahrer selbst Zufahrt zu den Zapfsäulen. Alle anderen müssen draußen warten. Auch wir steigen aus und stehen herum, bis Umut fertig ist. Neben uns hebt eine Frau ihr Baby aus dem Wagen und sucht einen schattigen Platz, bis ihr Mann zurückkommt. Wieder eine dieser Sicherheitsvorkehrungen, deren Sinn mir nicht einleuchtet.

Außerhalb von Turfan erstreckt sich Geröllwüste, nur ab und zu unterbrochen von kleinen Dörfern mit Lehmhäuschen und Weingärten. Neben der Straße ziehen sich die Flammenden Berge entlang. Bei Sonnenschein sollen sie leuchten wie ein tanzendes Feuer. Doch heute behalten sie ihren Zauber für sich, noch immer ist die Luft nicht klar genug, dass die Sonne sie zum Strahlen bringen könnte.

Nach über einer Stunde biegen wir in eine kleine Schotterstraße ein. Bald müssten wir in Tuyuk ankommen. Dort soll der erste zum Islam übergetretene Uigure begraben sein. Sieben Pilgerfahrten zu seinem Grab, so heißt es im Volksglauben, zählten so viel wie eine Reise nach Mekka. Ein ähnliches Prinzip wie in Türkistan, wo allerdings schon drei reichen. Vielleicht steigt die Anzahl der Besuche mit der Entfernung zu Mekka. Azamat wurde im Bus von Almaty nach Ürümqi ein wenig ungehalten, als ich ihn danach fragte. Er erklärte, dass es Quatsch sei, ja eigentlich sogar

Gotteslästerung. Mekka gebe es nur einmal, man könne es nicht
mit anderen Pilgerreisen aufwiegen. Wie es wirklich ist, werden
wir leider nicht erfahren.

Am Straßenrand taucht ein kleiner wackeliger Holztisch auf, dahinter stehen zwei Polizisten der *gong'an,* der öffentlichen Sicherheit. Umut hält und gibt einem von ihnen unsere Ausweise: Chris',
Gordons und meinen Reisepass und Nicolas Sonderausweis aus Hong
Kong, der ein Zehnjahresvisum für die Volksrepublik China beinhal-
tet. Wir müssen aussteigen und uns vor dem Tisch aufstellen. Der Polizist dreht und wendet einen Pass nach dem anderen, blättert langsam jeden einzelnen durch, schaut uns an und bespricht sich mit
seinem Kollegen. Schließlich winkt er Gordon zu sich.

»Warum hast du keinen Personalausweis dabei?«, fragt er in
scharfem Ton.

»Ich habe ihn im Hotel vergessen«, versucht sich Gordon an einer Erklärung, leicht schuldbewusst.

»Aber du weißt doch, dass du ihn immer bei dir haben musst.
Mann, Mann, Mann. Und ihr anderen«, er zeigt auf Chris, Nicola
und mich, »ihr habt keine Registrierung für Turfan. Die braucht
ihr aber, sonst kommt ihr hier nicht rein.«

Ich versuche, ihm zu erklären, dass wir keine separate Registrierung brauchen, da die Besitzerin unseres Hostels uns bei der
Polizei gemeldet habe und das reiche. Umut stimmt mir zu. Wir
diskutieren eine Zeit lang herum, aber der Polizist bleibt hart.
Ohne Registrierungsdokument kein Zugang, Punkt!

Als wir wieder im Auto sitzen, überlegen wir, ob es sich lohnt,
zurück nach Turfan zu fahren. Aber Fahrt und Registrierung bei
der Polizeistelle würden mindestens drei bis vier Stunden in Anspruch nehmen. Und selbst wenn wir mit den geforderten Dokumenten zurückkämen, stünde nicht fest, dass wir passieren dürf-
ten. Vielleicht würde den Polizisten dann etwas anderes einfallen,
das fehlt.

»Ich glaube, die sind gerade etwas angespannt«, sagt Umut.

»Heute ist der Jahrestag der Unruhen von 2009. Vor ein paar Tagen gab es in Kashgar kleinere Proteste, bei denen ein Mensch
getötet wurde. Und vor zwei Jahren wurde um diese Zeit in Tuyuk
jemand erschossen. Außerdem sind sie während des Ramadan immer besonders wachsam.« Er glaubt, die Polizisten befürchteten,
dass etwas passieren könnte. Und wenn dann auch noch Ausländer involviert wären, würde das zu viele Unannehmlichkeiten mit
sich bringen. Schweren Herzens entscheiden wir uns, es nicht weiter zu versuchen. Neidisch schaue ich dem Reisebus voller Chinesen hinterher, der ungehindert in Richtung Tuyuk fährt.

Je mehr die Luft aufklart, desto unbarmherziger brennt die Sonne auf uns herunter. Es sind weit über vierzig Grad, nur der leich-
te Fahrtwind des Sightseeing-Elektrobusses bietet ein wenig Ab-
kühlung. Wir fahren durch die Ruinen einer alten Stadt. Zuerst
wollten wir sie zu Fuß erkunden, aber das Gelände ist zu weitläu-
fig: Schätzungsweise zwei oder drei Quadratkilometer in Schattierungen von Beige, kaum Grün, an dem sich das Auge festhalten könnte. Sand und Mauerreste, dazwischen restaurierte
Lehmbauten. Außer uns hat nur eine chinesische Familie ihren
Weg hierher gefunden. Es gibt keine Verkaufsstände, keinen Na-
tionalitätenkitsch und keine Musik, die durch die Luft hallt. Nur
Leere, alte Gemäuer und Hitze. Nach dem Tourismus-Overkill am
Tian Chi eine willkommene Abwechslung.

Vor Jahrhunderten war die Ruinenstadt Gaochang ein bedeu-
tendes Handelszentrum auf der Seidenstraße. Die Herrscher kamen und gingen, mal waren es Chinesen, mal Turk- oder Mongo-
lenstämme. Die Stadt muss beeindruckend gewesen sein, eine
Metropole des Altertums, eine chinesische Enklave inmitten eura-
sischer und mongolischer Völker. Bis zu siebenunddreißigtausend
Menschen sollen dort gelebt haben. Dicke Lehmmauern umga-
ben Gaochang und trennten Herrscherpalast, innere und äußere
Stadt voneinander ab. Geschliffen von Eroberern und Wind, ha-

ben einige Mauern die Zeit überdauert – manchmal mehr als einen Meter dick, die Stadttore noch erkennbar, manchmal fast versunken, nicht mehr als eine kleine Erhebung im Boden. Reisende zogen vorbei, aus Reichen, längst verschwunden im Staub der Geschichte. Im Gepäck trugen sie nicht nur wertvolle Waren, sondern auch technische und wissenschaftliche Neuheiten, Geschichten, Lieder und religiöse Vorstellungen. Buddhismus, Manichäismus und nestorianisches Christentum fanden so ihren Weg nach China.

Einer der berühmtesten Reisenden war der buddhistische Mönch Xuanzang. Auf seiner Pilgerfahrt nach Indien soll er in Gaochang Station gemacht haben. Aufgebrochen war er in Chang'an, der damaligen Hauptstadt der Tang-Dynastie, dem heutigen Xi'an – heimlich, da der Kaiser Reisen untersagt hatte. Sein Weg führte Xuanzang über die Seidenstraße durch Zentralasien und das heutige Afghanistan bis ins Ursprungsland des Buddhismus. Erst über fünfzehn Jahre später kehrte er heim, beladen mit buddhistischen Schriften und Reliquien. Fast ein Jahrtausend später wurde er zum Helden eines der wichtigsten chinesischen Romane. »Die Reise nach Westen« erzählt seine Pilgerreise, verwoben mit Legenden, Volksglauben und fantastischen Elementen. Mit drei Reisegefährten, dem Affenkönig Sun Wukong, dem Dämon Sha Wujing und Zhu Bajie, einem Wesen, halb Mensch, halb Schwein, besteht er unzählige Abenteuer und Prüfungen, bis er schließlich in seine Heimat zurückkehrt. In China kennt jedes Kind seine Geschichte. In der chinesischen Oper, in Büchern, Filmen, Comics und sogar Computerspielen ist sie Teil der Populärkultur geworden. Es gibt kaum ein Dorffest, auf dem nicht ein Teil der Geschichte aufgeführt würde. Dem Affenkönig Sun Wukong werden wir auf unserer Reise noch begegnen.

Der Elektrobus hält vor einem restaurierten Gebäude. Auf einer Seite ragt ein runder Turm empor, in Stufen wird er nach oben hin schmaler. Früher feierten hier Manichäer ihre Gottesdienste. An den Wänden sind Reste alter Inschriften zu erkennen. Ihre Bedeutung behalten sie jedoch für sich. Den Erklärungen des Fahrers kann ich schon lange nicht mehr folgen, zu speziell ist das Vokabular. Selbst Nicola, die ab und zu versucht, für Chris und mich zu übersetzen, hat ihre Schwierigkeiten. Dabei gibt sich der Fahrer alle Mühe mit ihr. Jedes Mal, wenn wir nach einem kurzen Halt wieder in den Bus steigen, hält er ihr den Platz neben sich frei. Während er über die staubigen Pisten der ehemaligen Königsstadt rauscht, erzählt er ihr kleine Geschichten. Und schließlich singt er ihr uigurische Lieder vor.

»Ich singe sehr gerne. Auch Karaoke.« Er strahlt sie an und schiebt seinen Strohhut zurecht.

Mitte des 9. Jahrhunderts wurde aus Gaochang Karakhoja, die Hauptstadt des uigurischen Königreichs. Damals größtenteils Buddhisten und Manichäer, bauten die Uiguren weitere Tempel und Pagoden. Aus den Ruinen des größten buddhistischen Tempels der Stadt ragt ein restaurierter quaderförmiger Lehmbau, überzogen von Nischen. Große und kleine Buddhastatuen saßen hier, heute schimmern nur noch die Schatten ihrer Hintergrundbemalung durch. Jahrhunderte später, als die Uiguren schon lange zum Islam konvertiert waren, erinnerte sich niemand mehr an die buddhistischen Wurzeln. Nun galt die religiöse Kunst als Gotteslästerung, die Statuen wurden aus den Nischen geschlagen, Gesichter aus Fresken und Gemälden gekratzt. Zerstörung im Namen des Glaubens.

Auch in den Tausend-Buddha Höhlen von Bäzäklik, die wir nach kurzer Fahrt durch ein Tal hinter den Flammenden Bergen erreichen, ist es ähnlich wie im Tempel der alten Ruinenstadt. Die schmalen Grotten, zwischen dem 5. und dem 14. Jahrhundert in die rostrot-beige gestreifte Steilwand über einem Flusstal geschlagen, sind fast leer. In den großformatigen Wandbildern mit Szenen aus Buddhas Leben und dem Alltag der Menschen klaffen rechteckige Lücken, den dargestellten Figuren fehlen Augen, Nasen und Münder, kaum einer der kleinen Buddhas in den Dachge-

Mit einer Melone in seinen Händen steigt ein Mann
zu den Buddha-Höhlen von Bäzäklik hinab

wölben hat noch ein Gesicht. Und trotzdem lässt sich erahnen,
wie prachtvoll alles einst gewesen sein muss.

Erst denke ich, dass auch diese Zerstörung auf das Konto der
Bauern aus der Gegend geht. Bei den zerkratzten Gesichtern mag

das stimmen. Doch die großen Leerstellen in den Wänden haben zwei deutsche Archäologen zu verantworten: Albert Grünwedel und Albert von Le Coq. Anfang des 20. Jahrhunderts organisierten sie vier Turfan-Expeditionen. Vor allem während der zweiten Expedition, geleitet von Albert von Le Coq, wurden die Höhlen von Bäzäklik erforscht und ausgeräumt. Die Archäologen lösten Fresken von den Wänden, verpackten Schriftrollen und Statuen in Kisten und schickten ihre Ausbeute nach Berlin. Wohl auch, weil sie die Malereien vor Vandalismus retten und das kulturelle Erbe erhalten wollten. Die großen Wandbilder wurden im Berliner Völkerkundemuseum fest installiert. Es ist eine bittere Ironie der Geschichte, dass während des Zweiten Weltkriegs Bomben auf das Museum fielen und die Fresken aus der Turfansenke zerstört wurden. Einige der kleineren Kunstwerke aber haben den Krieg überdauert und befinden sich heute noch in Berlin.

Wir laufen alleine durch die Anlage, Nicola und Gordon haben sich einen Führer genommen und sind irgendwo verschwunden. Es ist menschenleer, wir sind die einzigen Besucher. Aber irgendwann heftet sich ein Wärter an unsere Fersen, wie ein Schatten, den wir nicht loswerden. Er steht dicht hinter uns und beobachtet jede unserer Bewegungen, sobald wir eine der Höhlen betreten. Fast spüre ich seinen Atem im Nacken. Immer, wenn wir denken, wir hätten ihn endlich abgeschüttelt, taucht er doch wieder auf. Wahrscheinlich ist er froh, dass er nun seiner Arbeit nachgehen kann, dass endlich jemand da ist, der beaufsichtigt werden muss.

Mit der Zeit geht mir unser Bewacher auf die Nerven und ich mache mich auf den Weg zum Ausgang. Auf dem Parkplatz setze ich mich zu Umut in den Schatten einer Mauer.

»Ach, Deutschland«, seufzt er. »Die nächste Sprache, die ich lernen will, ist Deutsch.«

»Echt?« Ich kann nicht so richtig verstehen, warum.

»Deutsch ist sehr nützlich. Ihr habt eine starke Wirtschaft. Falls ich noch einen Sohn bekomme, so Gott will, dann soll er mal in Deutschland studieren, wenn er groß ist.« Fremdsprachen sind für Umut der Schlüssel zur Welt. Englisch hat er sich selbst beigebracht. Im Internet, abends nach der Arbeit. Er ist verheiratet, hat eine Tochter, vier Jahre ist sie alt. Und auch sie soll im Ausland studieren. In Frankreich.

»Französisch ist eine weiche Sprache, sie passt gut zu einer Frau. Deutsch ist härter, das ist für einen Mann passender. Es hilft ihm, seinen Charakter zu formen«, meint Umut. »Ich kann nicht ins Ausland reisen. Ich bekomme keinen Pass. Aber meine Kinder werden bestimmt einmal die Möglichkeit haben.« Für ihn wäre es auch eine Art Fortführung der Familientradition. Er selbst war der Erste seiner Familie, der auf eine Universität gehen konnte. Seine Eltern haben ihn immer angetrieben, wollten, dass er etwas anderes kennenlernt als sein Dorf bei Turfan. Und nun will er, dass seine Kinder aus China rauskommen, etwas anderes kennenlernen als ihr Geburtsland und mehr Möglichkeiten haben, etwas aus sich zu machen. Denn für Uiguren, erzählt auch Umut, sei es immer noch schwer, einen guten Job zu bekommen. Und trotzdem ist er, wie Batur und Zhou, zuversichtlich, dass die Zukunft besser wird.

»Seit wann lebst du wieder in Turfan?«, will ich wissen.

»Nach dem Studium bin ich zurückgekommen. Zuerst haben wir in der Stadt gelebt. Aber irgendwann bin ich mit meiner Frau zurück auf die Traubenplantage meiner Eltern gezogen. Sie werden ja auch nicht jünger und jemand muss sich um sie kümmern. Familie ist uns Uiguren sehr wichtig. Wenn ich keine Touristen herumfahre, dann arbeite ich auf dem Feld mit.«

»Hat sich hier viel verändert in den letzten Jahren?«

»Na klar! Es ist viel neu gebaut worden. Turfan hat neue Vororte bekommen, alte Viertel wurden abgerissen. Aber verglichen mit anderen Städten ist es immer noch sehr ruhig. Mir gefällt es hier. Eigentlich möchte ich auch nirgendwo anders leben.« Über den Parkplatz kommen Chris, Nicola und Gordon auf uns zu. Wir machen uns auf den Rückweg zum Hostel.

Nicht weit von den buddhistischen Höhlen entfernt liegt eine seltsame Ansammlung von Lehmhäusern am Straßenrand. Neben Kuppeldächern tanzen ungeschlachte Figuren aus Lehm, in der Hand Musikinstrumente. Die naive Malerei an den Hauswänden ist schon verwittert durch Wind und Sonne. Backsteine und Müll liegen herum, ein rotes Absperrband hängt schlaff an einem Holzpflock. Durch den Mund eines Drachenkopfes gelangt man in eine Art Freizeitpark. Nachbauten von Pagoden ziehen sich einen Berg hinauf, über allem thront ein riesiger Buddha aus Lehm. Keines der Gebäude scheint älter als ein paar Jahre zu sein, aber der Verfall hat schon eingesetzt. Es sieht aus wie ein buddhistisches Disneyland, das niemanden mehr interessiert. Nicht einmal das Kassenhäuschen ist noch besetzt.

»Hier wurden die Tausend-Buddha-Höhlen von Bäzäklik nachgebaut. Aber ein bisschen aufregender und exotischer«, erklärt Umut. »Chinesische Touristen hatten sich immer wieder beschwert, dass die eigentlichen Höhlen zu langweilig seien.«

Aber der erwartete Ansturm von Touristen blieb aus.

Alle Orte, die wir um Turfan herum besuchen, scheinen sich in einer Art Dornröschenschlaf zu befinden. Leicht abgerockt schmoren sie in der Sonne. Die Angestellten lungern im Schatten vor den Kassenhäuschen herum, unterhalten sich und quälen sich jedes Mal aus ihren Stühlen, wenn wider Erwarten doch jemand kommt. Der Massentourismus vom Tian Chi hat es glücklicherweise noch nicht her geschafft. Vielleicht ist es hier einfach zu heiß.

Nach ein paar Tagen, die wir faulenzend im Innenhof des Hostels und mit kleinen Ausflügen in die Innenstadt von Turfan verbringen, brechen wir wieder auf. Weiter in Richtung Peking. Diesmal fällt mir der Abschied schwerer als zuvor, der weinumrankte Innenhof ist in der kurzen Zeit fast ein wenig Heimat geworden.

Der Taxifahrer, der uns zum Bahnhof außerhalb der Stadt bringt, ist groß, dünn und hat ein braungebranntes Gesicht, durch das sich viele Falten ziehen. Ich frage ihn nach seiner Kappe, wie sie genannt werde. »*Doppa!*«, ruft er und sagt, dass sie typisch für die Uiguren sei. Sie ist rund, mit einem breiten Rand, der Stoff ist schwarz oder dunkelgrün für Männer und rot oder golden für Frauen. Manchmal ist sie auch bestickt.

»Die *doppa* unterscheidet uns von den Hui. Die haben eine weiße Kappe auf. Und Ihre Frauen tragen Kopftücher«, sagt der Fahrer. Ich frage ihn, wie das Verhältnis zwischen Hui und Uiguren sei. Ob sie beide in die gleichen Moscheen gingen oder ob es unterschiedliche gebe. »Na ja, wenn man in einer Stadt ist, in der es keine uigurische Moschee gibt, dann kann man auch in eine der Hui gehen. Aber eigentlich hat jeder seine eigene«, erklärt er. Die Auslegung des Islam unterscheide sich, auch wenn beide Gruppen Sunniten seien. Auf dem Weg zum Bahnhof zeigt er uns die Moscheen der Hui und die der Uiguren. Und tatsächlich sehen sie etwas unterschiedlich aus. Die Hui-Moscheen in Turfan haben eher einen chinesischen Einschlag, während die der Uiguren sich an der arabischen Architektur orientieren.

»Uiguren und Hui haben nicht viel Kontakt«, erklärt der Taxifahrer nach einer Weile. »Eigentlich mögen wir die Hui nicht. Na ja, jetzt schon, weil Ramadan ist. Und im Ramadan mag man jeden Muslim. Aber sonst mögen wir sie nicht.«

»Aber warum nicht?«

»Die sind komisch. Nicht vertrauenswürdig. Und irgendwie sind sie ja auch Chinesen. Nur halt muslimische.«

Bisher war ich immer davon ausgegangen, dass die Zugehörigkeit zum Islam sich als stärkeres Band erweisen würde als die ethnische. Während der Kulturrevolution hatten beide Gruppen unter den Angriffen der Roten Garden zu leiden. Sie zerstörten Moscheen, zwangen alle Muslime, sich bei der Beerdigung verbrennen zu lassen, trieben Schweine und Hunde durch die Dörfer. Aber anscheinend hatte ich mich getäuscht. Während ich darüber nachdenke, kommen wir am Bahnhof an. Mitten im Nirgendwo

steht ein großes modernes Gebäude aus Beton und Glas. Davor
Parkplätze für Tausende von Autos, nicht einmal zu einem Zehn-
tel gefüllt, in den Beeten am Straßenrand kämpfen kleine Baum-
setzlinge ums Überleben. Es gibt keine Läden, keine Restaurants,
nichts. Alles wirkt so neu, als wäre der Bautrupp eben erst weiter
gezogen. Wir schultern unsere Rucksäcke und machen uns auf zu
den Ticketschaltern.

Hami

Chris **W**er von einer Reise erzählt, berichtet meistens von ihren Höhepunkten. Von unvergesslichen Landschaften, von besonderen Menschen, vom besten Essen. Oder von ihren Tiefpunkten, von Enttäuschungen, gefährlichen Situationen, dem schlechtesten Essen. Wovon niemand erzählt, sind die Tage dazwischen. Die Zeit, die man an langweiligen, gesichtslosen Orten verbringt, über die es nicht das Geringste zu sagen gibt, in denen nichts passiert und auch nicht passieren wird, die fünf Minuten nach Ankunft aus dem Gedächtnis gesiebt werden. Orte wie Hami.

Vielleicht war unser Start nicht der beste gewesen. Als wir am Bahnhof von Turfan die letzte Gepäckkontrolle über uns ergehen ließen – ich habe mitgezählt, es waren dreiundzwanzig –, leuchteten die Warnlampen, und vor den Augen der Beamten mussten wir unsere Taschenmesser aus den Rucksäcken fischen. Alles Bitten und Flehen half nichts. Ich hing sehr an meinem Messer, das mich auf vielen Reisen begleitet hatte. Stephanies war sogar ein Erbstück ihrer Großmutter. Fast eine halbe Stunde diskutierten wir, mitleidige, ratlose Gesichter bei den Beamten, irgendwann wurde der Chef herbeigerufen. Doch keine Chance: Die Messer durften nicht in den Zug. Und nein, man konnte uns die Messer nicht nach Deutschland schicken, auch nicht für Geld. Mit zerwühlten Rucksäcken blieben wir in der blitzsauberen, menschenleeren Bahnhofshalle zurück. In diesem Moment hätte ich am liebsten geheult. Stumm sahen wir zu, wie unsere geliebten und täglich gebrauchten Stücke in einem Pappkarton verschwanden.

Dann rauschten wir dahin, auf den nagelneuen Gleisen. Erst vor einem Jahr war die Strecke gebaut worden, durch die karge Landschaft, einst Route von Karawanen, die die Wüste Taklamakan umgehen wollten. Doch Schutzplatten, die Wind und Sand von den Schienen fernhalten sollen, versperren heute die Sicht auf die öde Gegend. Irgendwann kam der Bahnhof von Hami, wir noch immer ohne Worte, schlappten zum nächstbesten Hotel, wo die Zimmer auch stundenweise vermietet wurden, wir unsere Sachen abluden, aus dem Fenster im achten Stock sahen und auch nicht weiterwussten. Die Betten waren steinhart, die Kissen mit Geröll gefüllt. Aus den Nebenzimmern war erst Sex, dann lautes Streiten zu hören.

Der Grund, aus dem wir überhaupt nach Hami gekommen waren, sind seine Melonen. In ganz China ist der Ort berühmt dafür. Hami-Melonen sind der Stoff für ganze Sagen, finden in der Literatur Erwähnung, eine Hami-Melone, heißt es, sei die beste Melone des ganzen Landes, wenn nicht der Welt. An Hami vorbeizufahren, ohne eine Melone gegessen zu haben, das sei wie nach Paris zu fahren, ohne den Eiffelturm gesehen zu haben. In meiner Vorstellung drängten sich in Hami die Obststände nur so am Straßenrand, Händler überboten sich mit irrwitzigen Züchtungen, Melonen wurden zu Pyramiden aufgetürmt, an denen man eine probierte und dann noch eine und noch eine, um sich am Ende zu entscheiden, welche die süßeste, saftigste, vollkommenste Melone überhaupt war. Ein Ort, in dem ein permanentes, bis in göttliche Ewigkeit andauerndes Melonenfest gefeiert wurde.

Tatsächlich gibt es in Hami nichts von alldem. Hami ist ein einfaches, graues Städtchen, mit austauschbaren Straßenzügen, staubigem Verkehr und keinem einzigen Obststand. Obwohl ebenfalls eine Oase, hat es nichts mit dem lauschigen Turfan gemein. Statt der erwarteten Schubkarren voll von strahlendem Obst: Sonnenbrillen und Polyesterklamotten in den Auslagen.

Orientierungslos stehen wir vor unserem Hoteleingang, entscheiden uns dann für eine beliebige Richtung, sie sehen ohnehin alle gleich aus. Ein Ort wie eine Raststätte an der Autobahn. Man hält dort, weil sie auf halber Strecke liegt. Weil man etwas essen muss, zur Toilette oder den müden Rücken strecken.

Wir laufen von der Jiefang Donglu, der Östlichen Straße der Befreiung, zur Aiguo Beilu, der Nördlichen Liebe-das-Land-Straße. Garküchen und Ladenlokale verstecken sich hinter milchigen Scheiben und bunten Plastikvorhängen. Irgendwann steuern wir ein Restaurant an, wo man uns Nudelsuppe serviert. Wir sind die einzigen Gäste. Als wir zahlen wollen, kracht meine Tasche auf den Fliesenboden. Die Kamera ist darin. Und sie überlebt den Sturz nicht. Ich schraube sie auseinander, inspiziere das Innere, es hilft nichts. Der Spiegel ist aus seiner Verankerung gebrochen. Jetzt habe ich wirklich Tränen in den Augen.

Marco Polo schreibt über Hami in seinem Buch »Die Wunder der Welt«, die Einwohner seien fröhlich und feierfreudig, sie würden unablässig singen, tanzen und musizieren. Und seien so gastfreundlich, dass Hausherren ihren Gästen die eigenen Ehefrauen ins Bett legten. Historiker streiten sich bis heute über die Echtheit seiner Erzählungen. Aber diesen Teil, da bin ich mir ganz sicher, hat Marco Polo erfunden.

Es gibt ein Mausoleum in der Stadt, in dem neun Generationen muslimischer Hami-Könige begraben sind. Doch weil wir in den letzten Wochen fast ausschließlich Mausoleen besichtigt haben und der Eintritt außerdem vierzig Yuan kostet, spähen wir lediglich durch das vergitterte Eingangstor.

Dann stapfen wir weiter, lange, gerade Straßen entlang, die sich im Dunst verlieren.

Die einzige Melone, die wir in Hami entdecken, ist aus Beton. Über einen Verkehrskreisel wacht die überlebensgroße Statue einer Frau mit wallendem Kleid, die das Obst auf ihrer Schulter trägt. Eine Weile sehe ich zu, wie Kleinlaster, Fahrräder, Linien-

Für seine süßen Melonen ist Hami in ganz China berühmt

busse, Elektroroller und Geländewagen in beständig neuen Formationen ihre Runde drehen, sich einreihen und wieder ausscheren, ein Kaleidoskop aus Fahrzeugen, und in seinem Zentrum ein Mahnmal der Trostlosigkeit. Ein Abklatsch dessen, was hier eigentlich sein sollte. Aber Fotos hätte ich ja ohnehin nicht machen können.

Irgendwo habe ich einmal die schöne Definition gehört: Nichts ist die Abwesenheit von etwas, dessen Anwesenheit erwartet wurde. Mir gefällt dieser Gedanke, weil er das Nichts nicht neutral betrachtet, sondern von der Enttäuschung erzählt, die dem Begriff innewohnt.

Denn das Nichts ist auch der Abstand zwischen zwei Erfahrungen. Eine Art rezeptives Vakuum, das es aufzulösen, wieder mit Inhalt zu füllen gilt, aus Angst, es könnte dableiben und am Ende die Sinnlosigkeit des Daseins enthüllen. Deshalb geht alles weiter. Deshalb reisen wir morgen an einen anderen Ort.

Es gibt ein Computerprogramm, das berechnen kann, wie ereignislos ein Tag ist. True Knowledge heißt es. Der Erfinder, ein Brite mit dem sehr britischen Namen William Tunstall-Pedoe, hat viel Geld ausgegeben und das Programm mit Hunderten Millionen Daten gefüttert, um herauszufinden, welcher Tag des letzten Jahrhunderts wirklich ausnehmend langweilig war. Sportveranstaltungen, Geburten und Todesfälle, politische Entscheidungen, Theateraufführungen, all das floss mit in die Zählung ein. Sein Ergebnis nach all der Forschungsarbeit: Am 11. April 1954 ist wirklich rein gar nichts Bemerkenswertes passiert.

Falls William Tunstall-Pedoe eines Tages neue Berechnungen anstellt, um zu ermitteln, welcher Ort der langweiligste der Welt ist, ich denke, ich könnte ein paar Daten beisteuern.

Als der Abend herandämmert, machen wir uns auf den Rückweg zum Hotel. Unterwegs halten wir an einem Kiosk. In einer Tiefkühlbox gibt es gefrorenen Eistee, unser neues Grundnah-

rungsmittel. Und da entdecken wir sie: Melonen. Genau drei
Stück und von sommerlichem Hellgrün. Stephanie erkundigt sich,
ob sie auch wirklich aus Hami sind. Entrüstung beim Verkäufer.
Ein paar Yuan wechseln den Besitzer, und dann wandern die
Früchte in Plastiktüten. Der Händler schneidet sie uns sogar in
Stücke. Eigene Messer haben wir ja nicht mehr. Noch auf der Stra-
ße beiße ich hinein.

Die Melone schmeckt wie eine ganz gewöhnliche Melone.

Am nächsten Morgen fahren wir nach Dunhuang. Der Bus ist bis
auf den letzten Platz besetzt. Viele Mitreisende scheinen Wanderarbeiter zu sein. Hami und die Provinz Xinjiang bleiben hinter uns
zurück und damit auch die schneebedeckten Gipfel des Tian
Shan, während der letzten zwei Wochen unsere treuen Begleiter.
Stattdessen breitet sich eine schwarze Wüstenlandschaft vor dem
Fenster aus. Die Gobi naht. Schnurgeradeaus führt die Straße in
die Wüste hinein, Federwolken liegen ordentlich über den Himmel gekämmt. Ich lehne meinen Kopf gegen die kühle Scheibe.

Im Gang stehen kleine Mülleimer aufgereiht. Mit gutem
Grund: Kaum, dass wir gleichmütig dahinrattern, werden Plastiktüten mit Proviant hervorgezogen. Der ganze Bus schlürft und
schmatzt, Eierschalen und Obstkerne fliegen durch die Luft, treffen die Eimerchen nur manchmal. Das hungrigste Paar sitzt gleich
neben uns. Die sechs Stunden bis Dunhuang essen die beiden
ohne eine einzige Pause.

Ich wende meinen Blick ab und starre aus dem Fenster. Stromleitungen folgen der Straße treu durch das einsame Land. Leitplanken kommen und gehen, werden weiß, werden türkis, dann
wieder weiß. Trockene Sträucher haben sich wie Igelfamilien auf
den Geröllhalden zusammengerottet. Werbetafeln an rostendem
Gestänge ziehen vorüber. Im Fernsehen ein chinesisches Mafia-
drama aus den Achtzigerjahren, doch kaum jemand sieht zu. Den
meisten Fahrgästen sind die Augen zugefallen. Es wird halb zehn,

es wird halb zwölf, es wird halb zwei. Manchmal steigen Fahrgäste zu oder aus, irgendwo im Nichts. Ich werde nie erfahren, was sie hier tun.

Beim Halt in Xingxingxia, der Sternenschlucht, werden die Pässe unserer Mitreisenden eingesammelt. Wir dürfen unsere behalten. Nach Passieren der Grenze zur Provinz Gansu erhalten alle ihre Dokumente zurück.

Einmal passieren wir eine Lastwagenkolonne, die Rotorblätter für Windräder transportiert. Aus der Nähe wird mir erst klar, wie lang diese Bauteile sind. Achtzig Meter müssen es mindestens sein. Zwanzig, dreißig Transporter zähle ich, jeder mit einem Rotorblatt auf dem Rücken. In Gansu entstehen gewaltige Energieparks. Um des ewigen Smogs in den Städten Herr zu werden, setzt China gerade auf eine massive Förderung von Ökostrom. Weltweit führend will man darin werden. In Sachen Umweltschutz hatte ich das Land eigentlich nicht als Vorreiter auf dem Schirm. Doch China produziert inzwischen so viel alternativen Strom wie alle Kraftwerke Deutschlands und Frankreichs zusammen. Und hier, im weiten Nordwesten, gibt es nicht nur ausreichend Sonne und Wind, sondern auch unendlich viel Platz.

Seit wir Gansu erreicht haben, sind auch viele Internetseiten wieder erreichbar, die zuvor gesperrt waren. Ich kann meine E-Mails abrufen. Die Polizeikontrollen werden weniger, irgendwann verschwinden sie ganz. Tankstellen sind nicht mehr von Soldaten bewacht. Ein plötzliches Gefühl von Freiheit überkommt mich. Irgendwann tauchen neue Berge am Horizont auf. Bei Shan heißen sie und sehen ganz fremd aus, dunkel und zerklüftet. Je näher sie heranrücken, desto mehr verlieren sie ihre Schatten, werden rot, grün, schwarz und wild.

Und als sie schließlich hinter uns bleiben, liegt vor uns nur noch Sand.

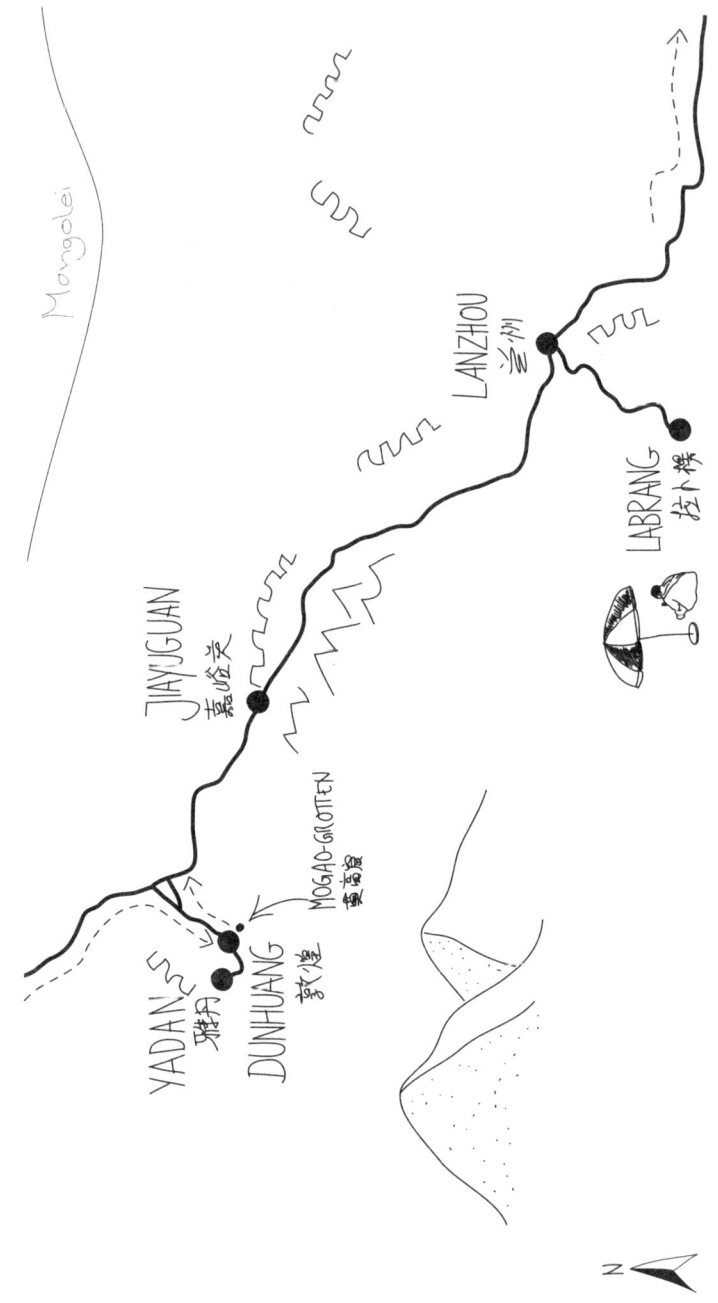

Mongolei

LANZHOU 兰州

LABRANG 拉卜楞

JIAYUGUAN 嘉峪关

MOGAO-GROTTEN 莫高窟

YADAN 雅丹

DUNHUANG 敦煌

N

GANSU

Dunhuang

Chris **D**ie Wüste Gobi besteht aus kargen Felsen und Geröllhalden. Nur auf drei Prozent der Fläche findet man Sanddünen wie in der Sahara. Der Großteil davon liegt in der Mongolei. Und die anderen türmen sich steil vor den Toren Dunhuangs auf.

Als wir am späten Nachmittag vor diesen goldenen Sandbergen stehen, herrscht eine Atmosphäre wie auf Hawaii. Quirlige Großfamilien, mit Strohhüten, bunten Sonnenbrillen und flatternden Schultertüchern strandfertig ausgerüstet, flanieren die Promenade entlang, man kann Eis essen, Dünensurfen, einen Kamelausritt buchen, sogar ein Helikopter steht für Rundflüge bereit. Wüsste ich nicht ganz sicher, dass das Meer noch zweitausendfünfhundert Kilometer entfernt ist – ich hätte es hinter dem nächsten Sandhügel erwartet.

Wie die übrigen Besucher leihen auch wir uns für fünfzehn Yuan modisch fragwürdige, orangefarbene Stoffüberzüge für unsere Schuhe aus, mit denen wir aussehen wie zwei Astronautinnen vor der nächsten Marsmission. Ich hatte gehofft, dass sie eine abenteuerliche Funktion haben, zum Beispiel Skorpione fernzuhalten oder Verbrennungen zu vermeiden. Doch die Überzüge sorgen allein dafür, dass niemand nach einer Wüstentour seine Schuhe ausleeren muss. Natur, scheint mir, ist vielen Chinesen nicht geheuer. Die Wildnis hier will beherrscht werden.

Zum Glück haben nicht allzu viele Einheimische Lust auf den anstrengenden Aufstieg zum Dünenkamm. Bis auf tausendsiebenhundertfünfzehn Meter kann man hier klettern. Schon auf halber Höhe haben wir die meisten Strandurlauber hinter uns gelassen.

»Von mir aus hätten sie ruhig eine Treppe in den Sand zimmern können«, kommentiert Stephanie hinter mir.

»Bloß nicht«, brumme ich.

Während sie die vielen Menschen und das unablässige Geplapper um uns herum genießt, bin ich froh um jede Auszeit vom Trubel. Und erstaunlicherweise fällt mir die Kletterpartie leicht. Der Sand ist festgetreten dort, wo sich vor uns ein anderer entlanggekämpft hat. Und es ist, als würde mir die Wüste neue Kräfte verleihen. Kaum, dass ich mich umsehe, habe ich bereits die erste Anhöhe erreicht. Dunhuang liegt als flaches, grünes Städtchen zu unseren Füßen.

Das Besondere an den Dünen hier ist: Sie können singen. Manche summen, andere seufzen eher, wieder andere brummen wie ein kleines Flugzeug. Es ist ein geheimnisvoller Chor in der Wüste. An manchen Tagen, heißt es, sei der Lärm so groß, dass man ihn noch unten in der Stadt hören könne. Jahrhundertelang wusste niemand, warum die Dünen solche Geräusche von sich geben. Marco Polo glaubte, dass unsichtbare Wüstengeister dahintersteckten. Erst vor etwa zehn Jahren haben Forscher das Rätsel gelöst: Sandkörner stoßen beim Abrutschen aneinander

Chris auf den singenden Sanddünen

und erzeugen dadurch Schallwellen. Je nach Menge, Lage und Masse variieren die Töne.

Leider sind die Dünen heute nicht in Konzertstimmung. Stille liegt über der Wüstenlandschaft, obwohl der Wind streng über den Grat pfeift, Sandkörner um unsere Beine wirbelt, sie uns in die Augen treibt. Ich wickele mein Halstuch um mein Gesicht, sodass nur ein schmaler Spalt frei bleibt. Im Süden erstreckt sich Düne um Düne, bis zum Horizont, ein Gebirge aus weichem Gold. Noch nie habe ich so unendlich viel Sand gesehen.

Stephanie und ich suchen uns ein halbwegs geschütztes Plätzchen und blicken hinunter auf die Stadt. Die Abendsonne hat das Land in sanftes Rot getaucht. Bäume überragen die meisten Häuser. Keine zweihunderttausend Menschen leben im überschaubaren Dunhuang, damit ist der Ort für chinesische Verhältnisse ein Dorf. Unten auf der Promenade kehren die letzten Kameltouren zurück. Die orangefarbenen Schuhüberzieher sehe ich bis hier oben leuchten. Moderne Karawanen.

Wenn man in Deutschland einen Bus betritt, in dem nur ein einziger anderer Fahrgast sitzt, wählt man einen Platz, der möglichst weit entfernt von ihm ist. Wenn man in China einen solchen Bus betritt, setzt man sich neben den anderen. Alles andere wäre doch seltsam!

Und so kommt es, dass wir zwar unseren Platz im Sand völlig für uns allein haben – aber nur eine Düne weiter wandern müssen, um vor einer Menschenmenge zu stehen. Vom Grat aus starre ich auf den Hang, der sich unter uns ausbreitet. Hunderte glucksende Chinesen verteilen sich über die Düne, mit Fotoapparaten und all ihrem bunten Strandgepäck behängt. Es herrscht eine Stimmung wie im Fußballstadion.

»Bestimmt ist hier irgendwo die Treppe«, grinst Stephanie.

In China allein sein zu wollen ist eine echte Herausforderung. Ob wir das Singen der Dünen hier überhaupt hätten hören können?

Mitsamt dem großen Publikum sehen wir der Sonne zu, wie sie im Dunst der Gobi verschwindet. Als sich das letzte Halbrund hinter dem Horizont verabschiedet, wird selig geklatscht. Zurück nehmen wir einen anderen Weg. Über den Grat stapfen wir retour

zum Nordhang. Und noch immer weht ein warmer Wind. Er hat
unsere Schritte verwischt. Der Sand ist jetzt pastellfarben, der
Himmel kupferrot. Der Abhang unter uns liegt unberührt.

Und dann rennen wir die Dünen hinunter. Schreien dabei, so
laut wir können. Der Sand lässt jeden Schritt federn, ich rutsche,
falle, lache, verschlucke mich, springe erneut, diesmal höher, so
hoch ich kann, und lande in Zeitlupe wieder am Boden. Die Sandkörner wirbeln, verfangen sich in meinen Haaren, den Ohren, zwischen den Fingern, völlig egal. So muss sich Schwerelosigkeit anfühlen. Ich habe mich lange nicht mehr so befreit gefühlt.

Noch am späten Abend zieht es mich wieder hinaus. Stephanie ist
müde nach dem langen Tag und möchte sich ausruhen. Aber Dunhuang hat etwas an sich, das mich auf merkwürdige Art beflügelt.
Wäre die Wüste das Meer, so wäre Dunhuang die lebhafte Hafenstadt an seiner Küste. Die Nächte sind lau, die Restaurants haben

Statt Gütern aus fremden Ländern transportieren
die Kamelkarawanen heute Touristen

Liegestühle auf dem blank polierten Kopfsteinpflaster aufgestellt, Fleischspießchen brutzeln direkt auf der Straße. Souvenirstände verkaufen Schmuck, bunte Tücher und Holzschnitzereien.

Ein Fluss, ich erfahre seinen Namen nicht, zerteilt die Stadt, Feriengäste flanieren an seinem Ufer entlang. Darüber sind Brücken in malerisches, purpurfarbenes Licht getaucht. Auf künstlichen Inseln stehen Pavillons mit Sonnensegeln und Sitzbänken. Man erreicht sie, indem man über Pfähle im Wasser balanciert. Wer das Gleichgewicht verliert, plumpst in den namenlosen Fluss, unter schadenfrohem Gejohle der Anwesenden. Nichts stößt in China auf so viel Begeisterung wie unfreiwillige Slapstick-Einlagen.

Am liebsten wäre ich an diesem Abend noch einmal zu den Dünen gefahren. Hätte die Sandberge im Dunkeln erklommen, wenn niemand mehr da ist, wenn nur noch Sterne über dem unendlichen Sand wachen. Doch die Bushaltestelle lag verlassen. Und so lasse ich mich durch die Straßen treiben, biege mal rechts ab und mal links, es sind immer genügend Menschen vor mir, denen ich folgen kann.

Ein Mann malt mit einem nassen Stock chinesische Zeichen auf den Bürgersteig. Noch bevor er den Satz beenden kann, hat die warme Nachtluft dessen Anfang verschwinden lassen. Kunst der Vergänglichkeit.

Es ist mein erster Abend allein in China. Zum ersten Mal – traue ich mich. Natürlich ist es leichter mit Stephanie an meiner Seite, sie meistert jedes Gespräch, kann alles organisieren, Fragen stellen und Antworten finden. Ich selbst fühle mich in diesem Land wie eine Analphabetin. Englisch spricht niemand und ich selbst kann genau vier Sätze auf Chinesisch sagen: Hallo und tschüss, vielen Dank, ich komme aus Deutschland. Schriftzeichen erkenne ich zwei: China und Ausgang. Schon an einer Toilette scheitere ich.

Doch Dunhuang macht mir Mut. Als läge ein geheimnisvoller Zauber über der Stadt, scheint hier alles leichter zu sein.

Zum ersten Mal, seit wir in Astana aufgebrochen sind, habe ich das Gefühl, mich zurücklehnen zu können. Am liebsten würde ich Postkarten irgendwohin verschicken und darauf schreiben: Schöne Grüße aus dem Urlaub.

In einem Straßencafé bestelle ich einen Cocktail, die Angestellten beäugen mich neugierig, tuscheln und lachen, wann immer ich etwas sage. Die ersten Handys werden gezückt. »*Laowai*«, kichern sie hinter vorgehaltener Hand, »schau mal, die Ausländerin!« Doch es klappt. Am Ende halte ich einen Cuba Libre in der Hand. Mit Schirmchen. Manchmal fühlen sich die kleinsten Dinge an wie ein unglaublicher Erfolg.

Bis weit nach Mitternacht bleibe ich sitzen. Nichts zieht mich weiter. Gar nichts soll diesen Tag enden lassen. Vor mir liegt ein Buch, das ich zum Lesen eingesteckt hatte. Ich habe es nicht angerührt. Die Stadt um mich ist Erzählung genug. Am liebsten würde ich die Zeit anhalten und beobachten, wie sich die warme Nacht in Unendlichkeit verliert. Von irgendwoher schallt Musik. Irgendwann leeren sich die Straßen, Familien packen zusammen, erste Rollläden werden heruntergezogen. Ein kleines Mädchen hüpft heran, vielleicht fünf Jahre alt, beäugt mich neugierig, mit Zöpfchen, die wie zwei Palmen von ihrem Kopf abstehen. Die Mutter scheucht sie weiter, doch ich lächle nur. »Alles gut!«

Als ich den Heimweg antrete, ist der Nachtmarkt noch hell erleuchtet. Viel Geld steckt nicht mehr in meiner Tasche. Aber von den letzten Yuan, die ich noch finde, kaufe ich eine kleine Perlenkette zur Erinnerung.

Stephanie

Als Chris die Zimmertür hinter sich schließt, lasse ich mich aufs Bett fallen. Endlich alleine. Die letzten Wochen hinterlassen langsam ihre Spuren. Immer auf Sendung, reden, organisieren, nur selten Zeit, mal abzuschalten. Und genau das mache ich jetzt. Ich starre an die Decke. Der Geruch von gebratenen Nudeln weht durchs Fenster. Draußen rauscht ab und zu ein Auto vorbei und ich höre die murmelnden Unterhaltungen der chinesischen Backpacker vor dem Hostel. Langsam vermischt sich alles zu einem undefinierbaren Brei und wird leiser.

Als ich wieder aufwache, ist nicht viel mehr als eine Stunde vergangen. Aber ich fühle mich so frisch und erholt, als hätte ich eine ganze Nacht lang geschlafen. Einen Moment lang überlege ich, ob ich einfach liegen bleibe. Doch dann packe ich meine Tasche und laufe zum Fluss. Er ist nur eine Parallelstraße vom Hostel entfernt. Dort, wo er hinter einer Brücke im Nichts verschwindet, thronen die Sanddünen. Es ist ein surrealer Anblick: Häuser, Straßen, Brücken, eine Stadt voller Leben und dann übergangslos Sand, kilometerweit. Welch ein Anblick muss es für die Karawanen gewesen sein, nachdem sie die letzten Dünen überquert hatten. Wochenlang nur Leere, Hitze, wolkenloser Himmel – und

Kaum ist die Sonne untergegangen, erwachen die Gassen
von Dunhuang zum Leben

plötzlich ein Geflecht aus Straßen, gesäumt von Bäumen. Ein grüner Fleck mitten im beigefarbenen Nichts. Ob sie es wohl im ersten Moment für eine Fata Morgana hielten?

Irgendwann lande ich in der Innenstadt von Dunhuang. Dort,
wo heute Mittag noch gähnende Leere herrschte, wo die Atmosphäre an eine Westernstadt erinnerte, weil die Hitze alles Leben
vertrieben hatte, schieben sich jetzt die Massen aneinander vorbei. Tische und Stühle stehen vor den Lokalen auf der Straße,
Kellner wedeln mit Speisekarten, werben um Kundschaft. Ein
Nachtmarkt zieht sich durch die Gassen und die Ware in den Auslagen ist nicht der typische Chinakitsch aus Buddhastatuen, chinesischer Kleidung und Mao-Büsten. An einem Stand unterhalte ich
mich kurz mit der Verkäuferin. Bevor ich weitergehe, schenkt sie
mir einen Kamelanhänger als Glücksbringer für die weitere Reise,
weil ich »so schön chinesisch« spreche. Solche Momente machen
für mich China aus. Unerwartete Überraschungen und eine Neugier, die in ihren guten Momenten dazu beiträgt, eine Brücke
zwischen Menschen zu bauen.

Ein kleiner dünner Mann Anfang sechzig mit schmalem Gesicht und einem grauen Kinnbart beobachtet mich, als ich den
Steinschmuck an seinem Stand anschaue. Dünnem Pergament
gleich spannt sich seine Haut über die Gesichtsknochen, er sieht
aus wie das leibhaftige Klischee eines chinesischen Gelehrten.

»Sind Sie aus Deutschland?«, fragt er mich nach ein paar Sekunden. Ich nicke und er fährt auf Deutsch fort.

»Ach, toll. Dann kann ich ja endlich mal wieder Deutsch sprechen. So oft passiert das hier ja nicht.« Er strahlt mich an, um seine Augen bildet sich ein Kranz aus kleinen Lachfältchen. Auch ich
muss lächeln. Manchmal, wenn ich in München unterwegs bin,
spreche ich selbst chinesische Touristen an, da ich sonst kaum Gelegenheit habe, Chinesisch zu sprechen. Der Verkäufer erzählt, er
habe in den Sechzigerjahren Deutsch gelernt, als Student an der
Uni Leipzig.

»Aber warum gerade Deutsch?«, frage ich ihn.

»Das wurde so bestimmt. Eine festgelegte Anzahl von Studenten musste Deutsch lernen, ich war einer davon«, erklärt er. »Mir hat es gut gefallen in Leipzig. Aber als die Kulturrevolution losging, musste ich wieder nach China zurück. Mir blieb nichts anderes übrig, *mei banfa*. Die Freundschaften von damals haben die Zeit überdauert. Ich kehre auch immer wieder nach Leipzig zurück. Meine Frau und ich haben letztes Jahr erst Freunde dort besucht.« Gerne würde ich weiter mit ihm reden, aber vor dem Stand drängelt sich die Kundschaft und ich will das Geschäft nicht aufhalten.

Auf den Minaretten der Moschee blinken Neonlichter, blaugrün-rot-gelb, immer abwechselnd. Sofort muss ich an Las Vegas denken. Die Männer mit weißen Kappen, die gerade aus dem Tor treten, sehen jedoch nicht aus, als kämen sie vom Spielen. Ich laufe ihnen hinterher, bis ich auf einem großen Platz stehe. Traditionelle chinesische Musik quäkt aus Lautsprechern, auf einer Bühne hat die Abendvorstellung begonnen. Eine Gruppe Rentnerinnen führt eine Mischung aus Kampfsport und Ausdruckstanz auf. In unregelmäßigen Abständen lassen sie rote Fächer mit einem Knall auf- und zuschnappen.

Wieder einmal bin ich verblüfft, wie fit die Alten in China sind. Vor Jahren ging ich in Shanghai am Bund spazieren. Neben einer Mauer machte ein alter Mann Dehnübungen. Plötzlich ließ er ein Bein nach oben schwingen und stand im Spagat an der Wand. Kein Blatt Papier hätte mehr dazwischen gepasst. Kinderspielplätze gibt es kaum, aber Fitnessanlagen für Senioren, die abends bis auf den letzten Platz besetzt sind. Einige turnen, andere teilen sich Essen und plaudern miteinander. Über die Familie, das Leben, wer weiß das schon so genau.

Als der letzte Ton verklungen ist, bekommen die tanzenden Omas tosenden Applaus. Von den Zuschauern auf den Plastikstühlen vor der Bühne und von weiter hinten, wo sich die chinesische Version eines Autokinos versammelt hat. Fahrer mit ihren *sanlunche*, den dreirädrigen Transportmofas und -fahrrädern, haben dort Aufstellung genommen. Sie fläzen auf ihren Gefährten und schauen gebannt auf die Bühne, einige haben ihre gesamte Familie auf der Ladefläche mitgebracht. Wird ihnen langweilig, schieben sie ihr Dreirad einfach in die nächste Gasse und brausen davon. Als eine Frau auf der Bühne anfängt, Arien aus der Pekingoper zu schmettern, suche auch ich das Weite.

Mit einem kleinen Stadtbus reisen wir am nächsten Tag in die Vergangenheit. Über eine Schnellstraße tuckern wir zu den Mogao-Grotten, auf der einen Seite verschwinden die letzten Vororte von Dunhuang, auf der anderen liegen Geröll, Sand und Wüste. Mitte des 4. Jahrhunderts soll ein Mönch vor den Toren von Dunhuang Rast gemacht haben. Es ist nicht klar, wieso es ihn dorthin verschlagen hatte. Als er jedoch auf die Klippe starrte, die sich vor ihm erhob, erstrahlten in goldenem Licht unzählige Buddhastatuen vor seinem inneren Auge, und er wusste, er musste diese Vision wahr werden lassen.

Anfangs grub er allein Höhlen in den weichen Stein. Doch bald schloss sich ihm ein zweiter Mönch an, schnell folgten andere. Sie verzierten die Wände der Grotten mit Motiven aus Buddhas Leben, stellten Statuen und Heiligenfiguren auf. Klöster entstanden in der Nähe; die Tausend-Buddha-Höhlen, wie sie auch genannt werden, entwickelten sich zu einem Ort der Meditation und Besinnung. Herrscherfamilien, reiche Händler, Militärführer oder Gruppen von Gläubigen stifteten Geld, um weitere Höhlen anzulegen, einige der Spender leben auf Wandbildern bis heute weiter.

Während der Tang-Zeit zwischen dem 7. und 10. Jahrhundert sollen über tausend Höhlen das Kliff durchzogen haben. Einheimische kamen zur Andacht, Reisende baten um Segen für ihren weiteren Weg. Viele machten damals in Dunhuang Station, die

Stadt hatte sich zu einem Zentrum des Buddhismus und einem
wichtigen Handelsposten an der Seidenstraße entwickelt. Sie war
das Tor zum Westen, der letzte Ort vor den Weiten der Wüste.
Oder der erste danach, je nachdem, woher man kam. Doch un-
merklich schlich sich der Verfall ein. Machtverhältnisse änderten
sich, der Islam drang nach Osten vor, und mit dem Aufkommen
des Seehandels verlor die Seidenstraße an Bedeutung. Kaum jemand kümmerte sich noch um die Tausend-Buddha-Höhlen. Wasser trat durch die Decken, viele Grotten wurden verschüttet oder
zugeweht.

Erst 1900 tauchten sie wieder im Bewusstsein der Welt auf.
Der daoistische Mönch Wang Yuanlu hatte seine Lebensaufgabe
darin gefunden, die Höhlentempel zu schützen. Er kehrte den
Sand aus den Grotten, richtete umgefallene Statuen wieder auf,
schaffte Ordnung. Eines Tages entdeckte er hinter einer Wand einen kleinen Raum, angefüllt mit alten Schriften und Kunstwer-
ken. Als er seinen Fund bei den Behörden meldete, stieß er auf
wenig Beachtung. Und vielleicht wären die Mogao-Grotten wieder in Vergessenheit geraten, hätten nicht etwa zur gleichen Zeit
Großbritannien, Frankreich, das Deutsche Reich, Japan, Russland
und die USA ihr Interesse für die alte Seidenstraße entdeckt. Dem
Ungarn Aurel Stein, Leiter eines britisch-indischen Expeditions-
korps in der Gegend, kamen Gerüchte über den ungewöhnlichen
Fund zu Ohren. Er suchte Wang Yuanlu auf und nach zähen Ver-
handlungen einigten sich beide. Der Mönch erhielt eine großzü-
gige Spende, mit der er seine Renovierungsarbeiten weiterführen
konnte, Aurel Stein einen Schatz aus Schriftstücken, Stoffen, Bildern und Statuen. Seine Käufe wurden zu einer kleinen Sensati-
on in der Welt der Archäologen und Entdecker, weckten die Be-
gehrlichkeiten anderer Forscher. Sie folgten Steins Spuren und
nahmen weitere Kostbarkeiten mit in ihre Länder.

Als die chinesischen Behörden merkten, was sie verloren hatten, war es fast zu spät. Nur ein Bruchteil der ursprünglichen Ma-

nuskripte konnte nach Peking gebracht werden. Seit 1987 sind die Mogao-Grotten UNESCO-Weltkulturerbe.

So oft hatte ich während meines Studiums von den Mogao-Grotten bei Dunhuang gehört, dass ich sie irgendwann mit eigenen Augen sehen wollte. Was genau ich mir darunter vorstellte? Vielleicht eine Mischung aus Abenteuer und Geheimnis, die andächtige Stimmung eines Tempels, einen Hauch von Geschichte, der durch die Höhlentempel weht? Lara Croft in der chinesischen Wüste? Als der Stadtbus auf einem Parkplatz hält, verabschiede ich mich von diesen Gedanken. Vor uns schmort ein ockerfarbenes Gebäude in der Sonne wie eine moderne Sanddüne. Das Dach hebt und senkt sich, als hätte der Wind alles eben erst herbeigeweht, als könnte die Form in ein paar Minuten schon wieder eine ganz andere sein.

Aber sosehr es mir optisch gefällt, im Endeffekt ist es doch wieder ein Besucherzentrum. Vor dem Eingang drängeln Tourgruppen. Und ich merke, wie mir die Durcheventisierung der Sehenswürdigkeiten zunehmend auf die Nerven geht. Schon früher war es normal, dass in China alles Eintritt kostete: der Zugang zu einem alten Wasserdorf in Zhejiang – sechzig *kuai,* der Aufstieg zum Huang Shan – fünfundsechzig *kuai,* der Besuch in einem Tempel zehn *kuai.* Doch zumindest konnte man alles im eigenen Tempo entdecken. Der Ort wirkte für sich, ohne irgendeinen Schnickschnack, der ihn aufregender, spannender oder schöner machen soll. Mittlerweile scheint es mir, als vertraue man nicht mehr auf den Zauber, den Natur oder Geschichte entfalten, wenn man sich darauf einlässt.

Bevor wir in die Grotten dürfen, müssen wir Infofilme schauen. Es gibt keine Möglichkeit zu schwänzen, keinen anderen Weg zu den Zubringerbussen. Bevor die Vorstellung beginnt, setzen wir uns auf eine Bank und beobachten das Kommen und Gehen vor dem Besucherzentrum. Zwei Männer laufen auf uns zu, beide um die sechzig Jahre alt, in praktischen Outdoor-Klamotten.

»Deutsche!«, denke ich noch, da tönt es uns schon bayerisch entgegen:

»Und, wo seids ihr her?«

Die nächsten Minuten verbringen wir mit dem üblichen Reise-Smalltalk: Woher? Wohin? Wie lange?

»Ach, ihr wart in Kasachstan, toll! Da fahren wir auch noch hin«, erklärt der eine.

»Fahren?«, frage ich. »Seid ihr mit dem eigenen Auto unterwegs?«

Der andere nickt.

»Meine Frau und ich haben mehr als zehn Jahre in Shenyang gelebt. Ich war bei BMW. Jetzt bin ich seit einem Monat im Ruhestand. Da wir jetzt Zeit haben, dachten wir uns, fahren wir doch mit dem Auto heim. Die Frau ist gerade im Souvenirshop. Er hier«, er zeigt auf seinen Freund, »er begleitet uns.«

Durch Zentralasien wollen sie bis in die Türkei, weiter über den Balkan bis nach München. Eine tolle Tour – mich packt der Reise-Neid. Gerne würde ich mich ihnen anschließen.

»Aber könnt ihr das Auto denn einfach so mitnehmen?«, will Chris wissen.

»Es war schon ein bisschen ein Kampf mit der Bürokratie.« Der Mann zuckt die Schultern. »Aber meine Kontakte haben geholfen. Wir haben alle Papiere zusammenbekommen, die wir brauchen. Und ein hoher Beamter hat mir seine Nummer gegeben, falls wir an der Grenze Probleme haben sollten. Müsste alles glatt gehen.«

Ich muss an einen brasilianischen Kollegen von China Radio International denken. 2012 machte er sich mit zwei Kumpeln in einem VW Santana auf den Weg von Peking nach London. Sie wollten den olympischen Geist vom ehemaligen Veranstaltungsort der Olympischen Spiele zum neuen bringen. Doch an der Grenze zu Kasachstan mussten sie sich von ihrem Auto verabschieden. Noch nie zuvor hatten die Beamten in Korgas einen

Privatwagen voller Ausländer abgefertigt. Es gab kein Stan-
dardprozedere, keiner kannte die Vorschriften. Also zogen sich
die Grenzer auf die bewährte Vorgehensweise zurück: besser
nichts tun als das Falsche. Mein ehemaliger Kollege und seine
Kumpel mussten mit Bus und Bahn weiterfahren. Das Auto steht
wahrscheinlich heute noch in Korgas und wartet darauf, abgeholt zu werden. Hoffentlich hat die Münchner Reisegruppe
mehr Glück.

Im Kinosaal flimmert eine aufwendige Produktion über die
Geschichte von Dunhuang über die Leinwand, fast ein Mini-Spiel-
film. In Erinnerung bleiben mir Krieger in schlechten Kostümen,
die auf Pferden durch die Wüste galoppieren und dabei marker-
schütternd schreien. »Gott sei Dank, jetzt geht es endlich los!«,
denke ich, als der Abspann läuft. Dabei hätte ich es mittlerweile
besser wissen müssen. Eine Angestellte in Uniform schleust uns in
einen zweiten Saal, ein Dreihundertsechzig-Grad-Kino. Vor den
echten Höhlen steht erst mal ein virtueller Rundgang. Widerwillig muss ich eingestehen, dass die Simulation richtig gut ist. Ich
habe das Gefühl, an den Malereien vorbeizuschweben. Und endlich, mehr als eine Stunde, nachdem wir am Besucherzentrum angekommen waren, gondeln wir in einem Bus am ausgetrockne-
ten Bett eines Flusses entlang.

Die Besichtigung der Tausend-Buddha-Höhlen folgt einem ge-
nauen Plan: 1. Empfang durch einen Guide. Der Zutritt zu den
Höhlen ist nur in geführten Gruppen gestattet. 2. Pro Gruppe
werden acht Höhlen besichtigt. Jede zusätzliche Höhle kostet zusätzlich. 3. Die Besichtigungszeit für die Höhlen beträgt fünfund-
siebzig Minuten. Dann sind die nächsten dran.

Doch bei uns hakt es im Ablauf. Ein kanadisches Ehepaar mit
erwachsener Tochter, Chris und ich sind die einzigen Nichtchinesen. Erst in einer halben Stunde kommen die nächsten Ausländer.
Keiner weiß so recht, was er mit uns anfangen soll. Aufgeregt

flüstern die Angestellten miteinander, dann schiebt uns eine der Reiseleiterinnen an der Felswand mit den Grotten vorbei zum Eingang eines Museums.

»Wartet hier, ich hole euch ab, wenn die anderen *laowai* da sind«, befiehlt sie in holprigem Englisch und verschwindet. Zuerst laufe ich mit Chris missmutig an den Glaskästen vorbei. Aber die alten Dokumente und Karten ziehen mich schnell in ihren Bann. Blätter, bedeckt mit chinesischen Schriftzeichen, Sanskrit, Mongolisch, Arabisch, Tibetisch und Schriften, die ich nicht zuordnen kann, lassen die Vielfalt der Völker lebendig werden, die über Jahrhunderte ihre Spuren im alten Dunhuang hinterlassen haben. Blockdrucke zeigen Szenen aus der Tang-Zeit, kunstvoll gearbeitete Statuen und Schmuck liegen in den Vitrinen.

Endlich treffen die restlichen fünf Mitglieder unserer Gruppe ein. Jedem wird ein Kopfhörer umgehängt. Als wir die erste der Grotten betreten, weiß ich auch, warum. Ein Geräuschpegel wie in einem Schwimmbad erfüllt die Luft. Dicht an dicht stehen andere Reisegruppen im Raum. Taschenlampenstrahlen huschen über die Decken und Wände, wie kleine Suchscheinwerfer. Hätten wir die Kopfhörer nicht, verstünden wir kein Wort unserer Führerin. Aber auch so ist es schwer, ihr zu folgen. Ihre Erklärungen sind erratisch, manchmal bin ich mir nicht sicher, ob sie überhaupt englisch spricht. Ich schalte den Kopfhörer aus und sehe mich um. Die Malereien an den Wänden und die Buddhaskulpturen sind großartig, haben teilweise mehr als tausend Jahre überstanden. Die Farben, gewonnen aus Edelsteinen, leuchten immer noch satt, die Zeit hat ihnen kaum etwas anhaben können. Einige Bilder wurden restauriert, aber viele sind so, wie sie einst gemalt wurden. Die Fresken unterscheiden sich in der Darstellung von Menschen, je nachdem zu welcher Zeit, unter welcher Herrscherdynastie sie geschaffen wurden. Manche Figuren sind fast comichaft, andere sehr naturalistisch. Es überrascht mich, dass viele der Wandmalereien säkulare Motive zeigen: Alltagsszenen,

Familienporträts von Stiftern, geschichtlich bedeutsame Ereignis-
se. Am meisten fasziniert mich eine Karte der Gegend um den
Wutai Shan, eines der vier heiligen Gebirge im chinesischen Buddhismus. Sie ist so detailliert, dass man sie sogar heute verwenden
könnte, um bestimmte Klöster zu finden. Immer noch soll sie die
größte Karte sein, die es in China gibt. Während ich meine Blicke
über die alten Straßen schweifen lasse, schaffe ich es, selbst das
Gedränge um mich herum auszublenden.

Insgesamt aber trübt die Fließbandatmosphäre das Erleben
sehr. Nicht viel länger als fünf Minuten bleiben wir in einer Höhle, dann geht es weiter über Stufen und Wege in der Felswand
zur nächsten. Als die Führerin uns gegen Ende der Besichtigungszeit mitteilt, dass nun noch ein Film vorgeführt werde, verabschieden Chris und ich uns vorzeitig und drängeln in Richtung
Ausgang. Als wir auf einer Brücke stehen, die sich über das ausge-
trocknete Flussbett spannt, atmen wir erst einmal durch.

Auf der anderen Seite der Brücke ist es ruhiger. Lehmfarbene
Stupas stehen verstreut zwischen Hügeln aus grauem Stein und
Sand. Keiner der chinesischen Touristen hat den Weg hierher gefunden. Die kanadische Familie aus unserer Besichtigungsgruppe,
die anfangs noch hinter uns war, ist auch umgekehrt. Ein paar
Büsche und Gräser krallen sich in den trockenen Boden. Chris
läuft zwischen den Stupas umher, fotografiert die Leere, die uns
umgibt. Ich suche mir einen Platz im Schatten und schaue mich
um. Von hier aus wirken die Mogao-Grotten hinter einer Baum-
reihe idyllisch und ruhig. Eine pagodenartige Struktur zieht sich
fast in der Mitte des Kliffs empor. Dahinter sitzt eine riesige
Buddhastatue, die mit unbewegtem Gesicht auf die Besucher he-
rabstarrt. Erst jetzt wird mir das Ausmaß der Anlage bewusst, fast
zwei Kilometer zieht sie sich am Fluss entlang. Erst hier, mit ein
wenig Abstand, nähern sich das Bild aus meinen Vorstellungen
und die Wirklichkeit an.

Chris

Westlich von Dunhuang endet alles, was man noch hätte Landschaft nennen können. Zuerst verabschieden sich die Bäume. Die
letzten sehe ich am Stadtrand. Anschließend werden die Hügel
kleiner. Sie wölben sich nicht mehr, lösen sich auf und geben sich
ganz der Ebene hin. Bald weicht das Gras, schließlich der Sand.
Ganz zum Schluss verschwinden die Farben. Was bleibt, ist Grau.
Nichts als ödes, steiniges Grau.

Wir sitzen in einem Bus, der uns in den Geologischen Nationalpark Yadan hinausbringen soll, eine gewaltige Senke in der
Wüste Gobi. Yardang, auf Chinesisch *yadan,* bezeichnet eine pri-
mär durch Wind, teils durch Wasser entstandene Erosionsform.
Ungefähr einhundertachtzig Kilometer von Dunhuang entfernt
bilden so verwitterte Felsformationen eine Art Geisterstadt. Es
heißt, die Felsen sähen aus wie Tempel und Paläste. Bis zu zwanzig
Meter hoch sollen sie sein. Dazwischen verliefen Straßen, und
man sagt, dass eigentümliche Geräusche durch sie hindurchzie-
hen würden, Glockenläuten, Hundegebell oder Gelächter. Verur-
sacht würden sie vom Wind. Es wird auch erzählt, einst hätte hier
ein See gelegen und manche der Formen seien Überreste geken-
terter Schiffe.

Um der allumfassenden Touristenmaschinerie zu entgehen, haben wir uns diesmal für eine Tour mit dem Kleinbus entschieden.
Selbst ein Auto zu mieten ist Ausländern in China verboten. Und für
einen eigenen Fahrer fehlt uns das Geld. Die neue Fotokamera, die
ich mir kaufen musste – meine alte hatte sich nicht mehr reparieren lassen –, hatte ein großes Loch in die Reisekasse gerissen. Was
blieb also? In einem auf westliche Besucher spezialisierten Café in
Dunhuang stießen wir auf dieses Angebot. Und zwanzig Mitreisende erschienen mir überschaubar. Wenn nicht, nach den bisherigen
Erfahrungen, sogar als unwahrscheinlicher Glücksfall.

Wie unwahrscheinlich, stellt sich allerdings rasch heraus.
Nach nur einer halben Stunde Fahrt hält unser Fahrer im Nie-

mandsland der Wüste Gobi, die Tür springt auf, und er lehnt sich abwartend auf seinem Sitz zurück. Ich sehe mich im Bus um: ratlose Gesichter auch bei unseren chinesischen Mitreisenden. Das Einzige, was es hier draußen zu sehen gibt, ist eine Reklametafel, die auf altersschwachem Gestänge im Wind klappert. Genau unter ihr ist unser Bus zum Stehen gekommen, als warte er darauf, von Konsumbildern erschlagen zu werden. Was sollen wir hier? Eine Viertelstunde vergeht, dann hält ein zweiter, wesentlich größerer Reisebus neben uns. Und in unseren Fahrer kehrt Leben zurück. Umsteigen! Sucht euch Plätze! Vorbei der lauschige Familienausflug, wir sind wieder Teil einer lärmenden Großreisegruppe.

»Man kann nicht entkommen, oder?« Fassungslos starre ich auf unsere neuerliche Kaffeefahrtgemeinde.

Stephanie zuckt müde die Schultern.

Und so gibt es selbst in der einsamsten Landschaft der Welt keine Pause von der chinesischen Touristen-Vollzeitbeschäftigung. Denn natürlich geht es jetzt nicht mehr auf direktem Weg zum Nationalpark – der Bus steuert eine Filmkulissenstadt an, in der Klassiker der chinesischen Propaganda gedreht wurden. Lustlos drücken wir uns vor dem Eingang herum. Und wir sind nicht die Einzigen: Der Schauplatz der schwülstigen Historienschinken interessiert nicht einmal unsere chinesischen Mitreisenden. Smartphones werden gezückt, ein Mädchen neben mir schickt ihrem Freund animierte Comics von Hasen, die sich schlagen. Auf der anderen Seite flucht ein älterer Mann, weil sein Chatprogramm keine achtzig Tourfotos lädt. Ich fische in meiner Tasche nach einer Zigarette.

Der Massentourismus ist noch ein relativ junges Phänomen in China. Mit dem wirtschaftlichen Aufschwung der letzten Jahre hat sich eine finanziell gut gestellte Mittelschicht herausgebildet, die in ihrer Freizeit auch gern das eigene Land erkundet. Seit 2003 hat sich die Zahl der Bahnfahrten verdoppelt. Keine Nation der

Welt gibt mehr Geld für Urlaubsreisen aus. Um diese Völkerwanderungen in Bahnen zu lenken, setzen Chinesen auf ein probates Mittel: straffe Organisation. Touranbieter schießen selbst in entlegenen Regionen wie Pilze aus dem Boden, jede erdenkliche Sehenswürdigkeit wird eingezäunt, mit einem Restaurant versehen und über blitzende Straßen mit der nächsten verknüpft, es ist Reisen am Fließband, ohne Halt, ohne Umweg. Wer sich abzusetzen versucht, wird flugs von den Greifarmen der Tourismusindustrie eingefangen und zurück in Reih und Glied gebracht.

Vermutlich gewöhnt man sich irgendwann daran. Verstaut eigene Vorstellungen in der Schublade und lässt sich vom Strom mitreißen. Es geht ja auch so leicht. Mir aber fehlt die Freiheit, wie wir sie in der Weite Kasachstans erlebt hatten. Eine Freiheit, die offenbar nur allein funktioniert. Die auch an Freiraum gebunden ist, denke ich, als der Busfahrer zischend die Türen zur Weiterfahrt öffnet und ich mich zum Einsteigen in die Schlange einreihe.

Als der Archäologe Aurel Stein vor über hundert Jahren diesen Landstrich erkundete, waren er und seine Mannschaft noch allein in diesem Land. Von Osten waren sie gekommen, über die Seidenstraße, wie wir auf unserer Reise, auf der Suche nach dem Weg nach Dunhuang. Doch in der flimmernden Hitze entdeckten sie etwas anderes. Ein Fort baute sich vor den Forschern auf, Teil einer Wehranlage, wie ein massiver Würfel ragte es aus dem Staub. Es war Yumen Guan – der Jadetor-Pass, einst der westlichste Punkt der chinesischen Mauer.

Bis heute hat das Bauwerk nichts von seiner trotzigen Macht verloren. Kolossal erhebt es sich vor dem wolkenverhangenen Himmel, ein Bollwerk gegen die nomadischen Reitervölker, gegen das gefürchtete Barbarenland im Norden. Hätten Aurel Stein und seine Truppe schon Fotoapparate gehabt, da bin ich mir sicher, sie hätten es nicht minder ergriffen abgelichtet als unsere Kaffeefahrtgesellschaft.

Der Teil der chinesischen Mauer, zu dem das Jadetor gehört, stammt aus dem 1. Jahrhundert vor Christus. Er ist rund tausendfünfhundert Jahre älter als die Große Mauer der Ming-Dynastie, auf der man bis heute bei Peking spazieren gehen kann. Statt aus Stein wurde er mit Hilfe von Lehm- und Strohschichten errichtet. An vielen Stellen zerfallen und im Sand versunken, ist von dem ursprünglichen Schutzwall nur noch wenig zu erkennen. Bis heute werden in ganz China weitere, bislang unentdeckte Mauerabschnitte vermutet. Rechnet man diese mit allen bekannten Teilen zusammen, kommt man auf eine Gesamtlänge von mehr als einundzwanzigtausend Kilometern.

Während die Reisegruppe um das Jadetor herummarschiert, sondere ich mich ab. Etwas anderes als die Mauer zieht mich noch mehr in seinen Bann: das Land dahinter. Es ist komplett leer. Nichts als ein Horizont, Grau über Grau. Hier ist sie – die Welt, die ich gesucht habe. Ohne Farben, ohne Laute, ohne Geruch. Ein Ort, an dem jede Gestaltung vorübergezogen ist, gottvergessen, übrig geblieben. Ausschussware der Natur.

Es gibt keine Richtung, in die ich gehen könnte. Jeder Schritt ist ein Weg. Das Land wartet, das hat es immer getan. Es hat Zeit. Ein bisschen ist hier viel, jeder Herzschlag glockenhell, ein Wimpernschlag entfacht einen Sturm. Was an diesem Ort entsteht, ist immer neu. Will da sein, unbedingt. Und was hier stirbt, wird aufgehoben, für immer bewahrt.

Es gibt diesen Moment, in dem sich alles auflöst. Wenn die Welt in Formen zerfließt, sich alles angleicht, das eine nicht mehr da ist als das andere. Ich habe ihn herbeigesehnt, fast erwartet, aber nicht hier, noch nicht zumindest oder nicht so plötzlich. Den Jadetor-Pass in meinem Rücken, die ewig schwatzenden Touristen darum, ich nehme sie nicht mehr wahr. Das leere Land will eine Bühne sein. Und in diesem Moment bin ich allein die Hauptdarstellerin.

Was übrig bleibt, ist in mir. Meine Geschichte. Meine Wurzeln, mein Leben, die Menschen in meinem Herzen. Sie alle sind

Allein in der Wüste Gobi

plötzlich da. Vielleicht fühlt sich, eines fernen Tages, so das Ende
an. Nur dass heute noch nicht das Ende ist.

Manche Ziele im Leben erscheinen, hat man sie einmal erreicht, gar nicht mehr so erstrebenswert. Das schicke Auto frisst
zu viel Benzin, der Spitzenjob die Freizeit, der Alltag das Glück.
Ich hatte die Wüste Gobi sehen wollen, solange ich denken kann.

Doch sie hält alles, was sie verspricht.

Als wir Yadan schließlich erreichen, ist es später Nachmittag. Im
Bus trödle ich, lasse die anderen zuerst aussteigen. Nichts treibt
mich an. Stephanie ist mit einer Chinesin ins Gespräch vertieft, die
in Xinjiang als Polizistin arbeitet. Als ich schließlich als Letzte aus
der Tür springe, sehe ich vor lauter Touristen keine Felsen mehr.

Und so lerne ich, nicht in der Großstadt, nicht im Berufsverkehr, im Millionengetümmel, sondern in der Wüste Gobi, wie
man drängelt. Ich war nie gut darin gewesen. Hatte anderen immer den Vortritt gelassen: »Sie haben nur drei Teile? Kein Problem!« »Hier ist die Schlange? Ich stelle mich an! Nach Ihnen!« Das

mag in Deutschland kein Problem sein. In China ist man jedoch verloren. Anderthalb Milliarden Menschen kämpfen um jeden Quadratzentimeter Raum. Wer hier nicht die Ellenbogen ausfährt, kann einpacken.

Als wir das nächste Mal halten, bin ich die Erste am Ausgang. Und kaum, dass sich die Tür öffnet, renne ich. So schnell und so weit ich kann. Springe über das Absperrungsband, das Touristen leiten soll, blicke nicht nach links, nicht nach rechts. Ich renne, bis ich allein bin. Wirklich allein, in der Geisterstadt von Yadan.

Erst gegen Mitternacht trudeln wir wieder in Dunhuang ein. Der Busfahrer hatte ein so halsbrecherisches Tempo eingelegt, schlingernd überholt und Leitplanken geschrammt, dass ich meine eigene Beerdigung in leuchtenden Farben vor mir sah. Mit wackligen Knien steuern wir den letzten offenen Imbiss in unserer Straße an, bestellen Lammspieße und Tsingtao-Bier, ein letztes Mal in den allgegenwärtigen Liegestühlen dieser Hafenstadt in der Wüste. Ich werde sie vermissen. Morgen früh wollen wir weiter nach Jiayuguan.

Aber gepackt haben wir beide noch nicht.

Jiayuguan

Das Ende der zivilisierten Welt ist erst vor ein *Stephanie* paar Jahren runderneuert worden. Jetzt sieht das Fort von Jiayuguan aus wie die chinesische Version einer Playmobil-Ritterburg. Inklusive der Figuren. Im Südteil des Innenhofs zwischen zwei Jurten schlagen Schauspieler, verkleidet als Soldaten aus der Ming-Zeit, mit Lanzen und Speeren aufeinander ein. Sie wirbeln durch die Luft, schlagen Salti, ducken und drehen sich umeinander. Es ist eine Mischung aus Kung-Fu-Vorführung, Akrobatikeinlage und Historiendrama. Irgendwann werden sie von tanzenden Drachen vertrieben. Über allem schallt traditionelle chinesische Musik. Welch ein Spektakel! Die Zuschauer stehen mit offenen Mündern da, klatschen bei jedem gelungenen Kunststück, schießen Handyfotos. Jiayuguan muss für chinesische Touristen so etwas wie das Paradies sein. Hier ist es definitiv *renao*.

An einem der Verkaufsstände in der Mitte des Hofes lässt ein
Zuckermaler seine vergänglichen Kunstwerke entstehen. Welches
Motiv er malt, entscheidet der Zufall, neben einem Metallbrett
liegt eine Art Glücksrad. Ein Mädchen, das ungeduldig gewartet
hat, bis es an der Reihe ist, dreht den Zeiger. Er kommt auf einem
Bild zum Stehen. Erwartungsvoll sieht das Mädchen den Zuckermaler an. Der taucht einen Löffel in flüssiges Karamell und zeichnet
damit einen Drachen auf das Metallbrett. Schnell und konzentriert
bewegt er seine Hand, in einem dünnen Faden rinnt die Masse
vom Löffel. Bevor sie aushärtet, legt er schnell ein Holzstäbchen hinein und drückt dem Mädchen einen Drachenlolli in die Hand.

Während ich den Trubel um mich herum beobachte, frage ich
mich, wie ein Soldat der Ming-Dynastie wohl reagieren würde,
fände er sich plötzlich hier wieder.

Jiayuguan, das Fort am Pass zum Gepriesenen Tal, wurde gegen
Ende des 14. Jahrhunderts erbaut, an der engsten Stelle des Hexi-
Korridors als letzte Bastion der Ming-Dynastie gegen Übergriffe
der ›Barbaren‹. Auch wenn sich das chinesische Kaiserreich zeit-
weise weit über Jiayuguan hinaus erstreckte, gehörte alles westlich und nördlich der heutigen Provinz Gansu während der Ming-
Zeit nicht dazu. Als mit dem Bau der Befestigungsanlage
begonnen wurde, war der Sturz der mongolischen Yuan-Dynastie
nicht einmal zehn Jahre her, die Furcht vor nichtchinesischen Völ-
kern aus den Weiten des Nordens und Westens war groß. Denn
einer Sache waren sich fast alle sicher: dass die ›Barbaren‹ keine
Kultur hatten, aber schlagkräftige Armeen und einen ausgepräg-
ten Eroberungsdrang. Dem musste entgegengewirkt werden.
Truppen wurden nach Jiayuguan verlegt, Informationen über An-
griffe durch ein Frühwarnsystem weitergegeben, mit Signaltür-
men, eingelassen in die Mauer, einer in Sichtweite des anderen.
Gab es einen Angriff, wurde ein Feuer entzündet, die Wach-
mannschaft auf dem nächsten Turm sah es, entzündete ihr Feuer,

und so lief es als Nachrichtenkette weiter bis zur nächsten größeren Garnisonsstadt.

Über die beiden Zugänge zum Fort wachen zwei große Türme
mit chinesischen Stufendächern. Das westliche Tor wurde auch
Tor der Seufzer oder Tor der Dämonen genannt. Es war das letzte
Stück China, das Beamte, Gelehrte oder Kriminelle auf ihrem
Weg in die Verbannung sahen. Aber auch Karawanen, Reisende
oder Pilger brachen von hier aus auf, hinaus in die Weite der
Gobi. Die Mauern sind so breit, dass auf ihren Wehrgängen vier
Personen bequem nebeneinander laufen können. Außen weisen
sie keinen Spalt oder Vorsprung auf, an dem man hinaufklettern
könnte. Alles ist aus beigefarbenen Lehmziegeln gebaut. Von
hier aus zog sich die Mauer einst durch das gesamte Reich bis an
den Golf von Bohai, mehr als zweitausend Kilometer entfernt.

Ich steige eine Treppe hoch, zu den Zinnen, und treffe Chris wieder. In dem ganzen Gewusel hatten wir uns kurz aus den Augen

Alte und neue Türme in Jiayuguan

verloren. Wir laufen die breiten Wege entlang und schauen in die Wüste, die sich vor uns erstreckt. Bei guter Sicht soll die Bergkette vor der Stadt eine atemberaubende Kulisse bieten und man kann sehen, wie sich das letzte Stück der Mauer darin verliert. Heute ist die Luft leider trüb, starker Wind hat Sand und Staub aufgewirbelt. Alles, was weiter als ein paar Kilometer entfernt ist, verschwindet im Dunst.

»Wie viele Kraftwerke gibt es hier eigentlich?«, fragt Chris. Ich zähle vier, ihre Kühltürme stehen wie neumodische Befestigungsanlagen beieinander.

»Keine Ahnung«, antworte ich, »aber für so eine kleine Stadt sind es echt 'ne Menge.«

»Schau mal!«, sagt Chris auf dem Weg zum Ausgang. Neben einem Stand steht eine Seidenwand. Dahinter hüpft der Affenkönig Sun Wukong aus »Die Reise nach Westen« in großen Sprüngen hin und her. Rot leuchtet sein Gewand, gelb die Mütze – chinesisches Schattentheater. Wir spähen hinter die Wand. Ein Mann in Militärklamotten mit verstrubbeltem Haar und schütterem Bart schwingt Stöcke hin und her, an denen eine Puppe befestigt ist.

»Hallo!« Er lacht Chris und mich an.

»Hallo!«, antworten wir und schauen weiter zu, wie er den Affenkönig durch die Luft wirbeln lässt. Irgendwann legt er die Stöcke zur Seite.

»Machen Sie die Puppen eigentlich selbst?«, frage ich ihn.

»Na klar!« Mit gespielter Entrüstung sieht er mich an. »Jede einzelne!«

Er erklärt, wie er Eselshaut erst ganz dünn abschabt und sie dann präpariert. So wird sie zu transparentem Leder. Dann schneidet er die Formen für Kopf, Arme, Beine, Hände und Füße aus, bemalt sie und fügt alles mit lockeren Nieten zusammen. Die Gelenke müssen beweglich bleiben.

»Leider gehöre ich zu einer aussterbenden Art. Die jungen Leute wollen meinen Beruf nicht mehr lernen«, meint der Pup-

Der Puppenspieler lässt den Affenkönig Sun Wukong tanzen

penspieler. Ich muss ein Lächeln unterdrücken. Er scheint mir selbst nicht wahnsinnig alt zu sein.

»Warum denn?«

»Man muss ständig üben, um ein guter Puppenspieler zu werden. Die Ausbildung ist lang und hart. Die meisten sind dafür zu ungeduldig«, fährt er fort. »Außerdem muss man drei Voraussetzungen erfüllen: Man muss künstlerisch begabt sein, für die Herstellung der Puppen. Dann muss man schauspielerisch begabt sein, damit die Puppen zum Leben erwachen. Und man muss musikalisch sein. Dass man nicht viel verdient, schreckt auch viele ab.«

Erlernt hat er sein Handwerk nach alter Tradition bei einem Meister. Über die Jahre perfektionierte er sein Können und begann dann, selbst zu unterrichten. Doch wann er das letzte Mal einen chinesischen Schüler hatte, weiß er nicht mehr. Es muss lange her sein, vielleicht zehn oder fünfzehn Jahre. Die letzten Schüler kamen alle aus dem Ausland, aus Nordafrika, Deutschland und Schweden. So geht sein Wissen zumindest nicht ganz verloren, auch wenn er es schade findet, dass in seinem Land niemand mehr die Kunst des Puppenspielens erlernen möchte.

Neben der Seidenwand steht ein alter Kassettenrekorder, aus dem die Musik für die Aufführung schallt.

»Na ja, eigentlich ist das nicht die traditionelle Musik. Aber bei größeren Auftritten«, erklärt der Puppenspieler, »habe ich immer ein kleines Orchester dabei. Wir ziehen dann zu fünft oder sechst los. Das macht viel mehr Spaß!«

Er greift wieder zu den Stöcken, die Vorstellung muss weitergehen. Der Affenkönig Sun Wukong erwacht erneut zum Leben.

Jiayuguan selbst ist eine kleine Industriestadt, wie auf dem Reißbrett entworfen. Eine Hochhaussiedlung steht neben der anderen. Auf den ersten Blick sieht alles gleich aus, fast wie auf den Bildern, die ich aus Nordkorea kenne, nur ein bisschen moderner. Serielle Monotonie, unterbrochen nur durch Wäsche, die an einem Balkon baumelt, oder eine Satellitenschüssel. Von den Lehmhäusern, der ursprünglichen Bebauung der Stadt, ist kaum etwas übrig geblieben. Dass dies einmal eine Oase inmitten der Gobi war, ist nur noch an der scharfen Kante zu erkennen, die Stadt und Wüste trennt. Auf der einen Seite grüne Felder, auf der anderen sandfarbenes Geröll.

Unser Hotel heißt Great Wall und sieht aus wie eine überdimensionierte Kopie des Forts, überall Zinnen und nachgebaute Wachtürme. Ein riesiger beigefarbener Kasten mit eigenem Nachtclub. Leider ist der geschlossen.

Es dauerte, bis wir endlich dort ankamen. Eigentlich hätte uns der Bus, mit dem wir aus Dunhuang angereist waren, erst am Fort und dann am Hotel absetzen sollen. Aber wie so oft kam alles anders. Auf dem Rückweg in die Stadt wurden wir vor einem Restaurant in der Nähe des Bahnhofs aus dem Bus gescheucht. Etwas ratlos standen wir mit der Familie aus Kanada, die wir schon in den Mogao-Grotten getroffen hatten, inmitten einer Gruppe von Chinesen. Die wussten genauso wenig, was eigentlich los war. Also taten sie, was in China immer geht, wenn man warten muss: Sie setzten sich ins Restaurant und aßen.

»Und jetzt?«

Da ich als Einzige Chinesisch sprach, wurde ich zur unfreiwilligen Unterhändlerin ernannt. Ich versuchte, den Typen zu fassen zu kriegen, der alles organisieren sollte. Er hatte keine Ahnung und wenig Interesse, sich um irgendetwas zu kümmern.

»*Mei banfa!* Ihr müsst halt alle noch etwa eine halbe Stunde warten. Esst doch was«, sagte er. Elektronisch verstärkt, da er immer noch sein Reiseleiter-Headset trug.

»Wir wollen aber nichts essen. Wir würden gerne ins Hotel fahren«, versuchte ich es weiter.

»Ja, das geht jetzt aber nicht. Der Chef ist noch unterwegs und kommt erst in einer halben Stunde wieder. Und einen anderen Fahrer haben wir nicht.« Er drehte sich um und verschwand im Restaurant.

Als ich die Info an Chris und die Kanadier weitergab, explodierte die Frau.

»Das kann doch nicht wahr sein. Der glaubt wohl, weil wir Ausländer sind, kann er sich alles erlauben. Diese Scheißchinesen! Nicht mit mir.«

Als sie dann noch sah, wie der Reiseleiter mit einer Frau aus dem Restaurant kam und ihr ein Taxi bezahlte, war es völlig vorbei. Wie eine Furie stürzte sie sich auf ihn und packte ihn am Hemdkragen.

»Wenn du uns nicht sofort ein Taxi bezahlst, gibt es richtig Ärger«, schrie sie ihn an. Er sah zwar verängstigt aus, aber sagte trotzdem, er könne da nichts machen, da er erst mit seinem Chef Rücksprache halten müsse. Ich stand zwischen den beiden und dolmetschte den Streit. Von rechts kam das laute Schimpfen der Kanadierin, von links das blecherne Quaken aus dem Headset des Reiseleiters. Irgendwann erreichte er seinen Chef auf dem Handy. Fünf Minuten später bog ein nagelneuer schwarzer SUV auf den Parkplatz vor dem Restaurant ein und der Chef stieg aus.

»Ja«, sagte er und zog sich die Hose gerade. »Jetzt kann ich euch noch nicht fahren, ich muss noch zum Bahnhof, was erledigen. Frühestens in einer halben Stunde bin ich wieder hier.«

Von beiden Seiten brüllten die Kanadier auf ihn ein, dass sie die Schnauze voll hätten und jetzt endlich ins Hotel wollten. Ihnen sei es egal, wo er noch hin müsse.

»Sag den Ausländern, dass sie nicht so zu schreien brauchen«, sagte er zu mir. Ich zuckte die Schultern.

»*Mei banfa,* da kann ich leider nichts machen … Sie sind halt sehr aufgebracht.«

Nach ein paar weiteren Minuten Gebrüll und Geschimpfe schmissen wir unsere Rucksäcke in den Kofferraum des SUV, setzten uns in den Wagen und warteten vor dem Kartenschalter am Bahnhof im Auto, bis der Chef seine Geschäfte erledigt hatte.

»Warum sind die eigentlich so wütend«, raunzte er mich an, als er das Auto aus der Zufahrt zum Bahnhof steuerte.

»Eigentlich hätten wir schon längst im Hotel sein sollen, aber das hat keinen interessiert und nichts hat funktioniert«, erklärte ich ihm.

»Ach, die sollen sich nicht so haben. Reisen macht fröhlich, sag ihnen, dass sie fröhlich sein sollen und sich nicht so anstellen.«

»Tja, das mit dem Fröhlichsein ist manchmal nicht so einfach«, seufzte ich. Übersetzt habe ich seine Bemerkung aber nicht, auch wenn die Kanadierin die ganze Zeit wissen wollte, was er sagt. Vor unserem Hotel half er uns noch mit den Rucksäcken, rief: »Nichts für ungut!« und stieg wieder in den SUV, um die anderen in ihr Hotel zu fahren. Bevor wir in die Lobby gingen, schwor ich mir, mich von nun an für niemanden mehr zu streiten.

»Ich würde ja schon gerne wissen, was da jetzt noch abgeht.« Chris schaute dem Auto hinterher, das hinter der Einfahrt verschwand. Ich war mir nicht so sicher, ob ich das wirklich wissen wollte.

Der Abend verläuft wider Erwarten sehr entspannt. Die Angestellten im Hotel sind rührend bemüht, eine Wohltat nach der Wurschtigkeit vorher. Einer der Pagen gibt uns Tipps für Restaurants in der Nähe, die Rezeptionistin begleitet uns bis vor die Zimmertür. Mit einem »Und wenn ihr was braucht, ruft mich einfach«, verabschiedet sie sich. Wir fallen erst mal auf die Betten. Später machen wir uns auf die Suche nach etwas zu essen. Aber es ist schon nach neun, die meisten Lokale haben geschlossen. In den kleineren Städten wird früh zu Abend gegessen und früh geschlafen. Aus einer Sichuan-Garküche fällt noch Licht auf den Bürgersteig. Ein Mann schlürft laut seine Suppe. Wir setzen uns an einen freien Tisch, sofort steht die Kellnerin neben uns und empfiehlt uns ihre *malatang*. In einem Kühlschrank liegen Gemüse, Nudeln, Tofu und Fleisch auf kleinen Spießchen. Mit einem kleinen Korb in der Hand suchen wir uns unsere Zutaten zusammen, dann lässt der Koch alles in einer höllisch scharfen Suppe garen. Serviert wird die *malatang* mit einer dicken Sesamsoße. Hinter dem Tresen beobachtet die Tochter der Kellnerin, vielleicht sechs Jahre alt, jede unserer Bewegungen. Irgendwann nimmt sie all ihren Mut zusammen und kommt an unseren Tisch.

»Wo seid ihr denn her?«, fragt sie.

»Aus Deutschland.«

»Aha ….« Nach einer kurzen Pause fragt sie weiter. »Zahlt man bei euch auch mit Yuan?«

»Nein, mit Euro.« Mir fällt ein, dass ich noch ein paar Münzen im Rucksack haben müsste. Ich krame einen Euro raus und drücke ihn dem Mädchen in die Hand. Es strahlt mich an und rennt zu seiner Mutter, die Münze wandert von einer zur anderen, wird gedreht und gewendet.

Nachdem wir bezahlt haben, drückt uns die Kellnerin eine Plastiktüte in die Hand.

»Da sind zwei Becher *xingpicha* drin. Der Aprikosenhaut-Tee ist eine Spezialität aus unserer Gegend. Hoffentlich schmeckt er euch.«

Trotz der Nerverei, die der Tag mit sich gebracht hat, wird mir Jiayuguan als der Ort in China mit den freundlichsten Menschen in Erinnerung bleiben.

Lanzhou

Chris **E**in Hotel in Bahnhofsnähe zu buchen ist eigentlich immer eine gute Idee. Außer, eine Stadt hat zwei Bahnhöfe. Einen, in dem der Zug hält, und einen anderen, neben dem das Hotel liegt.

Statt, wie von uns erhofft, im Zentrum von Lanzhou einzulaufen, der nächsten Station auf unserer Reise, lässt der Lokführer die Stadt links liegen und kommt erst dann zum Stehen, als die Häuser schon wieder kleiner werden. Fast eine Stunde brauchen wir für den Weg mit dem Bus zurück. Im Schritttempo quälen wir uns durch den dichten Verkehr, während Abgaswolken durch die offenen Fenster treiben und ein beständiges Hupkonzert in den Ohren schmerzt. Den Rucksack zwischen die Beine geklemmt, schließe ich die Augen. Stephanie hat einen Platz im hinteren Teil ergattert. Ihr Sitznachbar strahlt selig angesichts der westlichen

Besucherin neben sich. Ausführlich erklärt er ihr, wo wir später die beste *niuroumian* essen könnten, jene höllisch scharfe Rindfleisch-Nudelsuppe, für die Lanzhou berühmt ist.

Auf der Fahrt von Jiayuguan hierher haben wir atemberaubende Landschaften passiert: wilde, einsame Berge und Täler, der Blick immer wieder unterbrochen von Tunneln, die den Film vor dem Fenster in Sequenzen einzuteilen schienen. Der Zug glitt so elegant dahin, als posierte er für einen Werbespot. Wir ließen Gansu hinter uns, durchquerten die Provinz Qinghai, wo sich dunkle Gewitterwolken über grellgelben Rapsfeldern zusammenbrauten. Um schließlich erneut in Gansu zu landen, das Qinghai umarmt wie eine liebende Mutter. Ich öffne die Augen wieder. Die Farben sind verschwunden. Lanzhou empfängt uns mit blassem, ausdruckslosem Gesicht.

Geografen beschäftigen sich seit zweihundertfünfzig Jahren damit, den Mittelpunkt Europas zu suchen. Je nachdem, wie die Grenzen des Kontinents definiert werden, erhalten die Forscher neue Ergebnisse. Mal liegt er in Litauen, dann in der Slowakei, mal in Deutschland, dann wieder in der Ukraine. Heute beanspruchen etwa zwei Dutzend Ortschaften den Titel für sich. Inklusive Denkmal.

Auch China, das Reich der Mitte, hat eine Mitte – und das ist Lanzhou. Komplizierte Berechnungen waren dazu allerdings nicht notwendig. Ein Professor der Universität Lanzhou erklärte die Stadt zum Zentrum. Fertig. Vielleicht, weil die Frage zu viele außenpolitische Probleme aufwürfe. Weil noch immer Streit darüber herrscht, ob Teile außerhalb von Festlandchina in die Berechnungen einfließen sollten. Was ist mit Taiwan? Und dem Südchinesischen Meer? Oder auch, weil das eigentliche geografische Zentrum in einem ärmlichen, wenig repräsentativen Dorf namens Dongjialing liegt.

Und Lanzhou, als müsse es seinen Titel verteidigen, gibt sich immerhin große Mühe, Mittelmaß zu sein. »Eine typische chinesische Stadt«, befindet Stephanie, als wir unser Hotel endlich er-

reicht haben und aus dem zweiundzwanzigsten Stock auf die
Hochhausriegel starren. Wie Bauklötzchen stapeln sich Stockwerke in Hellbraun und Rostrot, flache Fassaden, Architektur gewordene Schachbretter. Zwischen den Betonburgen ragen Baukräne auf, Wegweiser dorthin, wo bald der nächste Riegel wächst.
Tief unten lärmt der Verkehr.

Wir lassen unsere Rucksäcke neben die Betten sinken. Eine
Milchglasscheibe trennt das Bad vom Schlafzimmer ab, viel Pri-
vatsphäre gibt es nicht. Interessiert betrachte ich die Kondome,
die in einem Körbchen bereitstehen: »Natürliche Natur mit magi-
schem Schmieröl«, ist darauf zu lesen, und: »Gives you more happy
more power«. Achtzehn Yuan nur, ein echtes Schnäppchen.

Wir nutzen den Nachmittag, um uns durch die Stadt treiben zu
lassen. Es gibt kein Zentrum im Mittelpunkt Chinas. Lanzhou ist
eine Flächenstadt, Gebäudekolonnen drängen sich entlang der
Straßen, als gäbe es hier etwas umsonst. Die kleinen Geschäfte darin haben sich thematisch gruppiert: Ein ganzer Block bietet ausschließlich Haarpflegeprodukte an, der nächste nur Schuhe. In
wieder einem anderen Block warten fünf Gemischtwarenläden,
die alle alles verkaufen, in trauter Eintracht auf Kunden. Vergeblich halte ich Ausschau nach dem Block für Deodorant und dem
für Zahnseide, die ich beide gut gebrauchen könnte.

Nervenkitzel sind die Straßenüberquerungen. Ob eine Ampel
Rot oder Grün anzeigt, beeindruckt die Blechlawinen wenig. Und
so sammeln sich die ungeduldigen Fußgänger am Bordstein, bis
eine gewisse Gruppengröße erreicht ist, um sich dann im Pulk auf
die Straße zu wagen. Bei sechs Leuten, zähle ich, ist im Durch-
schnitt der kritische Punkt erreicht. Gegenseitig geben wir uns
Schutz, halten Stoßstangen von unseren Beinen fern und springen
Elektrorollern aus dem Weg, bis die rettende andere Seite erreicht
ist und sich die Solidargemeinschaft auflöst und in den Häuser-
schluchten verliert.

Ende der Neunzigerjahre galt Lanzhou als dreckigste Stadt Chinas. Ölraffinerien, Kohlegruben, Dünger- und Gummifabriken bliesen ihre toxischen Wolken in die Luft, die sich wie eine Decke über den Talkessel der Stadt legten. Ein Tag in Lanzhou, hieß es damals, entspreche der Belastung durch eine Packung Zigaretten. Um die Giftschwaden aus der Stadt zu leiten, überlegte man, einen der umliegenden Berge wegzusprengen. Nachdem sich das Projekt als zu teuer herausgestellt hatte, pflanzte man Bäume. Eine Auszeichnung für herausragende Aufforstungsarbeit bekam das Unternehmen Lanzhou Petrochemie. Letztes Jahr sorgte es für neue Schlagzeilen: Durch marode Pipelines hatte die Firma Rohöl ins Grundwasser von Lanzhou sickern lassen.

In der Schmutzhitparade rangiert Lanzhou heute auf Platz siebenunddreißig. Doch ob die Luft wirklich besser geworden ist oder andere Städte einfach noch dreckiger sind, lässt sich schwer beantworten.

Einen Mundschutz jedenfalls kann man überall kaufen. Es gibt alle erdenklichen Farben und Formen, damit die Atemmaske auch zum Outfit passt. Ich erstehe gleich drei: einen poppigen mit Punkten, einen romantischen mit Ethnomuster und einen glitzernden Disco-Mundschutz. Wer braucht da noch Zahnseide?

Und so reihen wir uns ein in den Rhythmus der Stadt: Block, Geschäfte, Straßenüberquerung. Block, Geschäfte, Straßenüberquerung, unsere Sandalen auf lang gezogenem Pflaster. Einmal passieren wir einen alten, daoistischen Tempel. Üppige goldene Verzierungen kündigen ihn als Ort religiöser Einkehr an. In seinem Inneren befindet sich ein Shoppingzentrum. Der Reiseführer lobt es als bestes Einkaufsparadies in Lanzhou, vor allem wegen des Maokitschs.

Kurz hinter dem Der-Osten-ist-rot-Platz entdecke ich eine Weinhandlung. Ohne lange nachzudenken, greife ich zu.

Wir werden die Flasche am Ufer des Gelben Flusses öffnen. Wenn es einen Ort in Lanzhou gibt, der sich seine Schönheit be-

Lanzhou ist die einzige Großstadt, die der Gelbe Fluss durchquert

wahrt hat, der Plattenbauten und Industrie vergessen lässt, dann ist es dieser. In sanften Wellen schwappt das Wasser des Huang He an die Promenade, Bäume krümmen sich darüber, Kinder werfen lachend Steine in die Fluten, die keine Kreise ziehen. Wie Bernstein glänzt sein Wasser, gefärbt von Löss aus dem Hochland von Tibet. Der Gelbe Fluss gehört zu den größten Strömen der Erde. Und Lanzhou ist die einzige Großstadt, die er durchquert.

Ich grabe meine Zehen in den feuchten Sand. Die Abendsonne übergießt die Plattenbauten mit flüssigem Gold.

Nach daoistischer Lehre besteht die Welt aus fünf Elementen: Feuer, Erde, Metall, Wasser und Holz. Sie brauchen sich gegenseitig, um existieren zu können. Die Asche des Feuers lässt die Erde fruchtbar werden, sie bildet Metalle. Diese Spurenelemente reichern Wasser an und lassen Bäume wachsen, Holz entsteht. Ein ewiger Kreislauf der Natur. Umgekehrt können sich die Elemente aber auch vernichten. Feuer frisst Holz, Holz saugt Wasser auf, Wasser lässt Metall rosten. Metall entzieht der Erde Mineralien und Erde löscht Feuer. Weil alles stetig im Übergang begriffen ist,

stellten sich die alten Philosophen die Elemente nicht statisch
vor, sondern als Phasen, als fortwährende Verwandlung.

Warum mir das ausgerechnet hier einfällt? Weil den fünf Elementen Eigenschaften zugeordnet werden. Holz zum Beispiel ist
blaugrün, entspricht dem Osten. Feuer ist rot, steht für Süden.
Metall ist weiß, meint den Westen. Wasser ist schwarz und gehört
zum Norden.

Erde steht für die Mitte. Wie die Mitte, in der wir uns befinden. Und ihre Farbe ist Gelb. Wie der Fluss vor uns. Wenn man so
will, ist Lanzhou ganz in seinem Element.

»Schau mal, dort!« Stephanie reißt mich aus meinen Gedanken.
Im Schatten eines ankernden Schiffes lässt eine Familie ein Floß
zu Wasser. Ein hagerer Steuermann mit einem Stock dirigiert die
Richtung. Zwei kleine Kinder stehen erwartungsvoll bereit. Alle
tragen bunte Freizeitkleidung.

»Was haben die vor? Wollen die über den Fluss?« Ich setze
mich auf.

Tatsächlich. Der Steuermann lässt die Familie auf dem Floß
Platz nehmen. Es ist kaum größer als eine Europalette. Beherzt
stößt er es aufs offene Wasser hinaus.

»Das ist doch lebensgefährlich«, murmelt Stephanie.

Wir starren ihnen nach. Das Floß schwankt bedrohlich in den
Fluten und nimmt rasch Fahrt auf. Zwei Containerschiffe kreuzen
hinter ihm. Das Holzquadrat wird gerade noch so getragen von –
ja, was eigentlich? Großen Ballons? Ich kneife die Augen zusammen. Form und Farbe erinnern mich eher an …

»Sind das Schweine?«, frage ich.

Das Floß ist jetzt kaum noch zu erkennen. Aber die Ballons,
die es über Wasser halten, haben eindeutig vier Beine. »Schafe«,
sagt Stephanie. »Die Ballons sind aus Tierhäuten. Sie schwimmen
auf aufgeblasenen Schafen.«

Und noch bevor ich den Satz ganz begreifen kann, verschwindet das bizarre Gefährt auf dem Gelben Fluss.

Ich glaube, nichts könnte China besser beschreiben. Das Land als allumfassendes Prinzip, konterkariert von Momenten der Anarchie, so leuchtend wie die Sterne am herannahenden Nachthimmel.

Stephanie
Frühmorgens kurve ich in einem Stadtbus durch die Hochhausschluchten von Lanzhou. Auf den Bürgersteigen eilen Menschen aneinander vorbei, an kleinen Essständen wird Frühstück verkauft, die Straßen sind verstopft mit Autos, Mofas und *sanlunche*. Wir wollen heute weiter nach Xiahe, in die Berge südlich von Lanzhou, zum Kloster Labrang. Doch uns fehlen noch die Fahrkarten. Im zentralen Fernbusbahnhof nicht weit vom Hotel gab es keine.

»Sie müssen zum Busbahnhof Süd. Die Karten werden nur dort verkauft, wo der Bus abfährt.« Die Schalterbeamtin sah mich entschuldigend an. »Nach Xiahe fahren zwei am Tag, einmal morgens und einmal nachmittags«, erklärte sie noch, bevor sie sich dem nächsten Kunden zuwandte. Der Busbahnhof Süd liegt am anderen Ende der Stadt, etwa eine Stunde vom Hotel entfernt.

Plötzlich bin ich mir nicht mehr sicher, ob ich im richtigen Bus sitze. Ich hatte mir zwar bei Baidu, der chinesischen Version von Google, eine Busverbindung rausgesucht. Aber die Richtung, in die der Bus abbiegt, kommt mir komisch vor. Also frage ich ein Dreiergespann aus Mutter, Tochter und Enkel, das hinter mir sitzt.

»Oh! Da bist du im falschen Bus. Der hier fährt nicht zum Busbahnhof Süd.« Die Mutter dreht sich zu ihrer Tochter. »Weißt du, wie man da hinkommt?« Beide überlegen hin und her und fragen ein paar der anderen Passagiere.

»Also, an der nächsten Haltestelle steigst du aus, fährst drei Stationen mit der Nummer 15 und steigst dann in die 111 um, die fährt zum Busbahnhof Süd. Das ist die Endhaltestelle«, erklärt die Mutter schließlich.

Eine halbe Stunde später stehe ich tatsächlich in der Schalterhalle des Busbahnhofs Süd. Es ist ruhig hier und plötzlich läuft alles wie von selbst. Am Schalter für Xiahe stehen nur drei Leute an, es gibt noch Karten für den Nachmittagsbus und ich habe genug Zeit, um ins Hotel zu fahren, Chris einzusammeln und mit ihr wieder herzukommen.

Die karge Lösslandschaft rund um Lanzhou bleibt hinter uns zurück. Die Straße schlängelt sich durch bewaldete Hügelketten. Mittlerweile regnet es so stark, dass das Wasser von Bäumen und Häusern tropft und in kleinen Bächen über die Straße rinnt. Wir fahren an Dörfern vorbei, jedes mit mindestens einer Moschee. Meistens sind es eher vier bis fünf. Als wir auf einem Hügelkamm fahren, erstreckt sich vor uns ein Meer aus Minaretten, auf der Spitze immer eine Reihe von kleiner werdenden Kugeln, gekrönt von einem Halbmond. Einige Moscheen sehen auf den ersten Blick aus wie chinesische Tempel, nur die Kugelsäulen verraten ihre wahre Bestimmung. Andere sind eher im arabischen Stil gebaut, mit vier Minaretten und einer türkisfarbenen Kuppel in der Mitte. Später lese ich, dass hier vor allem Hui und Dongxiang, eine mongolischstämmige muslimische Volksgruppe, leben.

In Linxia, der nächsten größeren Stadt, hält der Bus kurz an. Über einem Laden neben dem Busbahnhof hängt ein Schild mit der Aufschrift »Comparatively Well off Village Feed Store«. Warum nur bekommen die blumigen Namen der chinesischen Geschäfte in der Übersetzung immer etwas unfreiwillig Komisches?

Die Hälfte der Passagiere steigt aus, Taschen und Kisten werden aus dem Kofferraum gewuchtet, neue Reisende steigen zu und es geht weiter.

Schroffe Felswände erheben sich neben der Fahrbahn. Wolkenschwaden ziehen durch die Täler. Das Land der Muslime geht ins Land der tibetischen Buddhisten über. Gebetsfahnen wehen am Straßenrand. Ein kleines buddhistisches Kloster schmiegt sich an eine Bergwand. Das braune kastenartige Gebäude ist im tibetischen Stil gebaut. Auf der gegenüberliegenden Straßenseite liegt verlassen ein Zeltlager für Pilger. Am Straßenrand ein Pferd, aber kein Mensch weit und breit. Die letzten Kilometer bis Xiahe läuft die Straße neben dem Daxia entlang, einem Gebirgsfluss, der in den Gelben Fluss mündet. Die Bergketten weichen zurück, es öffnet sich ein Hochtal. Langsam schiebt sich die Sonne durch die Wolken, der Regen wird weniger, und endlich biegen wir in die Einfahrt des Busbahnhofs von Xiahe ein. Als wir aussteigen, schlägt uns kalte, klare Bergluft entgegen. Ich glaube, es ist das erste Mal, seit wir in China sind, dass die Temperatur zwanzig Grad nur knapp übersteigt.

Labrang

Xiahe ist ein großes Dorf, das sich über mehre-
re Kilometer am Daxia entlangzieht. Es gibt eine Hauptstraße, die
Renmin Jie, die Straße des Volkes. Dahinter folgt ein Geflecht aus
kleinen Gassen. Nur wenige der Häuser haben mehr als zehn
Stockwerke, wie ungeschlachte Riesen stechen sie zwischen den
niedrigen zwei- bis viergeschossigen Gebäuden hervor. An der
Straße liegen kleine Läden und Lokale, ihre Türen weit geöffnet.
Auf dem Weg zum Hotel schießt mir der Gedanke durch den
Kopf, dass ich mir Xiahe irgendwie anders vorgestellt hatte. Ge-
nauer benennen kann ich es nicht. Weniger chinesisch vielleicht?
Doch kurz bevor wir an unserem Hotel ankommen, nähern sich
Vorstellung und Realität an. Auf den Häusern thronen plötzlich
geschwungene Dächer, Balkone mit Holzschnitzereien hängen
vor den Fassaden. Die eckige und doch geschwungene tibetische

Stephanie

Schrift taucht auf den Ladenschildern auf. Nur die merkwürdig anmutenden englischen Übersetzungen darunter bleiben gleich.
Haufen von Wacholderzweigen liegen vor den Ladentüren. In Vitrinen werden Gebetsketten, Räucherstäbchen, Trommeln, Taschen feilgeboten und allerlei Pilgerbedarf, dessen Verwendungs-
zweck mir unbekannt ist. Eine Frau prüft die Qualität von
Wollstoffen, die fur die Herstellung der traditionellen Kleidung
verwendet werden. Sie reibt ein Stück zwischen ihren Fingern, bevor das Feilschen losgeht. Im Eingang daneben sitzt ein Schuster an
seiner alten Handnähmaschine. Er näht Lederteile zu Fellstiefeln
zusammen. Tibetische Pilger und Mönche in roten Roben laufen
die Straße entlang, dazwischen ein paar Han-Chinesen und Touristen aus Europa und Nordamerika. Und Schafsböcke, zottelig, miss-
gelaunt, auf der Stirn zwischen den Hörnern Steine oder Glocken.

Es ist später Nachmittag, als wir im Hotel ankommen und sofort
in ein kleines tibetisches Restaurant weiterziehen. Wir bestellen
Suppe und gekochtes Gemüse, *momo*, große mit Fleisch gefüllte
Teigtaschen, und *tsampa*, kleine Würfel aus geröstetem Gersten-
mehl, Yakbutter und Zucker. Neben uns steht eine Gruppe chinesischer Männer auf, der Tisch ist übersät mit Bierflaschen. Einer
von ihnen spricht uns an, ob wir nicht noch mit ihnen weiterziehen wollten. Wir würden bestimmt viel Spaß miteinander haben.
Ich lehne höflich ab, er lässt nicht locker. Erst als einer seiner
Freunde ihn wegzieht, ist Ruhe. Während wir essen, schauen wir
auf die Gebetsmühlen, die sich vor der Klostermauer unaufhör-
lich drehen.

Abends im Hotel haben Chris und ich den ersten richtigen
Streit. Eigentlich seltsam, dass es erst jetzt passiert, ich hätte frü-
her damit gerechnet. Seit eineinhalb Monaten hängen wir fast
vierundzwanzig Stunden am Tag aufeinander, erleben ständig
Neues und haben wenig Raum und Zeit, allem nachzukommen.
Wir beschließen, die nächsten Tage getrennt voneinander zu ver-

bringing, Ruhe zu finden. Mit dem Kloster Labrang, seinen Bergen und dem gemächlichen Lebensrhythmus scheint mir Xiahe der passende Ort dafür.

Am Morgen stehe ich kurz nach Sonnenaufgang auf. So leise wie möglich suche ich meine Sachen zusammen und ziehe mehrere Lagen Kleider übereinander. Es ist kalt draußen, kaum zehn Grad. Der Himmel ist klar und von einem leuchtenden Blau, das ich selten zuvor gesehen habe. Ich mache mich auf den Weg zur inneren *kora,* dem Pilgerpfad, der einmal im Uhrzeigersinn rund um die Klosteranlage führt. Er beginnt nicht weit von unserem Hotel entfernt. Säulengänge voller Gebetsmühlen ziehen sich entlang der Klostermauer, eine neben der anderen. Anfangs sehen sie für mich alle gleich aus. Doch dann bemerke ich, dass einige rot, andere orange oder gelb grundiert und mit verschiedenen Motiven bemalt sind. Vor den Toren zu den einzelnen Tempeln des Klosters schließen oft kleine eckige Türmchen an die Säulengänge an. In ihnen befindet sich eine große Gebetsmühle, bei jeder Umdrehung lässt sie eine Glocke erklingen.

Obwohl es noch nicht einmal sieben Uhr ist, herrscht Hochbetrieb. Aus den Dörfern in der Gegend sind die Pilger gekommen, aber auch aus Tibet und den ehemals zum tibetischen Amdo gehörenden Gebieten in Gansu, Sichuan und Qinghai. Ein Mädchen, nicht älter als dreizehn Jahre, umrundet das Kloster auf althergebrachte Art. Es läuft drei Schritte, kniet sich hin und rutscht dann mit den Händen nach vorne, bis es flach auf dem Boden liegt, steht wieder auf und alles beginnt von vorn. An den Händen trägt das Mädchen eine Art Handschuh aus Holz, seine Knie sind mit kleinen Polstern umwickelt. Mönche in roten Roben, Frauen in tibetischer Tracht, unter ihren Hüten hängen lange Zöpfe hervor, und Männer in abgeschabten Anzughosen und braunen Jacken, auch sie meist mit Hut, laufen die *kora* entlang. Dazwischen modern gekleidete Pilger, die aussehen, als gingen sie danach ins

An den Mauern des Klosters Labrang reihen sich 1174 Gebetsmühlen auf

Büro. Mit der einen Hand setzen sie die Gebetsmühlen in Bewegung. Eine nach der anderen, ohne eine einzige auszulassen. In
der anderen Hand tragen sie riesige Tüten voller Wacholderzwei-

ge, die später vor den Tempeln in Öfen verbrannt werden. Der würzige Geruch und das Quietschen der Gebetsmühlen werden zu ständigen Begleitern auf meinem Spaziergang.

Anfangs überlege ich noch, ob ich mich in den Strom der Pilger einreihe, mit ihnen die Gebetsmühlen in Bewegung halte. Aber es erscheint mir nicht richtig. Ich bin keine Buddhistin, letztendlich wäre es nur die Nachahmung eines Rituals, das für mich keine Bedeutung hat. Ich würde mich fühlen, als störte ich die anderen bei ihrer Andacht.

Auf der anderen Seite des Daxia-Flusses liegt ein Hügel. An hohen Feiertagen wird hier ein großes *thangka* ausgerollt, ein Meditationsbild mit religiösen Motiven. Den Rest der Zeit ist er ein beliebter Rastplatz. Oben angekommen, weiß ich auch, warum: Der Blick über Xiahe und Labrang ist umwerfend. Unter mir zieht sich der Fluss, bis er hinter den Bergketten verschwindet. Und erst jetzt bekomme ich ein Gefühl dafür, wie groß die Klosteranlage ist. Sie nimmt fast ein Viertel des Dorfes ein. Zwischen den eingeschossigen Mönchsklausen, Lehr- und Verwaltungsgebäuden ragen Tempelanlagen mit fünf bis acht Stockwerken empor, fast wirken sie wie kleine Festungen. Aus den Innenhöfen steigen weiße Rauchsäulen auf.

Ich hatte gelesen, dass Xiahe dreigeteilt sei: Zwischen dem Tibeterviertel mit dem Kloster und dem Chinesenviertel liege eine kleine muslimische Enklave. Das Zusammenleben solle nicht immer einfach sein. Oder sollte man es vielleicht eher das Nebeneinanderher-Leben nennen?

Zumindest der Unterschied zwischen tibetischem und chinesischem Dorf ist auch von hier oben deutlich zu erkennen. Das tibetische Viertel besteht aus einem Gewirr schmaler Gassen mit niedrigen Stein- oder Lehmhäusern. Die Wege sind nicht gepflastert, wilde Hunde streifen herum. Hier liegt auch das Nonnenkloster, abseits des Hauptkomplexes, an einem Berghang. Frühmorgens lief ich durch das Tibeterdorf, auf der Suche nach dem Aufstieg zur äußeren *kora*. Der über die Berge führende Pilgerpfad soll hinter dem Nonnenkloster beginnen. Auf den Gipfeln sah ich Gebetsfahnen wehen, doch sosehr ich auch suchte, den Zugang fand ich nicht. Jeder Weg führte in eine Sackgasse. Irgendwann setzte ich mich auf eine Treppe und lauschte den Sutren, die aus einem der Gebäude im Nonnenkloster klangen.

Als ich den Hügel wieder hinuntersteige, kommt mir eine Gruppe buddhistischer Nonnen entgegen, laut miteinander redend und scherzend. In einem kleinen Kreis setzen sie sich zusammen und packen ihr Picknick aus.

In einer der Garküchen nicht weit vom Kloster suche ich mir einen Platz, von draußen klingt Musik durch die offene Tür. Ein alter Tibeter mit wettergegerbtem Gesicht, auf dem Kopf einen Cowboyhut, steht neben einem kleinen Kassettenrekorder. Wieder und wieder singt er dasselbe Lied: eine Ballade voller Herzschmerz. Aus den Bergen ziehen bleigraue Wolken heran. Erste Regentropfen zerplatzen auf dem Boden, der Tibeter packt seine Sachen und verschwindet in einem der Häuser. Kurze Zeit ist nur das Prasseln des stärker werdenden Regens zu hören, doch dann tönt von irgendwo her: »*Om mani peme hung, om mani peme hung. Om mani peme hung, om mani peme hung* ...«, das Mantra des Avalokiteshvara, des Bodhisattvas des Mitgefühls. Auf Tibetisch, in Dauerschleife. Erst zerrt die ständige Wiederholung an meinen Nerven, doch dann hilft sie mir, meine Gedanken zu ordnen.

Als die Regenwolken sich verzogen haben, laufe ich weiter ziellos durch Xiahe.

Die entspannte Atmosphäre und das Sich-um-nichts-kümmern-Müssen tun gut, langsam holt mein Geist den Teil des Weges auf, den mein Körper schon zurückgelegt hat.

Chris

Als ich aufwache, ist es später Vormittag. Stephanie muss schon vor Stunden das Zimmer verlassen haben. Durch die Fensterrit-

zen unseres kleinen Hotels, eines zweistöckigen Holzbaus an der
Hauptstraße von Xiahe, dringt ein kühler Luftzug. Ich schlot-
tere. In meine Bettdecke gewickelt, koche ich mir einen Kaffee
und blicke durch die milchigen Scheiben hinaus auf die geschäf-
tige Straße.

Wir hatten uns gestritten, gestern. Vielleicht war es die An-
strengung der vergangenen Wochen, vielleicht der fehlende Rück-
zugsraum, vielleicht das ständige Anpassen an den Rhythmus des
anderen. Aber irgendwann war der Ton schärfer geworden und die
Sätze lauter, Kleinigkeiten wurden zu Problemen, Meinungsver-
schiedenheiten zu Vorwürfen. Kurz: Wir gingen uns auf die Nerven. Und weil es gerade keine Lösung gab, hatten wir das Einzige
beschlossen, auf das wir uns einigen konnten: in den nächsten Tagen getrennte Wege zu gehen.

Ich wende mich vom Fenster ab. Der Kaffee ist schon wieder
kalt. Ich wasche mir kurz durchs Gesicht, fische einige dicke Klamotten aus meinem Rucksack und steige die knarzenden Stiegen
hinunter zur Hotelrezeption. Die Eingangshalle ist wie ausgestorben. In Xiahe beginnen die Tage früh. Ich lege den Schlüssel in das
Halbdunkel der Theke und trete hinaus in die klare Luft.

Das Kloster befindet sich nur wenige Schritte von unserem Hotel entfernt. Weiß getüncht und gestochen scharf strahlen seine Mauern dem stahlblauen Himmel entgegen, der Eingang steht offen, die
Wege sind lehmig, ungeteert. Rechts und links quietschen die Gebetsmühlen, ein Nachhall der morgendlichen Pilger. Der Duft von
Räucherkerzen liegt in der Luft. Mönche in dunkelroten Kutten
kommen mir entgegen, die Köpfe kahlgeschoren, auf dem Weg in die
Stadt, um Besorgungen zu machen. Verstohlen sehe ich ihnen nach.

Es gibt Führungen durch die Hauptgebäude und Gebetshallen,
habe ich gelesen, und irgendwo auch eine Kasse dafür. Das Kloster Labrang ist so groß wie ein ganzes Dorf, inklusive einer Hochschule und einer eigenen Druckerei. Doch ich stapfe einfach durch
den Eingang hindurch. Es tut gut, allein zu sein. Ich will mich nicht

leiten lassen. Wahllos biege ich einmal rechts ab und einmal links,
spähe durch Tore hindurch, entdecke Wäsche, die in der Sonne
baumelt, qualmende Öfen und dann wieder kleine Tempel. Gütig
dreinblickende Buddhastatuen stehen darin, umrahmt von Blumen und honigfarbenen Yakbutter-Kerzen. Eine mystische, eine
magisch abgeschiedene Welt ist dieses Kloster, ein eigener kleiner Kosmos im großen modernen China. Auf einem kleinen Mäu-
erchen lasse ich mich nieder. Langsam gewinnt die Sonne an Kraft.

Im Streit, glaube ich, kämpft man nicht allein gegen einen anderen. Man kämpft auch mit sich selbst. Was ist es, was ich wirklich brauche? Und worauf kann ich verzichten? Es geht darum, eigene Grenzen kennenzulernen. Diese Grenzen zu hinterfragen.
Und zu akzeptieren, dass verschiedene Menschen verschiedene
Antworten auf diese Fragen finden. Um dann alle Differenzen aus-
zusieben und sich das anzuschauen, was an gemeinsamen Antworten übrig bleibt. Ob es genug ist, um eine Beziehung, gleich welcher Art, tragen zu können.

Seit wir China betreten haben, fühle ich mich jeder Entschei-
dungsgewalt beraubt. Ich bin abhängig: von Kontrollen, die bestimmen, was sich in meinem Rucksack zu befinden hat, vom Tou-
rismussystem, das unser Reisen regelt, einem Zeitplan, den unser
Visum vorgibt. Und von Stephanie, die der Sprache mächtig ist.
Statt der Freiheit, die ich in der Weite gesucht hatte, finde ich
mich als Marionette wieder, deren Stränge einer Taktung folgen,
die nicht meine ist.

Als ich weiterziehe, ist es fast Mittag. Die goldenen Pagoden
und Dächer der Tempelanlagen blitzen in der Sonne. Hinter ihnen
erheben sich sanft die östlichen Ausläufer des Kunlun-Gebirges.
Das Kloster Labrang strahlt, bei aller Geschäftigkeit zwischen
seinen Mauern, eine unerschütterliche Ruhe aus. Die Mönche haben ihre vormittäglichen Gebete beendet, immer mehr wehende
rote Kutten strömen durch das Labyrinth aus lehmfarbenen Gässchen. Mit stoischer Ruhe ertragen sie die Kameras der Touristen,

den Blick in die Ferne gerichtet. Nur die jungen Novizen, manche
von ihnen schätze ich auf gerade einmal acht Jahre, blicken sich
unsicher um, um dann rasch ihren Lehrmeistern zu folgen.

Auf einem gepflasterten Vorplatz hat es sich eine Gruppe von
etwa sechs oder sieben Mönchen in der Sonne gemütlich gemacht.
Die Roben wie Kapuzen tief über das Gesicht gezogen, sitzen sie
im Schneidersitz beieinander. Einen Moment lang betrachte ich
die friedliche Zusammenkunft. Vielleicht einen Moment zu lange,
denn plötzlich hebt einer der Mönche seine Hand und winkt mir
zu. Scheu, fast wie ertappt, winke ich zurück und lächele. Doch er
winkt ein weiteres Mal, und jetzt erkenne ich: Er winkt mir nicht
zu, er winkt mich zu sich.

»Come«, ruft er.

Verwirrt stolpere ich auf die Gruppe zu. Die übrigen Mönche
heben nun ebenfalls neugierig ihre Köpfe. Alle haben tiefbraun gebrannte Gesichter.

»Come, sit down. Du sitzen.« Er weist mir einen Platz neben
sich auf dem Boden zu. Mit wachen, neugierigen Knopfaugen
mustert er mich. Ich schätze ihn auf etwa dreißig Jahre. Sein Englisch ist holprig.

»Woher du kommen? Deutschland? Ohh. Welche Sprache ihr
dort sprechen?«

Er heißt Dorje und ist Tibeter. Aber er könne auch Chinesisch
und etwas Englisch, erklärt er mir, mühsam nach Worten suchend.
In Indien habe er das gelernt, in Dharamsala. Viele Tibeter würden dorthin flüchten, auch er habe zwei Jahre dort verbracht. Aber
vor sechs Jahren sei er ins Kloster Labrang zurückgekehrt.

»Ich jetzt beten müssen«, er zeigt zu einem der Tempel am
Hang. Einen Moment zögert der Mönch, dann zieht er ein Smartphone unter seiner Mönchsrobe hervor. »Wir – später treffen?«

Dann tauschen wir unsere Nummern aus.

Als ich aufstehen will, blicke ich in Hunderte Fotoapparate.
Eine chinesische Reisegruppe hat sich um uns geschart und lässt

ein Blitzlichtgewitter über uns ergehen. Die blonde Ausländerin
und der Mönch! Welch ein Motiv. Selbst in unserem Rücken posieren strahlende Touristen, Zeige- und Mittelfinger zum Victory-
Zeichen erhoben.

Dorje verzieht keine Miene.

Eine Stunde später treffen wir uns am Klostereingang. Dorje hat
den Rest des Nachmittags frei. Er winkt ein Taxi heran und zusammen mit zwei weiteren, wesentlich älteren Mönchen machen
wir uns auf den Weg nach Sangke, einem Sommerlager der Nomaden. Es liegt etwa fünfzehn Kilometer außerhalb von Xiahe. Wir
folgen dem Flusslauf des Daxia in südwestlicher Richtung, an den
Klostermauern vorbei, bis sich nur noch weites, grünes Grasland
vor uns erstreckt. Über den sanft gewellten Bergkämmen um die
Hochebene herum quellen bauschige Wolken hervor.

Längst stehen in Sangke nicht mehr nur Zelte, so wie einst.
Auch die Nomadenfamilien leben heute vermehrt vom Tourismus. Was bleibt ihnen übrig? Die Pacht für das Land, das sie nutzen, ist teuer. Und so vermieten sie ihre Jurten für Veranstaltun-
gen, verkaufen Essen und bunte Souvenirs. Sie selbst leben in
winzigen, aus Brettern zusammengezimmerten Bungalows, in denen gerade einmal zwei Betten Platz haben.

An Holzpflöcke angebunden warten Pferde auf jene, die das
Grasland hoch zu Ross erleben wollen.

»Alles für Chinesen.« Dorje pfeift verächtlich durch die Zähne.
»Vierzig Yuan, damit bisschen reiten. Aber Chinesen egal, die zahlen.«

Ein ganzer Flughafen soll hier entstehen. Schon an der Straße
nach Sangke waren mir die Bauarbeiten aufgefallen. In wenigen
Jahren wird die abgeschiedene Atmosphäre des Hochlands der
Vergangenheit angehören.

An den Touristenjurten vorbei wandern wir einen Hügel hinauf, von dem man das Lager gut überblicken kann. Im hinteren
Teil, durch den Hügel vom Jahrmarkt im vorderen Bereich ge-

trennt, stehen Zelte, die zum Kloster gehören. Hier sind Studenten der klösterlichen Hochschule untergebracht. Auch sie haben offenbar einen freien Nachmittag, denn in ihren wehenden Roben widmen sie sich Fußball und Pingpong.

Neben der religiösen Lehre stehen auch Fächer wie Geschichte und Philosophie auf ihrem Lehrplan, erklärt Dorje. »Meine Freunde hier«, er zeigt auf die beiden älteren Mönche, die mit uns nach Sangke gefahren sind, »Professoren an unserer Hochschule! Unterrichtet haben Chinesisch und Tibetisch. Jetzt – wie sagen – Rente? Aber noch übersetzen, Schriften, weißt du?«

Die älteren Herren grienen aus zahnlosen Mündern heraus. Beide tragen dicke Brillen. Keiner von ihnen spricht Englisch, aber Dorje übersetzt ihnen Teile unseres Gesprächs. Auch wir müssen oft viele Minuten überlegen und diskutieren, um das richtige Wort zu finden. Und auch an Dorjes Aussprache muss ich mich gewöhnen. So sagt er zum Beispiel »Inwirrement«, wenn er *environment* meint, Umwelt. Mir scheint, einen Großteil der Sprache hat er aus Büchern gelernt und nie angewendet. Aber keiner von uns will aufgeben. Hier im abgeschiedenen Hochland bekommt alles die Zeit, die es eben braucht.

Aus einem der Pavillons zaubert Dorje einen Sonnenschirm und vier Wohnzimmerstühle hervor. Der Wind lässt das Gras flattern. Ich blicke zu den Wolken am Bergkamm. Mittlerweile sind sie pechschwarz. Wahrscheinlich wird es später gewittern. Die zahnlosen Professoren lassen sich auf den Stühlen nieder und ziehen pinkfarbene Handys unter ihren Kutten hervor. Eifrig werden zunächst die dramatischen Wolken fotografiert, dann die neuesten Akkus diskutiert.

»In Deutschland ihr gute Produkt, oder? Hochwertig?«, fragt mich einer. »Besser, nicht wie das.« Er blickt auf sein glitzerndes Smartphone, als sei es aus rostenden Autoradios zusammengeschweißt.

»Handys sind aber auch nicht gerade unsere Stärke«, lächle ich.

»Ohh, jetzt schlafen!«, sagt Dorje und streckt sich.

»Wann steht ihr denn morgens auf?«, frage ich.

»Halb sechs immer. Jede Tag! Viel zu früh für mich. Ich dann immer so«, er schmiegt sich an ein imaginäres Kissen.

»Wie alt warst du denn, als du ins Kloster gekommen bist?«

»Zwölf«, antwortet Dorje. »Weißt du, ist so: Ich aus kleine Ort, vielleicht sechs Stunde von hier. Bei uns ist Tradition, dass jüngste Sohn muss in Kloster. Am Anfang schwer für mich, ich nicht verstehen warum, Sinn von Religion und alles. Aber dann Jahre kommen und gehen, und ich ..., ich ...«, er sucht nach einem Wort.

»Du bist hineingewachsen?«

»Ja, das. Jetzt ich zwanzig Jahre Mönch. Ich verändert, ich viel gelernt. Besser verstehen Schriften, weißt du? Was bedeuten.«

Eine Weile sprechen wir über unsere verschiedenen Religionen. Ich erzähle, dass es auch in der Bibel viele Stellen gebe, deren Sinn nicht auf den ersten Blick ersichtlich und die offen für verschiedene Lesarten seien. Dorje nickt. Er beschäftige sich viel mit anderen Konfessionen, sagt er, und lese auch die Bibel.

»Für mich nicht wichtig, welche Religion haben Menschen.

Im Hochland von Sangke vergleichen tibetische Mönche ihre Smartphones

Keine sein besser als andere. Wir Verschiedenheiten müssen akzeptieren, ja? Voneinander lernen. Immer hinterfragen. Ausprobieren, was ist beste. Einzige Ziel für alle muss sein reine Herz. Nicht in Zukunft oder andere Leben. Jetzt.«

Ich denke an meine Auseinandersetzung mit Stephanie. »Gelingt dir das immer?«, frage ich.

Der Mönch zögert lange mit seiner Antwort. Dann senkt er den Kopf. »Ich auch einmal Streit mit Freunden. Wegen Geld. Viele Wochen das mich quälen. Ich spüren, wie negative Gefühle vergiften mein Herz. Das sehr schwer für mich. Und lange dauern, bis ich spüren, dass mein Herz wieder gereinigt.«

»Was hat dir geholfen? Das Gebet?«

Dorje lächelt. »Dalai Lama sagen, von Herumsitzen und Beten werden niemand bessere Mensch. Immer nach draußen gehen und sprechen mit andere. Bei uns es heißt: Dein Feind sein deine beste Lehrer.«

Das Gewitter ist mittlerweile über das Grasland herangerollt, erste schwere Tropfen klatschen auf das Gras. Die Studenten am Fuß des Hügels stört das wenig: Sie haben ein Volleyballnetz aufgespannt und hechten johlend durch den Matsch. Dorje faltet den Sonnenschirm zusammen, und mit den beiden Professoren retten wir uns gerade noch so in den Pavillon, jeder einen Stuhl unter dem Arm, bevor das Unwetter über uns niedergeht. Hinter der quietschenden Schiebetür ist roter Teppich ausgelegt, gemütliche bunte Sofas mit Kissen stehen darauf. Auf dem Tisch erwartet uns bereits Tee mit getrockneten Pflaumen und Nüssen. Dorje schenkt allen ein, dem Ältesten zuerst. Der Regen trommelt heftig auf das Plexiglasdach. Wir rücken eng zusammen, denn an manchen Stellen tropft es herein.

»Kennst du München?«, frage ich Dorje. »Oktoberfest?«

»Nein. Was das sein?«

»Ein berühmtes Bierfest. In Deutschland wurde das Bier früher von Mönchen gebraut. Im Buddhismus dürft ihr keinen Alkohol trinken, richtig?«

»Aber nein!« Ein wenig entrüstet sieht er mich an. »Ihr dürfen?«

»Ja, bei uns geht das. Wein gehört sogar zu einer christlichen Messe dazu.«

Ein Nomadenjunge trägt Essen herein, Reis mit verschiedenem Gemüse, Hühnchen und Schweinefleisch stapeln sich auf seinem Tablett. Dorje erzählt unterdessen von seinem Alltag im Kloster: vormittags beten und chanten, dann ein gemeinsames Essen, nachmittags oft Hausarbeit. Seine freie Zeit verbringt er am liebsten mit Lesen. Aber oft streift er auch einfach durch den Ort. Fast zweitausend Mönche leben im Kloster Labrang, plus etwa hundert Studenten. Damit die Anlage erhalten werden kann, sind die Mönche auf Spendengelder angewiesen.

Erst als der Abend naht, machen wir uns auf den Weg zurück nach Xiahe. Der Regen hat die Touristen vertrieben, einsam liegt die Hochebene von Sangke nun vor uns in der feuchten Luft. Von den Jurten tropft das Wasser herab. Ein schwerer, grauer Himmel wölbt sich über ihnen.

»Kannst du dir vorstellen, für immer hier zu leben?«, frage ich Dorje, während wir den Hügel hinabsteigen.

»Ich nicht wissen. Viele Mönche irgendwann verlassen Kloster. Heiraten dann. Oder gehen Ausland.«

Ich spüre, dass er mich ansieht. Aber ich erwidere seinen Blick nicht. Ein seltsames Gefühl beschleicht mich. Macht er mir gerade Avancen? Bisher hatte ich nicht darüber nachgedacht, dass eine solche Möglichkeit überhaupt in Frage käme.

»Für uns Tibeter nicht leicht in China«, sagt Dorje. »Ich haben auch keine Reisepass. Zwölftausend Yuan ich bezahlen an Behörden, doch ich bekommen nichts. Ich denken, chinesische Regierung alle Minderheiten würden vernichten, wenn könnten. Und Mönche sie immer anhalten und kontrollieren.«

Dann grinst er mich verschwörerisch an. »Aber ich Tricks. Ich gefälschte Ausweis. Andere Name, andere Kleidung. Wenn ich be-

suchen mein Familie, ich Kapuzenpullover tragen. Niemand merken, dass ich Mönch.«

An der Straße quetschen wir vier uns mit fünf anderen Menschen in ein Sammeltaxi. Es ist so eng, dass ich kaum atmen kann.
Und trotzdem hält der Taxifahrer noch zweimal, um weitere Menschen hinterherzuschieben. In das Gemenge aus Armen und Beinen hinein beginnt einer der zahnlosen Professoren zu chanten,
sein Kollege stimmt ein. Und so fahren wir im Sonnenuntergang
zurück, am rauschenden Fluss entlang zum Kloster, wo sich die
goldenen Pagoden spitz in den Abendhimmel erheben.

»Denkst du, wir können in Kontakt bleiben?«, frage ich Dorje,
als wir wieder vor dem Eingang stehen. Die Professoren sind
schon vorgegangen, miteinander ins Gespräch vertieft.

»Das nicht möglich«, antwortet er leise. »Schreiben mit Ausländern verboten. E-Mails immer überwacht.«

Er reicht mir die Hand. »Bye-bye.«

Auf fast 3000 Metern Höhe liegt das lamaistische Kloster Labrang
in einem Hochtal

Ich rufe ihm nach. »Hey, Dorje! Machst du das eigentlich öfter? Frauen ansprechen und ins Grasland entführen?«

Der Mönch dreht sich um und lächelt. »Nein. Letzte Mal ich mit Ausländer sprechen sein vier Jahre her.«

»Und warum jetzt?«

»Ich nicht wissen. Ich glauben, du mich an jemand erinnert.«

Nichts zieht mich jetzt ins Hotel zurück. Einer plötzlichen Eingebung folgend laufe ich los, zu den Gebetsmühlen. Die *kora* liegt verlassen. Die meisten Pilger hasten den Pfad um die Klosteranlage in den frühen Morgenstunden entlang. Jetzt entdecke ich nur noch vereinzelte Besucher. Ich gebe der ersten Gebetsmühle einen Schwung, dann der zweiten und der dritten. Sie rattern und quietschen, Farben und Formen wirbeln. Jede einzelne der eintausendeinhundertvierundsiebzig Walzen bringe ich zum Rotieren. Anfangs noch vorsichtig, dann immer kräftiger. Und schließlich in meinem ganz eigenen Rhythmus.

Es gibt viele Deutungsebenen der Gebetsmühlen. Die mir am meisten gefällt, erzählt davon, dass die aufgedruckten Mantras durch das Drehen in alle Himmelsrichtungen ausgesandt werden und so jedes Lebewesen, das Gefühle hat, von ihnen erfüllt wird. Und vielleicht, denke ich, sendet jeder, der sie dreht, ein Stück von sich selbst mit. Einen Hauch seiner Wünsche, Hoffnungen, Träume.

Je weiter ich auf der *kora* wandere, desto mehr kommen mir die Gebetsmühlen vor wie eine Metapher der Menschheit selbst. Manche sind schwergängig, manche fliegen nur so dahin. Die einen machen lautes Getöse, die anderen drehen sich stillschweigend vor sich hin. Diese fühlen sich in Gruppen wohl, jene stehen allein.

Und an jeder einzelnen Gebetsmühle gilt es, sich selbst anzupassen. Es gibt Walzen, die sich federleicht aus dem Handgelenk drehen lassen, ohne Aufwand und fast wie von selbst. Und dann sind da Walzen, die zu schnell sind oder zu langsam, die man antreiben oder ausbremsen oder auch einfach lassen kann.

Als ich nach einer Stunde wieder am Eingang des Klosters ankomme, fühle ich mich wie neugeboren. Obwohl es ein langer Tag
war, bin ich seltsam wach und ausgeruht. Fast so, als hätte ich lange fehlenden Schlaf nachgeholt.

Jetzt, denke ich, möchte ich zurück zum Hotel. Und ich bin gespannt, ob Stephanie auch schon dort ist.

Noch zwei Tage später, als wir längst im Bus nach Xi'an sitzen,
denke ich an Dorje. Er war nur ein paar Jahre jünger als ich und
lebte ein Leben, das verschiedener nicht hätte sein können. Einen
ganzen Nachmittag hatten wir damit verbracht, unsere Biografien
zu vergleichen, Religionen und nationale Eigenheiten. Aber es gab
einen Unterschied, der ihn mehr fasziniert hatte als alles andere.
Und dieser Unterschied war, dass auf meinem Unterarm blonde
Haare wuchsen.

OSTCHINA

Xi'an

Stephanie Im Schein der Leuchtschilder mit großen chinesischen Schriftzeichen drängeln sich die Menschen, kaum bildet sich eine Lücke, ist sie sofort wieder gefüllt. Wir werden getragen von einem endlosen Strom an Besuchern, der durch den Nachtmarkt im muslimischen Viertel von Xi'an schwappt. Vorbei geht es an Ständen, beladen mit *chuan'er* – lange Spieße mit Lammfleisch –, Brot, Süßigkeiten, aufgeschnittenen Früchten, Nudeln und Suppen. Ein dumpfes Wump-wump-wump erklingt links von uns. Zwei Männer klopfen mit großen Holzhämmern auf eine Mischung aus Nüssen, Sesam und Honig ein, bis alles zu einer festen Masse geworden ist. Schweiß steht ihnen auf der Stirn, es ist halb zehn abends, aber immer noch über dreißig Grad und die körperliche Arbeit tut ein Übriges. Vor ihrem Stand wartet eine lange Schlange auf die nächste Fuhre Nusshonig-Krokant. Restaurantbesitzer mit den weißen Kap-

Krokant-Herstellung auf dem Nachtmarkt von Xi'an

pen der Hui auf dem Kopf schreien sich die Kehle heiser, als sie ihre
Spezialitäten anpreisen. Große Eimer in der Mitte der Straße sind bis
über den Rand mit dünnen Ästen vollgestopft, dazwischen Papier-
reste. Erst denke ich, es sei eine Art Installation, bis ich begreife, dass
es die leeren *chuan'er* sind. Nach nicht einmal einer halben Stunde
werden uns Hitze und Gedränge zu viel. Eigentlich wollten wir etwas essen, aber es fehlt die Ruhe dazu. Es gibt ein Überangebot an
Sachen, aber kaum die Möglichkeit, stehen zu bleiben und etwas
auszusuchen. Bei der nächsten Gelegenheit biegen wir in eine der
kleineren Gassen ab, hier ist es ruhiger. Vor den Garküchen stehen
Tische. Erschöpft sinken wir auf die Hocker davor und bestellen.

Xi'an ist die Station auf unserer Reise, in der meine Vorstellung
und die Realität am weitesten auseinanderklaffen. Die Stadt war
Hauptstadt des ersten chinesischen Kaiserreichs der Qin-Dynastie
und auch danach immer wieder Sitz des Kaiserhofs. Während der
Tang-Zeit war sie unter dem Namen Chang'an, Immerwährender

Frieden, zudem Ausgangspunkt der Seidenstraße, Zentrum des chinesischen Buddhismus, die größte Stadt der Welt. Sie stand für eine Weltoffenheit, ein Miteinander verschiedenster Kulturen und Religionen, das sich in dieser Form nicht wiederholen sollte. Architektonisch war Chang'an dem chinesischen Idealbild einer Stadt so nah wie kaum eine andere: fast quadratisch angelegt, in Nord-Süd-Ausrichtung, umgeben von einer Stadtmauer, breit genug, dass militärische Streitwagen darauf fahren konnten.

Gegen alle Vernunft hatte ich mir Xi'an immer noch so vorgestellt. Stattdessen ist es eine moderne chinesische Großstadt. Wolkenkratzer und futuristische Einkaufszentren reihen sich an den Straßen aneinander. Reste der glorreichen Vergangenheit finden sich nur noch vereinzelt. Die Stadtmauer, gebaut aus dunkelgrauen Ziegeln, zieht sich immer noch um die Innenstadt. Auf einem Verkehrskreisel, zwischen Blechlawinen und blitzenden Hochhäusern, trotzt der Glockenturm der Zeit. Früher wurde hier der neue Tag eingeläutet, heute drängeln sich Touristen in den Säulengängen unter dem geschwungenen Dach und warten auf den Sonnenuntergang. Am Trommelturm um die Ecke ist es nur wenig ruhiger.

Und dann gibt es natürlich noch die Terrakottaarmee, etwa zwanzig Kilometer außerhalb der Stadt. 1974 gruben Bauern auf einem Feld nach Wasser. Seit Längerem hatte eine Dürre die Gegend fest im Griff. Statt auf eine Wasserader stießen sie auf ein Gewölbe, gefüllt mit Abbildern von Menschen und Tieren aus gebrannter Erde. Archäologen kamen, gruben und untersuchten. Schnell war klar, dass die Heerscharen aus Soldaten, Pferden, Streitwagen und Kriegsgerät Qin Shihuangdi, dem Kaiser des ersten vereinigten chinesischen Reiches, im Jenseits zur Seite stehen sollten. Heute gibt es kaum jemanden, der nicht zumindest ein Bild der Krieger gesehen hat: aufgestellt in Reih und Glied, den Blick unbewegt in die Ferne gerichtet. Jeder von ihnen ein Individuum mit unterschiedlichen Gesichtszügen, unterschiedlicher Kleidung.

Mit stoischer Ruhe nimmt der Terrakottakrieger
die bewundernden Blicke der Besucher entgegen

Durch die große Halle der Hauptgrube wälzen sich die Besuchermassen. Obwohl sie mit ihrer Aluminiumkuppel das Aussehen
und die Dimensionen eines Flugzeughangars hat, ist kaum genug
Platz für alle, die durch das Eingangstor drängen, um auch einen
Blick auf die Soldatenreihen zu erhaschen. Gerade haben Lena,
eine Studentin aus den Niederlanden, die wir im Hostel kennengelernt haben, Chris und ich uns bis zum Ende der Aussichtsplattform durchgedrängelt, da sehe ich beide auch schon nicht mehr.
Zu viele Besucher haben sich zwischen uns geschoben. Vor mir
stehen die Terrakottakrieger in Viererreihen, getrennt durch
dicke Erdwälle. Bevor ich aber in Ruhe schauen kann, werde ich
weitergeschoben, kann selbst kaum mehr die Richtung bestimmen, in die ich laufen will. Auf einer kleineren Plattform unter
uns stehen ein paar Leute und machen Selfies vor den Soldatenreihen. Gegen einen zusätzlichen Eintrittspreis bekommt man
dort den ungestörten Premiumblick auf die Terrakottaarmee. Die

In kleinen Stücken kommen die Terrakottakrieger aus der Erde.
Dann werden sie wie ein 3-D-Puzzle zusammengesetzt

Ordner haben alle Hände voll zu tun, um die Wartenden bei Laune zu halten. Irgendwie schaffe ich es, mich zur Seite der Halle
durchzudrängeln. Hier ist zumindest etwas mehr Platz. Erst jetzt,
abseits vom Getümmel, sehe ich, wie wenig bis jetzt ausgegraben

ist. Im hinteren Teil der Halle haben die Arbeiten noch nicht einmal begonnen. Dafür steht hier eine Art Feldlazarett, in dem die Figuren Tonstück für Tonstück wieder zusammengesetzt werden. Auf einem Krankenhausbett liegen Teile eines Kriegers: hier ein Arm, dort ein Torso. Wie ein Bausatz, der noch fertiggestellt werden muss. Drumherum stehen Soldaten, die schon fast vollständig sind. Manch einem fehlt noch ein Arm oder der Kopf. Einige werden mit schwarzen Bändern zusammengehalten, fast sieht es aus, als seien sie gerade aus dem Lazarett entlassen worden.

Auch in den beiden kleineren Hallen finden die Ausgrabungen nur auf einem geringen Teil der Gesamtfläche statt. Spuren an den Wänden lassen erkennen, wie langsam und gründlich die Arbeiten vorangehen müssen und wie lange es noch dauern wird, bis alles freigelegt ist. Schicht für Schicht wird das Erdreich abgetragen, kleine Scharten bleiben zurück. In einer der Gruben arbeiten Archäologen, so fokussiert, dass sie den Besucherstrom um sich herum nicht wahrzunehmen scheinen. Sie laufen zwischen kleineren und größeren Brocken aus Ton herum. Manchmal liegt ein komplettes Bein oder ein Kopf dazwischen, meist sind es aber nur Bruchstücke, jedes einzelne mit einem Zettel versehen. Ein Mann läuft mit einem Klemmbrett an einem Haufen vorbei, trägt Nummer für Nummer auf seiner Liste ein. Nicht weit von ihm kauert eine Frau und sortiert die Einzelteile nach Größe und Form. So kommen die Krieger aus der Erde. Als kleinteiliges 3-D-Puzzle, das nach und nach zusammengesetzt werden muss. Während ich fasziniert die Archäologen bei ihrer Sisyphusarbeit beobachte, tauchen Chris und Lena neben mir auf.

Abends sitzen wir zusammen vor einer Garküche, nicht weit von unserem Hostel entfernt. Auf dem Tisch stehen Schüsseln mit Nudelsuppe, *malatang, chuan'er* und drei Flaschen Bier. Nach dem Gedränge in den Hallen der Terrakottaarmee ist es hier angenehm ruhig. Ab und zu ziehen kleine Gruppen von Reisenden oder Anwohnern vorbei, Fahrräder und Mofas surren die Gasse entlang. Aus den Läden dudelt Musik, Gelächter und Leichtigkeit liegen in der Luft. Es ist ein heißer Sommerabend. Und das erste Mal, seit wir in China angekommen sind, sehe ich einen Pekini, oder Beijing Bikini, wie er auf Englisch heißt. Wer dabei an knapp bekleidete Frauen denkt, liegt komplett daneben. Ein Mann läuft an uns vorbei, nicht mehr ganz jung, aber auch noch nicht alt. Sein T-Shirt hat er bis über die Brustwarzen hochgerollt, darunter quillt der nackte Bauch hervor. Während meiner Zeit in Peking war das im Sommer ein alltäglicher Anblick. Und je heißer es wurde, desto höher stieg die Nackte-Wampen-Dichte. Überall tauchten sie auf: in den Bussen, in Supermärkten, in Gruppen beim Kartenspielen am Straßenrand und sogar in Museen.

»Ha!«, sage ich in die Runde. »Ein klares Zeichen, es ist Sommer.« Lena lacht.

»Stimmt! Aber hier sind es lange nicht so viele wie in Peking. Und selbst dort sind es weniger geworden.«

»Echt? Warum denn?«, fragt Chris.

»Ich weiß es auch nicht genau. Vielleicht gilt es bei den Jüngeren als unzivilisiert«, vermutet Lena.

Auch wenn der Pekini nur in seltenen Fällen schön anzusehen ist, finde ich es ein bisschen schade. Er ist für mich untrennbar mit den heißen, drückenden Sommern in Peking verbunden. Ein Teil der pragmatischen Lebensweise, die ich dort so mochte.

»Ach, ich freue mich schon auf Peking«, sage ich.

»Das kann ich gerade echt nicht verstehen«, sagt Lena. »Ich bin jetzt erst mal aus der Stadt geflüchtet. Es war unerträglich. Smogig, heiß, zu viele Menschen. Eigentlich mag ich Peking, aber alle paar Monate brauche ich eine Pause.«

Von Xi'an aus will sie weiter nach Hangzhou. Ein paar Tage am Xi Hu, dem Westsee, ausspannen, bevor sie wieder zurück an die Universität muss, um ihre Masterarbeit zu Ende zu bringen.

»Worüber schreibst du denn?«, fragt Chris.

»Über die Arbeit von Auslandskorrespondenten in China.«

»Oh, interessant!«

»Ja, schon.« Lena nimmt einen Schluck aus ihrer Bierflasche. »Aber am Anfang war es ein bisschen kompliziert. Die meisten sind sehr vorsichtig, wem sie was erzählen. Sie haben Angst, dass es Auswirkungen auf ihre Arbeits- und Aufenthaltsgenehmigungen haben könnte, wenn sie über ihre Arbeit reden. Erst nachdem ich einen holländischen Journalisten kennengelernt hatte, der mich weiterempfahl, wurde es leichter.«

»Und wie ziehst du deine Arbeit auf?«, will ich wissen.

»Ich interviewe die Korrespondenten. Frage sie nach ihrer Arbeitsweise, nach Geschichten, die ihnen in Erinnerung geblieben sind, nach Problemen, die sie hatten. Also eher mit einem qualitativen Zugang. Die Antworten ordne ich dann verschiedenen Themengebieten zu: Arbeitsbedingungen, Administratives, Zugang zu Storys und so weiter. Die meisten der Korrespondenten, die ich bis jetzt interviewt habe, arbeiten für Zeitungen. Aber es sind auch Fernseh- und Radiojournalisten dabei. Ich habe mich auch mit ein paar Deutschen unterhalten, die waren sehr offen. Was ich auch interessant finde, sind die verschiedenen Herangehensweisen an den Journalismus in den einzelnen Ländern.«

»Inwiefern?« Chris sieht Lena fragend an. Sie überlegt einen Moment.

»Die Journalisten aus den USA beispielsweise haben einen sehr strengen Verhaltenskodex, gerade was Mitschnitte oder Zitate von Interviews angeht. Bei uns in den Niederlanden ist es zum Beispiel kein No-Go, ein Gespräch mitzuschneiden, ohne den Gesprächspartner vorab zu informieren. In den USA gleicht das einer journalistischen Todsünde.«

Um uns herum leeren sich allmählich die Tische, die ersten Läden lassen ihre Jalousien herunter.

»Und wie ist die allgemeine Stimmung? Ich habe gehört, dass die Arbeitsbedingungen schwieriger geworden sind.« Mir fallen gleich mehrere Beispiele aus den letzten zwei Jahren ein, von Auslandskorrespondenten, deren Visa nicht verlängert wurden, die ins Büro für öffentliche Sicherheit zitiert oder ausgewiesen wurden.

»Das stimmt schon. Fast alle, mit denen ich geredet habe, meinten, dass ihre Arbeit noch vor vier oder fünf Jahren einfacher war. Dass mehr Menschen bereit waren, offen mit ihnen zu sprechen, und dass es weniger politische Restriktionen gab.«

»Hast du denn auch chinesische Journalisten befragt?«

Lena schüttelt den Kopf. »Nein, das würde den Rahmen meiner Arbeit sprengen. Und Kontakte zu ihnen zu knüpfen ist noch schwieriger. Ich könnte auch schlecht abschätzen, welche Konsequenzen es für sie hätte. Da wäre mir nicht wohl bei.«

Neben uns fängt der Kellner an, Tische und Stühle aufeinanderzustapeln. Wir stehen auf, zahlen und laufen die Gasse hinunter, zurück zum Hostel. Morgen sind wir schon wieder unterwegs. Obwohl ich mich darauf freue, in Peking alte Freunde wiederzutreffen, bin ich auch ein bisschen wehmütig. Der größte Teil unserer Reise liegt hinter uns.

Peking

Chris **F**ast geräuschlos fliegt der Schnellzug über die Schienen, den Bahnhof von Xi'an im Rücken, und bohrt sich wie ein Pfeil in die schwere, bleigraue Smogwolke, die den vor uns liegenden Nordosten Chinas umhüllt. Die Abteile sind bis auf den letzten Platz besetzt. Ich sehe Geschäftsreisende, die ihre Laptops vor sich aufgeklappt haben, und Studenten mit konzentriertem Gesicht. Die Klimaanlage lässt die schwüle Luft vor dem Fenster vergessen. Nach den letzten Wochen im Hinterland des Riesenreichs erscheint mir der Zug sehr still, fast unnatürlich. Als wären wir keine echten Passagiere auf all den akkuraten Sitzen, sondern Illustrationsobjekte für ein Hochglanzmagazin. Hier beginnt die neue Zukunft! Dazu flimmert in Endlosschleife ein Reklamespot über den Bordfernseher, in dem ein Zeichentrickmädchen für mehr Anstand in der chinesischen Gesellschaft wirbt.

Vor dem Fenster reicht die Sicht keine fünfzig Meter weit. Hinter Xi'an tauchen jetzt immer neue Megastädte im Dunst auf, Umrisse von Wolkenkratzern und Baukräne überall. Jeder Halt ist plötzlich eine Metropole:

Luoyang: 6,5 Millionen Einwohner. Bekannt für seine Schwerindustrie und sein jährliches Pfingstrosenfest.

Zhengzhou: 9,3 Millionen Einwohner. Textilindustrie. Wichtiger Verkehrsknotenpunkt.

Hebi: 1,4 Millionen Einwohner. Kohleabbau. Die Berge von Smog verhüllt.

Xingtai: 6,7 Millionen Einwohner. Größte Luftverschmutzung Chinas.

Shijiazhuang: 9,7 Millionen Einwohner. Zweitgrößte Luftverschmutzung. Pharma-, Chemie- und Elektroindustrie.

Baoding: 11,2 Millionen Einwohner. Drittgrößte Luftverschmutzung. Berühmt für die Herstellung von Qigong-Kugeln und Eselburger.

Wo eine Stadt endet und eine andere beginnt, lässt sich nicht sagen. Sie reichen sich die Hand, verschwistern sich, wachsen zusammen. Der Smog verwischt Schattierungen.

Es ist später Nachmittag, als wir in Peking einrollen. Der Westbahnhof ist der größte Bahnhof Asiens. Peking, 21,7 Millionen Einwohner. Megametropole, Hauptstadt. Kopf des Riesenreichs, ein unerschütterlicher, steinerner Kaiser, drei Jahrtausenden hat er die Stirn geboten, nur um moderner denn je daraus hervorzugehen. Cen Dong, eine Freundin von Stephanie, und Xiao Chen, der uns bereits mit den Visa geholfen hatte, holen uns ab. Wir alle strahlen, umarmen uns, endlich, geschafft! Cen Dongs Augen leuchten unter ihrem akkurat geschnittenen Bob, Xiao Chen, in sonnengelbem Poloshirt und mit ebenso gelber Basecap, hüpft auf und ab wie ein Gummiball. Da seid ihr, wie war's, ist alles gut gegangen? Und ein Taxi wird herangewinkt, es geht weiter, in den Westen der Stadt, wieder durch den Dunst. Über Stadtautobahnen, die sich kreuzen und queren und in Stockwerke stapeln, bis zu einem Wohngebiet in Fengtai.

In der Wohnung öffnet Xiao Chen eine Flasche Champagner. Wir stoßen an, dann wird Bier bestellt und höllisch scharfes Sichuan-Essen, sieben Gerichte für vier Personen. Wir verteilen sie über den Tisch und quetschen den Reis dazwischen. Als ich die Besteckschublade in der Küche öffne, muss ich lächeln. Drei Fächer für Stäbchen. Im Fernseher, der lautlos im Wohnzimmer flimmert und einen blauen Schein auf die schwere Ledercouch wirft, die aktuellen Werte der Luftverschmutzung.

Wir sind da. In Peking. Dem Ziel unserer Reise.

Es ist ein unglaubliches Gefühl, wirklich hier zu sein. Wochenlang war immer noch Zeit gewesen. Zu wollen, zu planen, zu verwerfen, dann doch zu tun. Zu entdecken und zu probieren, zu scheitern und zu lernen. Zeit für neue Schritte, einen neuen Tag, eine Fahrkarte, ein Weiter. Mit Siebenmeilenstiefeln hatten wir China durchquert. Berge und Täler, Wüsten und Seen lagen hinter uns. Und vor uns jetzt – nur noch diese eine gewaltige Stadt.

Xiao Chen und Cen Dong erzählen von ihrer Arbeit. Beide sprechen ausgezeichnet Englisch, Cen Dong sogar Deutsch. Sie macht sich gerade als Versicherungsmaklerin selbstständig. Xiao Chen ist Unternehmensberater. »Früher«, sagt er, »haben europäische Firmen ihre Produktion nach China verlegt. Das Land hatte damals die niedrigsten Lohnkosten weltweit. Das hat sich in den letzten fünfzehn Jahren geändert, die Gehälter steigen. Heute beraten wir chinesische Firmen, wo sie selbst billiger produzieren können. In Indonesien zum Beispiel oder Malaysia. Dann stehen sie auch mit einer besseren Umweltbilanz da. Der Dreck wandert ins Ausland ab. Aber psst«, er grinst, »das habe ich nicht gesagt.«

»Und magst du deinen Job?«, frage ich.

»Ja, total. Jeder Tag ist eine Herausforderung. Das gefällt mir. Man lernt, Hindernisse zu überwinden, Probleme zu lösen. Das ist auch gut für das eigene Selbstvertrauen.«

Mit seinen neunundzwanzig Jahren ist Xiao Chen bereits viel herumgekommen. Dreiundvierzig Länder hat er bereist, darunter Nordkorea und Papua-Neuguinea. Von jedem einzelnen hängt ein Souvenirmagnet an seinem Kühlschrank. Für das Exemplar aus Kasachstan, das Stephanie ihm mitgebracht hat, findet sich kaum noch Platz.

Der Abend wird spät. Und als das letzte Bier getrunken ist und die Essensreste abgeräumt, als Stephanie und Cen Dong längst in ihren Stühlen versinken und ich auf dem Balkon im neunten Stock eine Zigarette rauche, da sitzt der unermüdliche Xiao Chen am Klavier. Durch das Fenster hindurch sehe ich ihn. Selbstvergessen. Ganz bei sich. Xiao Chen, den ganzen Abend um keinen Spruch verlegen, immer in Bewegung, schon beim nächsten Gedanken, taucht hinter den Tasten ab wie in einem Ozean aus Musik. Er spielt, als gäbe es kein Morgen, »All the things you are« von Jerome Kern. Durch die Scheiben gedämpft, dringen die Jazzklänge hinaus in den Sommerabend, wo die feucht-heiße Nachtluft die angrenzenden Hochhäuser einhüllt, es aus Klimaanlagen tropft und die Grillen so laut zirpen wie im tropischen Regenwald.

Wir werden Xiao Chen noch ein weiteres Mal hören. Hinter dem glänzenden Flügel einer Bar über den Dächern Pekings, begleitet von einer feingliedrigen Sängerin, gibt er zwei Tage später ein Konzert. Stephanie und ich haben uns in die besten Klamotten geworfen, die unsere zerwühlten Reiserucksäcke hergaben, und sündhaft teure Cocktails bestellt. Es ist Samstagabend, die Bar mit dem Namen Happiness Lounge liegt im einundzwanzigsten Stock eines Fünf-Sterne-Hotels, das sich selbst aber sieben Sterne verliehen hat. Unter uns leuchten die Sportgebäude der Olympischen Spiele von 2008, das Schwimmzentrum, Wasserwürfel genannt, und das Nationalstadion, das aussieht wie ein

überdimensionales Vogelnest. Dahinter verliert sich die Stadt
in Tausenden Lichtern. Schwere Ledersessel stehen um schwarze Tische gruppiert, ins Obergeschoss führt eine vergoldete, geschwungene Treppe. Glänzender Parkettboden, Blumengebinde
auf Stehtischen. Nach jedem Stück wird geklatscht. Xiao Chen
strahlt.

Irgendwo dort unten liegen die Orte, die ich in den letzten
Tagen besichtigt habe. Der Lama- und der Himmelstempel, mitsamt konfuzianischem Wäldchen, Bäume in Reih und Glied. Der
einsame Tian'anmen-Platz, wo 1989 die Panzer rollten, größ-
ter Platz der Welt und bis heute nicht für Menschen gemacht.
Sicherheitsschleusen halten Besucher ab. Und die Verbotene
Stadt, mit gigantischem Mao-Porträt am Einlass. Früher für das
einfache Volk gesperrt, jetzt vom selben überrannt. Zu Tausenden quetschen sich vor allem chinesische Touristen in die Halle
der Höchsten Harmonie.

Das Mao-Porträt am Tor des Himmlischen Friedens,
dem Eingang zur Verbotenen Stadt

Am Abend, aus dem einundzwanzigsten Stock betrachtet, versinken all diese Orte im undurchdringlichen Häusermeer. Ich versuche, ihre Lage auszumachen.

Zwei Tage reichen manchmal, um sich eine Stadt vertraut zu machen. Peking aber hat Millionen Gesichter. Und sie alle erzählen eine andere Geschichte. Was ich im letzten Monat über China gelernt habe – in Peking wird es hinterfragt, neu interpretiert, widerlegt und bestätigt zur gleichen Zeit.

Die Menschen in den Straßen: selbstbewusst und stolz. Fröhliche Hipster neben grienenden Rentnern, die ihre nackten Bäuche streicheln. Neugierige Blicke, abgeklärte Haltung. Ausländer? Pah, kennen wir schon. Wobei, was kann ein Foto schaden? Moment, jetzt klingelt mein Handy.

Die Stadt: im permanenten Wandel. Ganze Teile werden dem Erdboden gleichgemacht, um gleich daneben wieder aufzuerstehen. Wer sich nur umdreht, findet nicht zurück. Stephanie, die über ein Jahr hier gelebt hat, erkennt ganze Viertel kaum wieder. Alles geht weiter, noch eine Nummer größer, wen interessiert, was gestern war, morgen zählt! Hier alte Tempel und Kaiserpaläste, dort gläserne Einkaufszentren und futuristische Architektur, neue Symbole der Macht und Herrlichkeit. Hier Prachtalleen, dort die labyrinthartigen *hutong,* die Gässchen der Altstadtviertel, die Häuser durch ein Stromkabelgewirr verbunden. Hier ein herrlicher Park, dort eine Baugrube. Keine neun Millionen Fahrräder, dafür Elektroroller.

Wo immer uns die U-Bahn mitsamt dem Menschenstrom an die Oberfläche spült, ist es, als beträten wir ein neues Land, das nur von der gewaltigen Smogglocke zusammengehalten wird. Und dann wieder ein neues, und wieder. Ausgang A, B, C oder D? Das ist wichtig, denn dazwischen liegen Kontinente. Und Peking expandiert weiter: In zwei Jahren soll es mit seinen Nachbarstädten zusammenwachsen, eine Megalopolis bilden. Jing-Jin-Ji, so der Name, einhundertdreißig Millionen Einwohner.

Aber die Stimmung: unbekümmert! Hier steht eine Absperrung? Wurscht! Funktioniert nicht? Reparieren wir selbst! Die Behörden wollen irgendwas? Sicher gibt es einen Weg drumrum.
Lust auf eine Partie chinesisches Schach? Ach, lass mal in die Kneipe gehen. Schnaps, *ganbei*, auf ex!

Den Nachmittag hatten wir im 798 verbracht, Pekings Künst-
lerquartier. Unzählige Ateliers, Galerien, Museen, Cafés und kleine Läden sammeln sich hier auf einem ehemaligen Fabrikgelande
im Bezirk Chaoyang. Eigentlich heißt das Viertel Dashanzi – die
Bezeichnung 798 geht auf eine der alten Werkhallen im Bauhaus-
stil zurück. Mitte der Neunzigerjahre hatten Maler, Bildhauer und
Fotografen die leer stehenden Hallen für sich entdeckt. Und dann
begann, wovon London, New York und Berlin ein Lied singen
können: der Gentrifizierungsprozess. Das Interesse am 798 stieg,
die Mieten wurden teurer, Künstler wanderten wieder ab, stattdessen eroberten hochpreisige Boutiquen und Latte-Macchiato-
Bars das aufstrebende Szeneviertel. Von Avantgarde ist nichts
mehr zu spüren. Selbst Nordkorea hat seine Nationalgalerie hier
angesiedelt. Auf den Gemälden: jubelnde Sportler, Wälder im
Schnee. Fotografieren verboten. Natürlich.

Vor vier Wochen hat Ai Weiwei im 798 zum ersten Mal eine So-
lo-Ausstellung in China eröffnet. Ich hatte bereits in Deutschland
darüber gelesen und wollte sie unbedingt besuchen. Vor sechs Jahren hatte ich Werke des Künstlers in München gesehen. Ob ich
seine Arbeiten heute, nach meiner eigenen Reise durch China, anders erleben würde? Die Ausstellung ist auf zwei Galerien verteilt:
Jede beherbergt die Hälfte einer maroden Ahnenhalle, die Ai Weiwei aus der Provinz Jiangxi im Südosten Chinas herangekarrt hat.
Bildschirme zeigen, was in der jeweils anderen Galerie gerade passiert. Er habe von politischen Aussagen absehen müssen, hatte Ai
Weiwei in einem Interview gesagt. Doch wer genau hinschaut,
entdeckt sie doch: das Problem der allgegenwärtigen Überwa-
chung. Die Zerrissenheit des Landes. Die Geringschätzung jeder

Im Künstlerviertel 798

Geschichte, die nicht der Repräsentation dienen könnte. Auf dem Boden vor dem morschen Balken der Ahnenhalle liegt ein Teppich, geformt aus zerbrochenen Teekannentüllen. Ausschussware aus Zeiten, in denen China noch für Porzellan berühmt war. Von außen betrachtet, erscheint Ai Weiwei als Kritiker und Mahner. Doch was ich im 798 gesehen habe, wirkt wie ein Abbild des Landes. Und der Künstler – nur ein Begleiter.

Die Musiker machen eine Pause, Xiao Chen kommt zu uns an den Tisch und bestellt Cola. Gemeinsam blicken wir hinunter auf die endlosen, flackernden Lichter.

»Die Stadt verändert sich so schnell«, sagt er plötzlich, als hätte er meine letzten Gedanken erraten. »Ich weiß auch nicht, ob ich immer hier leben will.«

»Du bist in Peking aufgewachsen, oder?«, erkundige ich mich.

»Ja. Mein Vater arbeitet bei der Armee. Er unterrichtet Marxismus an einer Militärhochschule. Obwohl er selbst nicht mal daran glaubt«, kichert er. »Aber ehrlich gesagt, ich fühle mich nicht mehr wohl hier.«

»Warum?«, frage ich erstaunt. Mein Eindruck war ein anderer gewesen. Xiao Chen schien so perfekt in diese Stadt zu passen. Rastlos, aufstrebend, voller Energie.

»Ach, viele Entwicklungen der letzten Jahre gefallen mir nicht. Die Luftverschmutzung, die Lebensmittelskandale, die fehlende Rücksicht der Menschen. Ich glaube, ich würde lieber in einer, na ja, altmodischeren Welt leben.«

Ich starre ihn an. War nun er damit der Stadt voraus oder die Stadt ihm? Peking und seine Bewohner scheinen sich ein permanentes Wettrennen zu liefern, darum, wer den jeweils anderen am besten schneidet, anrempelt, im Ziel überrascht. Und während ich, Zuschauerin für wenige Tage, noch ungläubig stehe und staune, verlieren sich längst die Rücklichter im Dunst – zur nächsten rasanten Runde.

Ich lasse meinen Blick über die anderen Tische gleiten. Viele Paare sitzen dort, es wird gelacht. Aparte, gut gekleidete Menschen. Finger mit vielen Ringen daran, die nach dem bereitgestellten Knabberzeug greifen. Peking ist auch eine der teuersten Städte der Welt. Xiao Chen erzählt davon, dass er sich weiter professionalisieren, bald seinen Doktor machen möchte. In fünf Jahren, hofft er, wird er im Ausland leben.

Dann nimmt er einen tiefen Schluck und klatscht in die Hände. »So, die Pause ist vorbei, ich muss zurück«, sagt er und schwingt sich vom Stuhl. »Hey«, schon auf dem Weg zum Flügel dreht er sich noch einmal um, »das ganze Leben ist wie Jazz! Es geht immer darum, zu improvisieren.«

Ich denke daran, wie leichtfertig man in Deutschland ein Urteil fällt über eine Stadt wie Peking, über dieses ganze Land. Aber so einfach funktioniert das nicht. Ja, viele Klischees sind wahr, die Menschenmassen, die Kontrollen, der Smog. Gleichzeitig wird aber auch jedes Klischee gebrochen. Zunehmender Individualismus, Anarchie im Kleinen, Kampf gegen die Umweltverschmutzung. China ist groß genug, um vieles zu sein, und zwar vieles nebeneinander. Wenn ich in den letzten Wochen hier eine Sache gelernt habe, dann das. Und wenn ein Gefühl bleibt, so ist es das, hinter jeden Eindruck immer noch ein Fragezeichen setzen zu müssen.

Stephanie

Nach Peking zu kommen ist jedes Mal ein wenig wie Heimkommen. Etwas mehr als ein Jahr hatte ich in der Stadt gelebt. Zuerst im Westen, zwischen der Vierten und Fünften Ringstraße, in einem Wohnheim für ausländische Mitarbeiter des Radiosenders, bei dem ich arbeitete.

Später dann in einem Wohnviertel nördlich des Deshengmen, des Tores des Tugendhaften Sieges. In dem *xiaoqu* war ich plötzlich die einzige Ausländerin. Erst war es ungewohnt, überall aufzufallen wie ein bunter Hund, und auch etwas unheimlich. Jeder schien zu wissen, wer ich war.

»Ach, die *laowai* braucht nur eine Ananas, die lebt ja alleine hier«, erklärte ein Mann neben mir am Obststand dem Verkäufer. Ich hatte ihn noch nie gesehen.

Meine Nachbarn redeten anfangs kaum mit mir. Grußlos huschten die meisten vorbei. Bis sich rumgesprochen hatte, dass ich Chinesisch spreche. Von dem Zeitpunkt an hielt ich immer ein kleines Schwätzchen mit der Gruppe Rentner, die sich schon morgens auf einer Bank im Hof traf.

»Na, und? *Shangban ma?* Auf dem Weg zur Arbeit?«

»Ja, ja. Muss ja.«

»Na, dann viel Spaß!«

»Danke, euch auch!«

Abends, wenn ich heimkam, saßen sie meistens immer noch dort.

»Na und? *Xiabanle ma?* Kommst du von der Arbeit?«

»Ja, hab Feierabend. Und wie war euer Tag?«

»Ach ... nichts Besonderes passiert. Die Leute kommen, die Leute gehen. Wie es halt so ist.«

»Dann bis morgen!«

»*Mingtian jian*!«

Diese kurzen, fast ritualisierten Dialoge hatten etwas Beruhigendes und gaben mir das Gefühl, angekommen zu sein.

Besonders mochte ich das Verschwimmen von öffentlichem und privatem Raum: Stühle und Sessel vor den Häusern. Kohlköpfe, auf dem Dach eines kleinen Häuschens zwischengelagert. Wäsche, zum Trocknen an Stromleitungen aufgehängt. Und den Mann, der in einer Unterführung ums Eck jeden Abend um sechs Uhr *suona* übte. Seinem Blasinstrument, ähnlich einer Oboe, entlockte er einen schrägen Ton nach dem anderen, unermüdlich und begeistert.

Die Alltagsanarchie, das listige Umschiffen der Regeln, brachte mich immer wieder zum Schmunzeln. Morgens auf dem Weg zur U-Bahn lief ich einen Kanal entlang, immer vorbei an einem großen Schild: »Wasserschutzgebiet! Bitte kein Wasser entnehmen!« Fast jedes Mal kraxelte ein Taxifahrer mit einem gefüllten Wassereimer die Uferböschung hinauf und fing in aller Ruhe an, seinen Wagen zu waschen. Neben ihm standen schon mindestens drei seiner Kollegen. Und ein Polizist, der sich mit ihnen unterhielt, im Mundwinkel eine Zigarette. Abends kamen mir Männer und Frauen entgegen, die ihre Labradore, Bernhardiner oder Schäferhunde ausführten. Innerhalb des dritten Rings, wo eigentlich nur Hunde in der Größe eines Pekinesen erlaubt sind. »Ach, in der Dunkelheit merkt bestimmt keiner, dass meiner ein wenig größer geraten ist«, schienen sie zu denken. Bei jedem Verbot gab es mindestens einen, der es komplett ignorierte. Und solange nicht die Autorität der KPCh infrage gestellt wurde, kümmerte das auch niemanden.

Doch diesmal ist irgendetwas anders. Immer wieder stoße ich auf ein Stück aus dem Peking meiner Erinnerung, das langsam verschwindet. Lena hatte recht gehabt: Der Pekini hat an Beliebtheit eingebüßt. Weniger Männer als früher tragen ihre nackte Wampe stolz über die Straßen. Die Pekinger scheinen mir auch nicht mehr ganz so oft zu fluchen. Und seltener als früher höre ich hinter mir das Geräusch, das laut dem Schriftsteller David Sedaris an die »Dampfdüse eines Milchautschäumers« erinnert und das Ausspucken eines Schleimklumpens einleitet. Nicht, dass ich das vermissen würde. Aber sollten die endlosen Plakatkampagnen für eine zivilisiertere Hauptstadt am Ende doch Wirkung gezeigt haben? Kleine Geschäfte verschwinden, Einkaufstempel sprießen aus dem Boden, alles ist etwas schicker und polierter als zuvor – aber auch etwas weniger absurd und unterhaltsam.

Doch es ist nicht nur der kleine *jianbing*-Stand in der Nähe des Konfuziustempels, wo es die besten gefüllten Pfannkuchen mit Ei gab, der plötzlich nicht mehr da ist. Oder der Kiosk mit der freundlichen Verkäuferin. Solch kleine Veränderungen gehören zum Alltag einer Stadt. Rund um Trommel- und Glockenturm hat sich das Gesicht eines ganzen *hutong*-Viertels gewandelt. Früher trafen sich die Nachbarn auf dem Platz zwischen Gulou und Zhonglou. Es wurde getratscht, geraucht, das Klackern von Mahjong-Steinen kam aus einer Ecke und aus der anderen Musik aus einem kleinen Kassettenrekorder. Dazwischen liefen Kinder und Touristen umher, Rikschafahrer priesen ihre Dienste an oder machten ein kleines Nickerchen in ihrem Gefährt. In den kleinen grauen Hofhäusern am Platz gab es Tante-Emma-Läden, Garküchen und Cafés mit Dachterrassen, auf denen man bei einem Bier den Tag ausklingen lassen konnte. Selbst als bei meinem letzten Pekingaufenthalt Ende 2013 schon die ersten Häuser niedergerissen und viele der Cafés geschlossen waren, saßen die Nachbarn abends zum Tanzen, Reden und Spielen zwischen Bauzäunen und Schutt. Ein wenig trotzig, wie um zu zeigen: »Noch sind wir hier!«

Geholfen hat es nichts, der Wiederaufbau ist fast abgeschlossen. Statt der alten Häuser stehen nun ihre exakten Kopien um

Arbeiter in Peking machen ein Schläfchen

den Platz. Moderner, neuer, steriler. Keine der Garküchen, keiner der kleinen Lebensmittelläden ist zurückgekehrt. Stattdessen sind Klamottenläden eingezogen, Büros und Bars, viel steht noch leer. Und kaum jemand lebt mehr hier. Die früheren Anwohner sind umgesiedelt worden, in die Hochhaussiedlungen jenseits der Vierten Ringstraße. Der Platz zwischen den beiden Türmen liegt fast menschenleer in der Abendsonne. Ob das Leben mit der Zeit zurückkehren wird?

Eines aber ist inmitten all der Veränderung gleich geblieben: Unsere Hauptbeschäftigung in Peking ist essen. Morgens, mittags, abends und zwischendurch.

Chris und ich besuchen meine früheren Kollegen in der deutschen Redaktion von China Radio International. Nach einer Führung durch die Studios und der Besichtigung des Lautsprechers, durch den Mao die Volksrepublik China ausgerufen hat, sitzen wir mit meiner ehemaligen Chefin und einer Kollegin vor einem

Berg von Sichuan-Gerichten. Selbst wenn der Rest der Redaktion mitgekommen wäre, hätte niemand hungrig den Tisch verlassen.

Im strömenden Regen laufen wir mit Lucas und Chin By, einem befreundeten deutsch-französischen Paar, durch das Gewirr der *hutong* südlich des Lamatempels. In einem buddhistischen Restaurant tischt die Kellnerin ein Gericht nach dem anderen auf, während wir über Gott und die Welt reden.

Als Chris ihren Sightseeing-Tag macht, treffe ich mich mit meinem Freund Li und seiner Frau. Bevor wir in ihre neue Eigentumswohnung fahren und ich das erste Mal ihren kleinen Sohn sehe, den ich bislang nur von Bildern kenne, essen wir in einem mandschurischen Restaurant. Die Reste lassen sich beide einpacken, genug für die nächsten zwei Tage.

Cen Dong treffen wir noch einmal im American Diner eines ihrer Freunde. In großer Runde, zur Generalprobe einen Tag vor der offiziellen Eröffnung.

Und wenn wir allein unterwegs sind, gibt es hier ein paar *chuan'er*, dort einen *jianbing*. Und ein paar *baozi*, gedämpfte Teigtaschen, gehen zwischendurch immer. Wie soll es auch anders sein in einer Stadt, in einem Land, wo »*Ni chi le ma? – Hast du schon gegessen?*« die Standardbegrüßung ist.

Die ungekrönte Königin des chinesischen Essens ist Lucy, mit Cen Dong eine meiner ältesten chinesischen Freundinnen in Peking. Es gibt kein Gericht, das sie nicht perfekt beherrscht. Peking-Küche, Sichuan-Gerichte, Henan-Suppen – kein Problem!

Kennengelernt hatten wir uns vor dem Eingang zum Weihnachtsmarkt der deutschen Botschaft. Die Besucherschlange zog sich mehr als einen Block die Straße hinunter. Nichts ging voran, und irgendwann war ich es leid, mir allein die Beine in den Bauch zu stehen. Als ich an den Wartenden vorbeilief, rief es hinter mir: »Hey, Stephie!«

Es war Wolfgang, ein österreichischer Freund, der auch in der deutschen Redaktion des Radiosenders arbeitete. Und neben ihm

Lucy, seine Freundin, mit langen schwarzen Haaren und einer riesigen Sonnenbrille. Da ich nichts anderes vorhatte, stellte ich mich für ein kleines Schwätzchen zu ihnen. Irgendwann landeten wir an einem Glühweinstand auf dem Weihnachtsmarkt. Wie ich heimgekommen bin, weiß ich nicht mehr genau. Aber danach trafen wir uns häufiger, auf einer Party, bei einem Essen, in einer Kneipe. Auch als Wolfgang für kurze Zeit wieder nach Österreich verschwand und später wegen Lucy zurückkehrte, obwohl er nie vorgehabt hatte, länger als ein Jahr in China zu bleiben.

Mittlerweile sind die beiden verheiratet und wohnen in Peking. Weit oben in einem Hochhaus, mit Blick auf die Westberge – wenn der Himmel klar ist. Als wir nach drei Nächten bei Xiao Chen und einem kleinen Ausflug bei Wolfgang und Lucy ankommen, können wir die Berge noch nicht einmal erahnen. Smogschwaden hängen vor den Fenstern, verschlucken jedes Haus und jeden Baum weiter als einen halben Kilometer entfernt. In einer Ecke des Wohnzimmers läuft der Luftreiniger auf Hochtouren.

»Es gibt super Neuigkeiten!« Wir setzen uns an den Esstisch. »Ich habe mit den Entwürfen für unser Logo angefangen. Schaut mal.« Um Lucys Laptop herum liegen Papierstapel, alle mit Bleistiftskizzen bedeckt: Pfefferschoten, Essstäbchen, Schüsseln, aus denen Dampf steigt, und »Lucy's Kitchen« in verschiedenen Schriftzügen.

»Lucy, ich wusste gar nicht, dass du so gut zeichnen kannst!«, entfährt es mir.

»Freut mich, dass es dir gefällt. Eigentlich wollte ich ja mal Kunst studieren. Aber dann bin ich stattdessen nach Shenzhen gezogen, zum Arbeiten. Und als ich zurück nach Peking kam, war es irgendwie zu spät.« Sie zuckt die Schultern. Dann schiebt sie hinterher: »Wahrscheinlich hätte ich dann aber auch nicht meine Leidenschaft fürs Kochen entdeckt.«

»Wir haben nämlich große Pläne für nächstes Jahr«, ruft Wolfgang aus der Küche, bevor er Tassen mit Tee auf den Tisch stellt und sich zu uns setzt. Zusammen wollen sie einen Kochblog machen. Mit Rezepten aus China und Österreich, dazu Videos und Fotos.

»Aber das ist ja noch nicht alles!« Lucy unterbricht ihn. »Wenn es so läuft wie geplant, haben wir bald eine eigene Kochschule. Lucy's Kitchen, für Ausländer und Chinesen.«

»Und ein Kochbuch schreiben wir auch«, ergänzt Wolfgang.

Seit Monaten schon sammelt Lucy Rezepte, kocht und fotografiert, Wolfgang plant. Es wird nicht einfach werden, einen passenden Ort für die Kochschule zu finden. Aber sie haben gute Kontakte in Peking und irgendwie wird es alles schon hinhauen.

In den nächsten Tagen schauen wir, in ein Eck der Küche gequetscht, Lucy beim Kochen über die Schulter. Die Zutaten warten sauber aufgereiht neben den zwei Gasflammen auf ihren Einsatz: Schüsseln mit klein geschnittenen Paprika, Auberginen, Tofu und Pilzen; ein Teller, auf dem sich Hühnerschenkel und Fleischwürfel türmen; in einer Reihe nebeneinander Salz, Sojasoße, Kochwein und Gewürze. Es erinnert mich an den Versuchsaufbau in einem Labor. Ähnlich methodisch wie bei einem wissenschaftlichen Versuch geht Lucy beim Kochen vor. Erst wenn alles an seinem Platz ist, legt sie los. Ihre Hände fliegen über die verschiedenen Schüsseln und Teller, während sie erklärt, was sie gerade macht. Gemüse brutzelt im Wok, wird aber fast sofort zur Seite geschoben, um Platz für das Fleisch zu machen. Noch schnell ein paar Löffel aus den Gewürzgläsern dazu, eine Handvoll Erdnüsse, einmal umgerührt. Und ein Teller mit *gongbao jiding,* Hühnerfleischwürfel in sauer-scharfer Soße, steht auf der Arbeitsfläche.

»Das Geheimnis ist die gute Vorbereitung«, strahlt Lucy.

Bevor wir für die letzten zwei Nächte in ein Hostel in einer *hutong* östlich der Verbotenen Stadt ziehen, geben Lucy und Wolfgang eine Küchenparty, mit chinesischem Essen, österreichischem Wein und deutschem Bier. Als die ersten Gäste kommen, stapeln sich auf dem Tisch schon Teller und Schüsseln. Kaum findet sich ein freier Platz. Und immer noch stellt Lucy weitere Gerichte dazu. Wolfgang drückt jedem Neuankömmling erst mal ein Getränk in die Hand. Es ist eine wilde Mischung, die sich in der Wohnung versammelt hat: Hier ein Ingenieur aus der Schweiz, dort eine Pekingerin, die interkulturelle Kurse gibt, ehemalige Studenten, gerade im ersten Job nach der Uni, Lebenskünstler und Reisende. Wörter fliegen hin und her, beim Rauchen im Treppenhaus finden immer neue Gruppen zusammen, und draußen vor dem Fenster verschwinden die Straßenlaternen im Smog. Welch ein Abschluss unserer Reise!

Als Chris und ich aus dem Taxi steigen, fallen dicke Regentropfen vom Himmel. In den Gassen, die zu unserem Hostel führen, fließen kleine Bäche, Wasser sammelt sich in den Löchern im Asphalt. In etwas mehr als einem Tag werden wir im Airport Express durch die Vororte Pekings rasen. Vorbei am dritten, vierten und fünften Ring, hier ein futuristisches Bürogebäude, dort ein blitzendes Einkaufszentrum. Neben der Strecke Hochhausgerippe, die inmitten der Trümmer alter Wohnhäuser neu erstehen, dazwischen Felder, Bäume, ein Kanal.

Während wir um die Pfützen kurven, frage ich mich, wie lange es die *hutong* hier wohl noch geben wird. Ob ich Peking bei meinem nächsten Besuch noch wiedererkennen werde, weiß ich nicht. Aber eines ist sicher: Die Stadt wird mich mit einem veränderten Gesicht empfangen.

Fast weg

Chris **E**igentlich sollte an dieser Stelle unsere Reise enden. Aber wir haben uns anders entschieden.

Die Kraft, die Stephanie und mich von Astana nach Peking gebracht hat, trägt uns einfach über die Zielgerade hinaus. Obwohl das Gepäck schon abflugbereit wartet, die ausgedruckten Tickets obendrauf, obwohl wir längst die Stunden rückwärts zählen sollten, steigen wir, wahnwitzig und kurz entschlossen, noch einmal in den Zug. An die Küste. Dorthin, wo China wirklich aufhört.

In Shanhaiguan, dreihundert Kilometer östlich von Peking, fällt die Große Mauer ins Meer. Es ist das letzte Teilstück des Bauwerks. Ein verlassener Außenposten im Golf von Bohai, der seine Nase trotzig in die Fluten streckt. Hier und nirgendwo anders soll unsere Fahrt ihren Abschluss finden.

Ein Taxi bringt uns vom Stadtbahnhof zur Uferpromenade. Wir drücken dem Fahrer ein paar Scheine in die Hand und springen auf den Bürgersteig. Vor uns liegt der Strand, rechter Hand die Mauer. Wie zwei Pilger, das ersehnte Ziel endlich vor Augen, ziehen wir die Schuhe aus und schreiten andächtig durch den Sand, vorbei an Feriengästen und bunten Verkaufsständen, an spielenden Kindern mit Schaufeln und Eimerchen, Badeurlaubern auf gestreiften Handtüchern und an aufblasbaren Gummitieren. Neugierige Blicke folgen uns, doch wir ignorieren sie. Was uns interessiert, liegt vor uns. Wir laufen, bis die Wellen nach unseren Füßen schnappen.

Und dann denke ich: Reisen ist großartig. Aber irgendwann Anhalten ist auch nicht verkehrt.

Wir stehen da, knietief im Wasser, und ich kann nicht sagen, wo das Meer endet und der Himmel beginnt. Der dichte Smog macht auch vor dem Meer nicht Halt. Grau hängt er über dem Golf von Bohai, die Luft monsunschwer und feucht. In der Ferne kann ich schemenhaft Schiffe ausmachen, gewaltige Übersee-

Wo die Chinesische Mauer ins Meer fällt: der Strand von Shanhaiguan

frachter und Öltanker. Wo die Wellen aufschlagen, ist der Strand von Algen und Schlick übersät. Die Badegäste stört es nicht.

Keine von uns spricht ein Wort. Einen Moment lang scheint es, als löste sich die Welt vor uns auf. Zwei Monate in Kasachstan und China haben den weißen Fleck auf der Landkarte mit Farben gefüllt. Mit dem Grün der Steppe und dem Gelb der Wüste, mit roten Mönchskutten und türkisblauen Seen. Sie tanzen um uns herum, verschmelzen zu einer großen Erinnerung.

Und vielleicht wird diese Erinnerung verblassen, eines Tages. In vielen Jahren verschwinden in genau so einem Dunst. Aber ich ahne: Sie wird es verdammt schwer haben.

Was mich nach Kasachstan und China getrieben hat, war eine unbestimmte Sehnsucht – nach Weite und Leichtigkeit, dem Gefühl der Entgrenzung. Und das habe ich gefunden. Nicht dort, wo ich es erwartet hätte. Und auch nicht dort, wo ich gesucht habe. Es war, als hätte es, versteckt wie ein Kind beim Spiel, auf mich gewartet. Um plötzlich herauszuspringen und mir ins Gesicht zu lachen: Überraschung, da bin ich. Am Straßenrand in der Kasachischen Steppe. Mitten in der Nacht auf einem verlassenen Rasthof in Xinjiang. Oder hinter dem Jadetor-Pass in der Wüste Gobi. Dafür noch einmal zehntausend Kilometer fahren? Sofort.

Ich denke an den Mann im Flugzeug, der kurz vor unserer Landung in Astana eine Münze auf den Boden geschnippt hatte. Glück oder Unglück? Ohne sein Ergebnis gesehen zu haben, kenne ich die Antwort.

Über den Strand schlendern Stephanie und ich zur Mauer hinüber. Ein Absperrgitter stoppt uns auf den letzten Metern. Es macht nichts, der Blick ist wunderbar. Auf zwei großen Steinen lassen wir uns nieder. Krebse huschen erschrocken in ihre Sandlöcher zurück. Ich krame zwei Dosen Tsingtao-Bier aus meiner Tasche, nur für diesen Moment am Bahnhof von Shanhaiguan gekauft. Und dann stoßen wir an.

Auf das Meer? Auf uns? Auf die Reise?
Ach, auf alles einfach, weg damit.

Stephanie
Hinter dem Laolongtou, dem Kopf des Alten Drachen, von dem
aus sich die Mauer früher in Richtung Westen bis nach Jiayuguan
wand, versinkt langsam die Sonne. Zumindest nehme ich das an,
denn der Dunst um uns herum schluckt jeden Anflug von Abend-
rot. Es scheint eher, als dimme jemand sehr langsam die Beleuch-
tung. Wir trinken den letzten Schluck Bier, kraxeln über rund ge-
waschene Felsen und reihen uns am Strand angekommen in den
allgemeinen Aufbruch ein. Familien sammeln Gummitiere und
Strandtücher zusammen, die letzten Bootstouristen werfen ihre
orangefarbenen Schwimmwesten in einen großen Drahtkorb,
und die Verleiher sichern ihre Quads mit Ketten und Vorhänge-
schlössern. An der Uferpromenade stauen sich schon Autos und
Busse auf dem Rückweg in die Innenstadt von Shanhaiguan. Mit
laufendem Motor warten sie, bis sie endlich das einzige schmale
Tor in der Mauer passieren können. Alle paar Minuten bewegt
sich die Wagenkolonne einige Meter, bis sie wieder zum Stehen
kommt. Ein bisschen erinnert es mich an diese letzten Tage unserer Reise: schon nicht mehr richtig hier, aber immer noch nicht
weg. Wir schlängeln uns durch die Autos auf die andere Straßenseite und laufen zurück zum Hotel.
    Später liegt die Strandpromenade verwaist in der Nacht, alle
paar Meter erhellt von einer Straßenlaterne. Ab und zu zischt ein
Auto vorbei, beleuchtet ein paar Meter Sand und verschwindet in
der Dunkelheit. Wir scheinen in einer Geisterstadt gelandet zu
sein. Außer uns ist kein Mensch unterwegs, die einzigen Geräusche sind unsere Schritte auf dem Asphalt und das endlose Rauschen der Brandung.
    Dann weht Musik zu uns herüber. Am Strand zwischen Ufer-
böschung und Meer steht eine kleine Hütte aus Metallstangen.

Neonlichter blinken in wildem Rhythmus. Es scheint der perfekte
Ort, um unsere Reise ausklingen zu lassen. Als wir näher kommen, sehen wir leere Plastikstühle und -tische. Nur an einem Tisch
sitzen fünf Männer, schon nicht mehr ganz nüchtern. Sie starren
in Richtung eines Monitors, neben dem eine andere Gruppe ein
Liebeslied grölt. Karaoke am Strand.

»Wollen wir uns dazusetzen?«, fragt Chris.

Ich überlege kurz.

»Lieber nicht, sonst müssen wir vielleicht auch noch singen.«

Stattdessen laufen wir weiter, bis wir eine kleine Mauer finden. Vor dort aus starren wir auf die Wellen, die aus der Dunkelheit heranrollen, ohne Anfang und ohne Ende.

»Wir haben es tatsächlich zusammen bis zum Meer geschafft…«,
sage ich nach einer langen Pause. Chris nickt stumm.

Nach Wochen des Unterwegsseins sind wir angekommen. In
kleinen Etappen: vom russisch-europäischen Kasachstan ins zen-
tralasiatische, von der Steppe über die Wüste bis in die Berge, von
einem Ende der Großen Mauer zum anderen. Und in einer großen: vom Inneren des eurasischen Kontinents zum Golf von Bohai. Doch mehr noch als die atemberaubenden Landschaften
werden mir die Menschen in Erinnerung bleiben, die das Unbekannte mit Leben gefüllt haben. Dana und Zamira, ohne die unsere ersten Tage in Astana sicher nicht so leicht gewesen wären.
Olga und Nadja, die sich für das Überleben der deutschen Kultur
in Karaghandy stark machen. Jurij, immer noch ein wenig der
Sowjetzeit nachtrauernd, obwohl er damals seinen Glauben nicht
offen leben durfte. Saniya, Edda und Jermek, die mir in je eigener
Art verschiedene Seiten von Kasachstan gezeigt haben. Halil, im
Transit zwischen den Ländern. Batur in Ürümqi, trotz aller Schwierigkeiten zuversichtlich, dass Uiguren und Chinesen einen Weg
zueinander finden. Und Nicola, die ihre Hoffnung auf ein freieres
Hong Kong schon fast aufgegeben hat. Umut, dessen Kinder hoffentlich eines Tages im Ausland studieren können. Der Puppen-

spieler, der eine Kunst lebendig hält, für die sich kaum noch einer interessiert. Meine Freunde, die Peking zu einer zweiten Heimat für mich machen. All die Begegnungen und Geschichten haben mir in den letzten Wochen immer wieder neue Energie gegeben, wenn ich reisemüde war.

Und natürlich Chris, neben mir auf der Mauer. Die einzige Konstante inmitten steter Veränderung. Auch wenn wir ab und zu unterschiedlicher Meinung waren und uns stritten, hätte ich diesen langen Weg nicht ohne sie zurücklegen wollen. Wer weiß schon, ob ich ohne sie überhaupt aufgebrochen wäre?

»Aber jetzt«, denke ich mir, »jetzt könnte es von mir aus auch weitergehen.«

Und vor uns im Schwarz, auf der Linie zwischen Himmel und Meer, leuchten die Positionslampen der Frachtschiffe.

Danke ...

... allen, die an der Entstehung dieses Buches beteiligt waren: Maria Anna Hälker für die Chance, dieses Projekt verwirklichen zu können; Werner Löcher-Lawrence für seinen Rat und sein offenes Ohr; Britta Rath und Susanne Wahl für die nette Zusammenarbeit während des Lektorats.

Besonderer Dank von Chris Tomas geht an ...
... Angela Murr und Tim Garde für ihr Hirn; Mandy Giebe und Jutta Baumann für ihr Herz. Und immer wieder Christof Bultmann – für alles, alles, alles.

Besonderer Dank von Stephanie Karraß geht an ...
... Jana Schatz, Dorothee Bruns und Kristina Karraß für ihre Anmerkungen und Kritik zu den verschiedenen Versionen des Textes; meine Eltern Gabriele und Fritz-Helmut Karraß für die Reiselust und die Zuversicht, dass schon alles gut gehen wird; Ines Häberlein für mein Foto; meine Freunde und Kollegen für ihre Geduld, wenn ich wegen des Buches nicht nur geistig abwesend war; alle Mitarbeiter des DuMont Reiseverlags, die an der Herstellung dieses Buches beteiligt waren. Und natürlich an Florian Gründel, der während der Hochs und Tiefs beim Schreiben an meiner Seite war und zu dem ich nach jeder Reise gerne heimkomme.

Und der größte Dank ...
... gilt den wunderbaren Menschen in Kasachstan und China. Von ihren Geschichten lebt dieses Buch.

Weitere DuMont Reiseabenteuer finden Sie unter:
www.dumont-reiseverlag.de